古典文獻研究輯刊

初　編

潘美月・杜潔祥　主編

第26冊

莫友芝之目錄版本學研究

薛雅文　著

國家圖書館出版品預行編目資料

莫友芝之目錄版本學研究／薛雅著 — 初版 — 台北縣永和市：
花木蘭文化工作坊，2005〔民 94〕

序 1 ＋ 目 5 ＋ 232 面；19×26 公分（古典文獻研究輯刊　初編；
第 16 冊）
ISBN：986-7128-10-9（精裝）
1.（清）莫友芝－學術思想－目錄學 2.藏書目錄－中國－清
　（1644-1912）
018.877　　　　　　　　　　　　　　　　　　　　　94019359

ISBN 986-7128-10-9

9 789867 128102

古典文獻研究輯刊

初　編　第二六冊　　　　　　　　ISBN：986-7128-10-9

莫友芝之目錄版本學研究

作　　者　薛雅文
主　　編　潘美月　杜潔祥
企劃出版　北京大學文化資源研究中心
出　　版　花木蘭文化工作坊
發 行 所　花木蘭文化工作坊
發 行 人　高小娟
聯絡地址　台北縣永和市中正路五九五號七樓之三
　　　　　電話：02-2923-1455／傳眞：02-2923-1452
電子信箱　sut81518@ms59.hinet.net
初　　版　2005 年 12 月
定　　價　初編 40 冊（精裝）新台幣 62,000 元

莫友芝之目錄版本學研究

薛雅文　著

作者簡介

薛雅文

學歷：東吳大學中國文學系博士班研究生。

經歷：東吳大學兼任講師、德明技術學院兼任講師，並參與「東吳大學共通課程教學提昇計畫」、東吳大學卓越計畫「制定國文能力檢定考試」等工作。

論文：碩士學位論文《莫友芝之目錄版本學研究》，另有〈元結《篋中集》校本探究〉、〈專科目錄輔助「索引」的檢討與展望〉、〈淺探《寶顏堂祕笈》及臺灣現存版本考略〉、〈清初蘇州私家藏書論考〉等四篇學術論文。

合著：與許清雲教授合著有《唐詩選編》電子書；《唐詩三百首》、《千家詩》、《宋詞三百首》等三本「古籍寫入系統」電子書；《萬首唐人絕句》、《元曲三百首》、《宋詞三百首》、《唐詩三百首》等四本「詩詞曲全文檢索」電子書；《樂府詩集》、《文心雕龍》、《世說新語》等三本「全文檢索」電子書等。

提　要

　　《莫友芝之目錄版本學研究》，係以清莫友芝所著《持靜齋藏書紀要》、《宋元舊本書經眼錄》、《邵亭知見傳本書目》三部書目作研究。主要針對其著錄內容特色，亦兼顧版本之探討。本論文除敘述莫友芝生平及著述外，研究主要旨意，即將莫氏書目內容特色完整呈現，進而得知莫友芝在目錄版本學之功力。介紹莫氏每部書目時，必盡力閱讀該書目著錄之每一條內容，歸納統計屬於該書著錄之特色；若有舉證，盡可能加以查證瞭解。職是之故，論文在介紹每部書目時，必定會安排「著錄之現象」此一單元，用以闡述該書目著錄內容，期能詳實直接反映該書目著錄特色。為凸顯莫氏每部書目著錄特色，即找尋與該書目有關之書目或同性質之書目來加以比較；或直接或間接，務必能比較分析其特色。是故，論文在介紹每部書目時，復安排「與其他書目之比較」此一單元，期望從不同角度更進一步來瞭解該書目著錄特色。故本論文諸闡述項目，包括用於分析書目類型、著錄內容、編排方式及與他家書目比較等，均期能呈現出莫友芝所撰書目於文獻學上之價值與貢獻。

目 錄

自　序

　　余治學性向，偏好目錄版本之學。以清代學者莫友芝「善本目錄」書目為研究論文主題，乃因莫氏書目著重經眼為主，而著錄經眼他人藏書，亦不限一人一地之收藏，故資料相當豐富，誠屬優秀文獻學者。今見無人專研莫氏書目，故遂以《莫友芝之目錄版本學研究》為題，期能提供讀者關於莫氏《持靜齋藏書紀要》、《宋元舊本書經眼錄》、《邵亭知見傳本書目》三部目錄版本資訊，為中國古籍文獻盡棉薄力量。

　　吾　指導教授王國良先生，從審題分章，以及字斟句酌等，均提供學生頗多寶貴意見，而改正論文疏漏處，更是獲益匪淺。所長許清雲教授，在撰文期間時時鼓勵及督促，讓學生不敢怠惰。二位先生，除指點迷津、指陳闕謬外，且協助學生於本文之「善本資料」蒐集，不斷提供余研究及查閱核對資料上之便利，故能在三年內順利完成該論文。先生指導之恩，永銘在心。

　　口考時，胡楚生教授與周彥文教授對學生之嘉勉，使余對文獻學之研究，信心倍增。而對學生論文疏漏及增補之建議，使本論文更能周詳縝密。衷心感謝二位老師之教誨指正。雙親及手足之支持，時時安慰，不斷鼓勵，故在學業上，余可以無後顧之憂，傾全力以赴。

　　《莫友芝之目錄版本學研究》論文，主要研究重點在對目錄及版本方面作詳細說明，然受限於學力及時間，不免挂漏，日後必再鑽研，以增補本論文未能盡意之處。唯博學大雅君子，尚祈不吝斧正。

薛雅文　中華民國九十一年五月序於
東吳大學中國文學研究所

第一章 緒 論

　　據漢班固之言，劉向父子校經傳諸子詩賦，輒條其篇目，撮其指意為，敘錄因總群書而奏其《七略》〔註1〕。故我國為圖書分類編目，淵源甚早。唯目錄一家自漢《七略》始，至清《四庫全書總目》止，因書籍日漸增多，且時空轉移造成學術觀點改變，目錄學體製亦產生不少異動。在「形式」方面，從七分法、六分法、四分法至明代不固定分類編排方式，而清代《四庫全書》以經史子集四部編成，四部分類法遂趨固定。其間對傳統類別名目亦有所創新與刪併，導致編目者對書籍之歸屬看法亦出現分歧，如子部「雜家類」，史志目錄書籍無法歸類時，皆歸錄於此，直至各部類目日漸分明，且雜家類定位確立後始固定，如《四庫全書總目》將雜家類分：雜學、雜考、雜說、雜品、雜纂、雜編等六類，遂使原本散亂書籍得有所歸。在「內容」方面，因不同主題需要，亦產生各式類型之書目，如綜合目錄、善本目錄、叢書目錄、類書目錄、專科目錄及方志類目錄等；而在「著錄」方面，或有解題，或無解題，名稱有書志、書錄、解題、提要等，內容詳略亦隨編目者學識而有差異，各色各樣，琳瑯滿目。若論此中優秀佳構，清代獨山人士莫友芝所編撰之三種書目，頗值得留意焉。

　　莫友芝生於嘉慶時，其受學必與當時政治環境及學術觀念有密切關係。換言之，編撰書目背景，究竟為何？則必須將莫氏所處時代背景及學術趨勢，略作介紹。

　　就「政治環境」而言。明末清初時期，政局仍不安定，因受明代遺老反清復

〔註 1〕（漢）劉向、歆父子校群書而奏其《七略》，今《七略》未見，唯班固《漢書·藝文志》因之而刪其〈輯略〉，總為六略：即〈六藝略〉、〈諸子略〉、〈詩賦略〉、〈兵書略〉、〈術數略〉、〈方技略〉。據（唐）顏師古注《前漢書》云：「輯與集同，謂諸書之總要。」故當時群書，六略實已具備。

明影響。此時主政者以高壓手段維持政局，故能稍爲安定。然至乾隆嘉慶時，清代又面臨內憂外患之苦。此時內有盜匪、海寇作亂，外有鴉片戰爭，政治環境如此動盪，加上大興文字獄，使一般讀書人皆不敢碰觸政治，亦無心過問政治。是故，建立於經世致用之乾嘉學派漸漸興起。至咸豐同治間，清代再次進入動亂，內有洪楊之亂，外有英法聯軍，此時堪稱爲清代最灰暗時期。

就「學術觀念」而言。清初學術受明末清談及八股取士影響，後因政治環境改變，漸漸提倡經世致用之學。自康熙、雍正以來，提倡程朱學派之宋學，雖以經世之學爲主，然當時大興文字獄，漸使經世治用之學流於空談。至乾隆年間，反宋學之漢學遂乘勝追擊。漢學盛行乾隆、嘉慶時，主要可分二派：一以惠棟爲首之吳派，強調「信古」爲標幟；一以戴震爲首之皖派，強調「求是」爲標幟。換言之，乾嘉學派則以考證學爲主，此時辨僞書、輯佚書、校勘及官私刻書風氣大盛，此股風潮至乾隆四庫館徵書時，達到全盛，而此種求古、求眞之乾嘉學派影響直至咸豐同治間仍未竭止。

莫友芝受學時期於嘉慶、道光年間，引領當時學術風氣爲乾嘉學派考證之學，從官府編纂四庫全書至私人藏書刻書皆受此學風影響。由莫氏編撰書目過程，亦能體現出；此時政治環境迫使讀書人不得不在考證之學下功夫。總之，莫氏編撰書目深受此時期學術及政治影響甚深。

第一節　研究動機

明末，私家藏書風氣漸盛，清人喜藏書與訪書更盛於前代，此時樸學、復古學術風潮引領當時藏書家遂以收集宋元明版本古籍爲主。葉德輝《書林清話》敘云：

> 元明人重宋本，國朝收藏家并重元明本。舊刻愈稀，則近刻亦貴，

猶之鑒賞書畫〔註2〕。

葉氏於其《書林清話》卷十「藏書偏好宋元刻之癖」又云：

> 自錢牧齋、毛子晉先後提倡宋元舊刻，季滄葦、錢述古、徐傳是繼
> 之，流於乾嘉。古刻愈稀，嗜書者衆。零篇斷葉，寶若球琳，蓋已成爲
> 一種漢石柴窰。雖殘碑破器，有不惜重貲以購者矣〔註3〕。

明末毛晉「汲古閣」、錢謙益「絳雲樓」及清代黃丕烈「百宋一廛」、吳騫「千

〔註2〕（清）葉德輝：《書林清話》（臺北：文史哲出版社，1998年，10月），頁5。
〔註3〕同前註，卷十，頁574。

元十駕」、張金吾「愛日精廬」、汪士鐘「藝芸書舍」、瞿鏞「鐵琴銅劍樓」、郁松年「宜稼堂」等諸家，皆尊崇宋元書籍。由於愛藏書、購書，而不惜鉅資建購藏書樓以藏其書，且編寫其藏書目錄。如錢謙益收購劉子咸、趙汝師等人書籍外，又重金蒐集古書萬卷，于其紅豆山莊別墅建造「絳雲樓」，將收購之善本古籍貯藏在此；其《絳雲樓書目》可窺見藏書之富。黃丕烈則將所購宋本書，專闢一室名曰「百宋一廛」，更自號為「佞宋主人」，其著名書目為《蕘圃藏書題識》、《士禮居藏書題跋記》；其熱愛收集宋元明古籍可見一斑。

藏書偏好宋元刻是清代時期目錄主要特色之一。此外，清代藏書亦受乾隆間四庫館徵佚書之影響，故促使藏書家追尋四庫散佚古籍，進而產生與四庫相關書目或在書目上增錄有關四庫書籍等情況，如目錄學家莫友芝所撰諸書目，即是如此。此亦為清代目錄之特色。

清代私人藏書家受時代風氣影響，收藏書籍大致有此二種現象。其一，藏書家財力雄厚者，不惜重金盡其搜羅，如上海郁松年、豐順丁日昌等人。其二，藏書家財力有限者，轉以校勘及考訂古籍為主，如吳縣黃丕烈、獨山莫友芝等人。藏書家藏書豐富，在圖書文獻保存上應有其一定貢獻；若在圖書文獻上精於考鏡源流，能提升學術價值，更有其莫大貢獻。然二者兼有者，實寥寥無幾。

清代目錄學家莫友芝雖有若干私人藏書，但限於財力，僅能藉受曾國藩賞識而搜訪四庫佚書之便，將江淮訪書所見所聞，一一記載；並憑其深厚鑑賞古籍能力，替江南藏書最豐之丁日昌編撰藏書目錄，得以知見江南大量善刻珍本，之後又增入北方學者邵氏《四庫簡明目錄標注》精華，因而匯集江南江北圖書目錄。故莫友芝雖無雄厚財力購書，但其著作中所提供之文獻訊息遠勝其他書目，在目錄學之貢獻，實不可輕忽也。

第二節　研究範疇及方法

莫友芝自幼刻苦好學，飽覽群書，一生事業主要在學問鑽研上，復孜孜不倦，無論詞章、小學，或目錄、方志，其著述豐富，質與量均有可觀者。因余治學性向，偏好目錄版本之學。中國自有書目發展至今，各式各樣類型之書目，如綜合目錄、善本目錄、叢書目錄及類書目錄等，非常繁夥。如何選定一部值得探討之書目，則必須從書目類型、時代背景乃至資料蒐集取得難易等多方面作考量。余研究範疇，可分以下幾點：

（1）、題目類型。以「善本目錄」類型書目為研究論文主題，余認為善本目錄除

與其他書目同樣具備查檢功能外，因多數著有解題，更是提供善本古籍文獻知識最直接、最簡便資料說明；選擇此類型書目作爲研究對象，可以增廣加深個人圖書文獻學知識。

（2）、題目時代。以清代學者爲主要研究範疇考量，經考察及資料蒐集得知，善本目錄最輝煌時代，應屬「清代」之成果最爲豐碩。

（3）、題目對象。以清莫友芝爲探討對象之原因，爲該藏書家撰述之書目以他人收藏之書爲主要著錄對象，並著重經眼及察閱其他藏書家資料等特色，因不限一人一地之藏書，故經眼資料相當豐富。而且莫友芝個人學術根柢深厚淵博，研究其書目，入門即正，對本人治學助益頗大。

（4）、題目範疇。以清莫友芝所著書目作研究，主要針對目錄著錄內容之特色外，亦兼顧版本之探討；版本探討項目，止於該書目目前存在臺灣收錄之情況。故探討範疇以目錄及版本二大主題爲重。唯本文限於篇幅，所論僅止於其目錄版本學方面。莫氏所撰書目著名者有：《持靜齋藏書紀要》、《宋元舊本書經眼錄》及《邵亭知見傳本書目》三種；此三種書目即是本論文主要研究範疇。

綜合前述，故研究題目即訂名爲《莫友芝之目錄版本學研究》，亦是本論文研究範疇。

本論文探討方法，主要採用歸納與比較法。一方面歸納統計出該書目主要特色，再選擇其它書目作比較，用以彰顯莫友芝在目錄學上之長才及該書目之價值。

（1）、所謂「歸納法」，將莫氏每部書目著錄之每一條內容，歸納統計屬於該書著錄之特色；呈現該書編排方式，以瞭解書目之架構。首先，將該書目在台灣現存版本現況作一陳述，再選定某一版本作爲探討該書目之底本，敘述其編排分類方式，以瞭解該書目性質；陳述著錄內容，以反映作者學力深厚，兼而探討其藏書類型、圖書來源、古籍流傳經過等。其次，必須針對書目在建構過程中與其它書目之關係，如《持靜齋藏書紀要》與《持靜齋書目》、《邵亭知見傳本書目》與《四庫全書簡明目錄》及《四庫簡明目錄標注》等，其目的在反映編撰者獨特之理念。換言之，論文在介紹每部書目時，必定會安排「著錄之現象」此一單元，或「該書目之建構背景」用以闡述該書目著錄內容及編排方式，方式雖嫌呆板單調，卻最能詳實直接反映該書目特色。

（2）、所謂「比較法」，即找尋與該書目有關之書目或同性質之書目來加以比較（或分析）。此乃進一步，凸顯莫氏書目特色而採用之方式。如何選擇比較書目之範本？即從書目「分類標準」及「內容主題」，二方面作考量。

在「分類標準」方面，即以莫氏書目四分法分類編排標準為主。莫氏三部書目無論有無清楚標示，按其收書次序皆可得知係以四分法為書目編排方式。其次，須與莫氏書目內容主題有相關係者。再者，必同屬清代之書目或清代具有指標性之書目如《四庫全書總目》或對該書目有訂補及仿造關係者如《藏園訂補邵亭知見傳本書目》。此條件之設定，在於所見書籍相差不多，方能公平比較。然觀莫氏三部書目，在成書背景過程不盡相同條件下，則須再針對每一部書目性質，選擇適合之比較範本。是故，一方面與莫氏所撰其他書目作比較，以瞭解書目間分類安排之特色；另一方面選擇莫氏書目中載錄知見最多之私家藏書或對該書目訂補及仿造者，前者如瞿鏞《鐵琴銅劍樓藏宋元本書目》、丁丙《善本書室藏書志》，後者如《增訂四庫簡明目錄標注》、《藏園訂補邵亭知見傳本書目》。選擇此比較範本，其目的在觀察莫氏書目分類標準及分類名稱，是否援用前人或自立新創，此結果當能反映出編撰者編纂理念。

在「內容主題」方面，除以莫氏書目撰寫目錄版本主題為標準外，並要撰有解題者；範本選擇首須符合此兩項標準方可。其次，亦須與莫氏書目四分法分類編排相同者。然觀莫氏三部書目，在成書背景過程不盡相同條件下，則須再針對每一部書目性質，選擇適合之比較範本。歷代書目中以目錄版本為主之書目不少，一方面與莫氏本身書目相比較，以瞭解書目間內容安排之特色；另一方面擇係以莫氏書目中載錄知見最多之私家藏書，如瞿鏞《鐵琴銅劍樓藏宋元本書目》、丁丙《善本書室藏書志》。或對該書目訂補及仿造者，如《增訂四庫簡明目錄標注》、《藏園訂補邵亭知見傳本書目》。或以歷代著名書目，如晁公武《郡齋讀書志》和陳振孫《直齋書錄解題》。選擇此比較範本，其目的在瞭解莫氏三書目內容主題相互關係，並瞭解同樣以目錄版本為解題書目者，在著錄內容上之差異情形，此比較結果自能反映出當代學術潮流。

綜合上述方法，莫友芝對該書目之用心處，必能展現無遺；而透過歸納及比較分析下，能客觀評斷該書目之優劣，避免在研究過程中不自覺落入個人主觀喜好。

第三節　前人研究成果

莫友芝學問淵博，涵蓋面廣及詞章、小學、目錄學及方志編撰等，唯前人對其學術之研究既不廣亦未深。以下分別從專著、論文及工具書方面，簡述前人研究成果。

在「專著」方面，大陸學者黃萬機撰有《莫友芝評傳》，除介紹莫氏有關目錄

學方面著作外，對其他範疇如作品、家庭背景及生平事跡等，亦有敘述，是當今專論莫友芝最詳盡之專書，此爲該書之優點。然此書對莫友芝目錄學之探討，僅在第九章第二節論及，且略顯粗淺。其他書籍中亦闢有單元論述莫友芝目錄學之特色，如姚名達《中國目錄學史》及劉兆祐先生《認識古籍版刻與藏書家》，亦能指出莫氏目錄學之特色與成就，但談論主題往往僅就其中之一二，故能參考之資料有限。

在「論文」方面，余所知見專論莫友芝目錄學者，有：戴顯群〈莫友芝及其在版本目錄學上的成就〉、鄭偉章〈莫友芝的藏書和目錄學〉及翁仲康撰〈簡介《邵亭知見傳本書目》評莫友芝作做學問是否「粗疏與欺罔」〉等，論其優點在於能提綱挈領指引莫友芝書目之特色，然共同之缺點，即欠缺深度及廣度之探討。對莫友芝作全面性介紹，有：楊祖愷〈莫友芝一家的學術活動〉、陸光華〈論貴州清代學者莫友芝晚年學術成就及貢獻〉、徐惠文〈莫友芝年譜〉及劉之俠‧熊易農〈晚清文人莫友芝〉等，其優點在於能全面性快速瞭解莫友芝之生平事跡，然共同之缺點，即欠缺深度及廣度之探討。

在「工具書」方面，若干書籍亦能導引出莫友芝目錄學之線索，如來新夏《清代目錄提要》、趙國璋、潘樹廣主編《文獻學辭典》及瞿冕良《中國古籍版刻辭典》等，其優點在於能全面性帶領讀者瞭解莫友芝於目錄版本學之概況，然共同之缺點，即各書記載之資料差不多，且記載資料之正確性欠缺，需再次確認。

以上資料均爲研究莫友芝及其目錄文獻學之重要資訊，其中所論述之內容亦能啓迪後人，然遺憾猶未見一本專論莫友芝目錄版本學之書籍。余在閱讀、探討、研究過程中，發現若干前人未發現之問題，故不自量力欲深入研究此專題，期盼能呈現更多成果。唯書目中涉及專業知識相當多，如目錄學、版本學、校讎學、辨僞學、考證學等，非短時間能解決。雖余專注在探討莫氏書目，主要研究重點置於對目錄及版本方面作說明，唯才疏學淺，所得有限。在校讎、辨僞及考證等方面，目前亦僅能作簡單敘述或考證。故莫友芝文獻學全貌之呈現，仍待繼續努力。

第二章　莫友芝生平及著述

第一節　莫友芝生平

一、生平事蹟

　　莫友芝，字子偲，自號郘亭，又號紫泉，晚號眲叟。嘉慶十六年（1811）生於貴州獨山，原籍江南上元。兄弟排行第五，友人亦稱友芝爲「莫五」。張裕釗〈徵君莫子偲墓誌銘〉云：

　　　　子偲姓莫氏，諱友芝，自號郘亭，晚號眲叟。世居江南之上元。明宏（避諱當作弘）治中，其遠祖曰先者，從征貴州都勻苗，遂留居都勻。至高祖雲衢，又遷獨山州。自是爲獨山州人〔註1〕。

　　又黎庶昌〈莫徵君別傳〉云：

　　　　徵君，諱友芝，姓莫氏，字子偲，別號郘亭，晚又稱眲叟。貴州獨山州人〔註2〕。

　　從以上資料得知，莫氏世居江南之上元，至高祖遷居貴州獨山州，自此稱獨山州人。莫氏自號郘亭，「郘亭」二字之緣由，在其《郘亭遺詩》卷五〈呈壽陽相國乞篆書郘亭榜〉詩有序云：

　　　　《玉篇》邑部，郘，力語切，鐰縣亭名。按，鐰爲漢牂柯郡十七縣

〔註1〕（清）張裕釗撰：〈徵君莫子偲墓誌銘〉（沈雲龍主編：《近代中國史料叢刊》第四十一輯《莫氏四種》第二冊。臺北：文海出版社，1969年），頁1。

〔註2〕（清）黎庶昌著：〈莫徵君別傳〉（沈雲龍主編：《近代中國史料叢刊》第八輯，卷四，《拙尊園叢稿》。臺北：文海出版社，1966年），頁40。

之一。其地當今遵義府及大定府之半，至晉分鼈置平夷。平夷當在大定，而鼈專遵義。道光時，侍先君教授遵義，己亥、庚子間，有府志之役，於犍、不狼諸山、鼈、黚、延諸水，竝鉤討粗就緒，惟邵亭失收。辛丑先君見背，研食久僑不能歸，乃「邵亭」自號以志過〔註3〕。

　　按，「邵」爲貴州遵義府鼈縣中一座亭子。當莫友芝與鄭珍共同纂輯《遵義府志》時，發現此志遺漏「邵亭」；辛丑失怙之後，研食久僑不能歸，故自號「邵亭」以志過。考《玉篇》乃繼許愼《說文解字》之後，另一部重要文字學著作。二徐重訂《說文解字》時遺漏「邵」字，故莫友芝此序引據《玉篇》，論定許君書應有「邵」字，並請祁寯藻篆刻「邵亭」二字爲榜；此可作爲研究《說文解字》者之參考。又「紫泉」自號，緣於清代貴州獨山江一曰「紫泉」，後州建「紫泉書院」〔註4〕，友芝以此爲別號，應是對故里之懷念。莫友芝晚號又稱「眊叟」。眊，音臬，據西漢揚雄《方言》云：

　　　　揚越之郊，凡人相侮以爲無知，謂之眊〔諾革反〕。眊，耳目不相信也。〔因字。名也。〕

　　　　〔註5〕。

　　是「眊叟」意謂被人輕視之老人。在其諸多藏書印章中，即鈐有「邵亭眊叟」一枚，可見莫氏自謙之性格。

　　莫友芝自幼由父親莫與儔教導唸書識字。道光六年（年十六歲），拜程恩澤爲師；此年考取州學生員。道光十一年（年二十一歲），考取鄉試舉人。莫氏年僅十六歲即考取州學生員，然在二十一歲鄉試中舉後，繼而科舉之路並不順遂，道光十六年赴京參加來年春闈落第，十八年入闈應考會試下第。莫氏十分難過，在其《邵亭遺詩》卷三〈擬左太沖詠史用其韻〉云：

　　　　我夢插兩翼，上與雲霞居。俛仰萬餘里，燦燦黃金衢。無端不得住，

　　　　歸去守敝廬。耳中洞庭樂，風水猶笙竽。閉門理三徑，荊棘不通輿。阡

〔註3〕（清）莫友芝著：《邵亭遺詩》（沈雲龍主編：《近代中國史料叢刊》第四十一輯，卷五《莫氏四種》第二冊。臺北：文海出版社，1969年），頁3。

〔註4〕《貞定先生遺集》卷一〈獨山江即漢毋斂剛水攷〉云：「貴州通志敘獨山江都江云，一曰紫泉。……後州建書院，主者不能考剛水以爲名，而即以紫泉名之，甚無徵也。」《莫氏四種》第一冊，（沈雲龍主編：《近代中國史料叢刊》第四十一輯。臺北：文海出版社，1969年），頁72。

〔註5〕漢揚雄《方言》（臺北：國民出版社，1959年10月），頁121。

陌何蕭條，時時見廢虛^陶句。賈生陳事執，甕甕宵此如，杞憂詎能已，痛

哭徒區區〔註6〕。

詩中，莫氏對仕途遭遇挫折，遂興回歸故里之嘆。雖然如此，友芝仍在經史子、詩詞、金石及目錄版本等方面繼續研討，勤於著述，並結交志同道合朋友，如鄭珍、黎柏容、曾國藩、郁松年及丁日昌等人，切磋學問，故在晚年學術成就及研究成果，極為豐碩〔註7〕。莫氏為一介寒士，而飽覽群書，故曾國藩初見大驚曰「黔中固有此宿儒邪」。

莫氏科第失意後，一生淡泊名利，致力於教授講學、書局校理、訪書及刻書等工作。其主要事蹟：道光二十一年（年三十一歲），與鄭珍同撰《遵義府志》刻成。次年，又對府志作校刊，並應聘湘川書院主講；至咸豐三年（年四十三歲）仍在湘川書院講席。咸豐六年（年四十六歲），受聘於啟秀書院主講。次年，應貴陽知府劉書年之聘為西席。咸豐十一年（年五十一歲），往客太湖，在撫署叢桂園校刻胡林翼《讀史兵略》；同年七月入曾國藩幕府，自此常與曾氏往來，其中包括整理文稿、校書及書籍贈閱等。同治二年（年五十三歲），居金陵，獲唐寫本《說文》殘卷，撰《唐寫本說文木部箋異》刊行。次年，應聘金陵書局任校理工作。四年，受曾國藩之託在鎮江、揚州等地尋訪《四庫全書》殘本。六年，應丁日昌邀請，檢理其持敬齋藏書。七年，又應丁氏聘請任職蘇州書局任總校。九年，受聘揚州書局。同治十年到揚州、興化訪書時，因過度勞累病逝舟中，享年六十一歲〔註8〕。

二、家世背景

莫友芝家世背景，在張裕釗〈徵君莫子偲墓誌銘〉云：

世居江南之上元。明宏（避諱當作弘）治中，其遠祖曰先者，從征貴州都勻苗，遂留居都勻。至高祖雲衢，又遷獨山州，自是為獨山州人。曾祖嘉能、祖強，州學生，皆以君考貴，贈如其官。考與儔，嘉慶己未進士，翰林院庶吉士，改官為四川鹽源縣知縣，再改官為貴州遵義府學教授。

〔註6〕同本論文第二章註3，卷三，頁1。

〔註7〕（清）莫友芝學術成就及論著，可參考（清）張裕釗撰：〈徵君莫子偲墓誌銘〉（沈雲龍主編：《近代中國史料叢刊》第四十一輯《莫氏四種》第二冊。臺北：文海出版社，1969年），頁1。以及（清）黎庶昌撰：〈莫徵君別傳〉（沈雲龍主編：《近代中國史料叢刊》第八輯《拙尊園叢稿》卷四。臺北：文海出版社，1966年），頁40。

〔註8〕同前註。

曾文正公表其墓曰。教授莫君者也。教授君，故名進士，日以樸學倡其徒，教其子弟。子偲獨一意自刻厲，追其志而從之。當是時，遵義鄭子尹珍，亦從教授君游，與子偲相劘以許鄭之學。積五六年，所詣益邃。黔中官師徒友，交口推轂莫子偲、鄭子尹，而兩人名遂冠西南〔註9〕。

從此墓誌得知，莫氏世居江南上元，自高祖雲衢遷至獨山州，自是為獨山州人。曾祖嘉能鼓勵鄉里子弟向學，其子莫剛、莫燦、莫元及莫強先後皆考取秀才。祖父莫強在鄉里授徒，除教授讀書外，亦注重德育，並承先祖遺風，全力資助鄉中有需要之人。父親莫與儔，字猶人，一字杰夫，晚號壽民。《清史稿校註》列傳二百七十三：

> 莫與儔，字猶人，獨山州人。少有志抄，兄歿，持期服，不與試。嘉慶四年，朱珪、阮元總裁會試，所拔取多樸學知名士，與儔亦以是年成進士，選庶吉士。散館，改令鹽源縣。俗，富民買田好擇取無稅者，貧民往往鬻產存賦，久輒逃亡。……舉治行卓異，以父憂去。母老，遂請終養。久之，被吏部檄復起，自請改教授，選遵義。士人聞其至，爭請受業〔註10〕。

由以上資料得知，莫與儔為嘉慶四年進士，以翰林院庶吉士，任四川鹽源知縣等職，但對教育有濃厚興趣，故請改官回遵義府學教授。終其一生倡導樸學，並傳授友芝及弟子鄭珍等人。莫與儔發現家鄉購書、藏圖書之人非常少，係造成黔中文化落後之原因，自此開始購書、借書，以教授生徒。莫友芝學識淵博，父親莫與儔嚴格教導及耳睹目染實有密切關係；其愛收藏善本祕籍，亦深受父親之影響。

莫友芝為與儔第五子，有兄弟八人，姊妹七人。手足情誼深厚，此可由《郘亭詩鈔》及《郘亭遺詩》中見到友芝與兄弟間唱和之作得知。其中尤以九弟莫祥芝與他志趣最近，感情最好。莫祥芝，字善徵。深受其兄友芝喜好藏書影響，故其書齋「銅井寄廬」亦藏有不少善本祕籍。曾國藩託友芝四處查訪四庫遺書時，祥芝亦助成其事。如《宋元舊本書經眼錄》附錄卷一《書衣筆識》中〈漁洋山人精華錄〉條，友芝記載云：

> 壬戌夏四月，善徵弟收于祁門，攜至安慶，增衣草裝，書示繩兒〔註11〕。

〔註 9〕同本論文第二章註1。
〔註10〕國史館：《清史稿校註》，卷四九三，〈列傳〉二七三，〈文苑〉三（臺北：國史館，1990年2月），頁11200。
〔註11〕（清）莫友芝撰：《宋元舊本書經眼錄》（清同治癸酉獨山莫氏刊本），附錄一《書

祥芝深受其兄嗜書影響，故每見稀珍善本，皆會告知其兄友芝，兄弟二人感情因之彌篤。

莫友芝刻苦好學，亦以此要求長子彝孫及次子繩孫。彝孫聰穎好學，為父親得力助手，例如《唐寫本說文木部箋異》之跋及《邵亭詩鈔》之序等，皆為莫彝孫所撰。繩孫在父親教導下，對金石、目錄之學等皆表現出色，故友芝去世後，莫繩孫便整理父親未完成之作，例如《宋元舊本書經眼錄》、《邵亭書畫經眼錄》、《舊本未見書經眼錄》及《邵亭遺詩》等，皆由其整理後刊行。是其二子在學問上表現均非常優異，亦能承家學，堪稱書香世家。

三、交友狀況

莫友芝交友情況，在張裕釗〈徵君莫子偲墓誌銘〉云：

> 子偲體度溫醇，居常好游覽，善談論。遇人無貴賤愚智，一接以和。暇日相與商較古今，評騭術業高下，正論詼嘲閒作，窮朝昏不勌。自通州大邑，至於山陬嶺海，公卿鉅人、學士大夫，咸推子偲，以為不可及。下逮武夫小吏、閭巷學徒，語君名字無不知。及其他嘗與君晤，無不得其意以去者〔註12〕。

據此可知，莫氏態度平易近人與善友之情形，故其交友廣泛，亦能從與友人論學話題中，見出對學問熱愛程度。友芝往來摯友不勝枚舉，可從其《邵亭詩鈔》、《邵亭遺詩》中與友人唱和之作瞭解。此處除舉名重西南並稱「鄭莫」之鄭珍外，再舉與莫友芝在目錄學上有關係者數人，略作介紹：

（一）、鄭　珍

鄭珍，字子尹，晚號柴翁，別號五尺道人，貴州遵義人，嘉慶十一年生。道光五年拔貢生，十七年舉人，選荔波縣訓導。

《清史稿校註》列傳二百七十三：

> 鄭珍，字子尹，遵義人。道光五年拔貢生。十七年舉人，以大挑二等選荔波縣訓導。咸豐五年，叛苗犯荔波，知縣蔣嘉穀病，珍率兵拒戰，卒完其城。苗退，告歸。同治二年，大學士祁寯藻薦於朝，特旨以知縣分發江蘇補用，卒不出。三年卒，年五十九。……尤長說文之學，所著

《說文逸字》二卷、附錄一卷，《說文新附考》六卷，皆見稱於時。他著有《鳧氏圖說》、《深衣考》、《汗簡箋正》、《說隸》等書。又有《巢經巢說》、《詩鈔》、《文鈔》，《明鹿忠節公無欲齋詩注》〔註13〕。

由以上資料可知，鄭珍學問相當淵博，對古文、詩等皆有研究，尤長說文之學，著有《說文逸字》、《說文新附考》、《汗簡箋正》等。珍與莫友芝同志友善，並稱「鄭莫」，名重西南。鄭氏性格較拘謹，不苟言笑，與莫友芝詼諧健談個性迥然不同。然二人在追求學問態度，卻志同道合，曾共同纂輯《遵義府志》，時論稱之，此可由黎庶昌〈莫徵君別傳〉見其一斑：

> （君）與吾里鄭徵君子尹珍，同志友善，篤治許鄭之學。……道光中，與子尹同撰《遵義府志》，博采漢唐以來圖書地志，荒經野史，披榛別陋，援證精確，體例矜嚴。成書四十八卷，時論配以《水經注》、《華陽國志》〔註14〕。

鄭珍年長友芝五歲，友芝兄事之，二人情誼深厚。咸豐二年，鄭珍《巢經巢詩鈔》編成，友芝爲之序云：

> 子尹長友芝五歲，兄事之。自廿年前友芝侍先君遵義郡學，子尹居東八十里樂安溪上，數以祕冊互假，寫勘往還。丁酉後，春官奔走，郡乘牽絆，兩人共晨夕尤夥。至辛丑，先君見背，即卜兆樂安溪上青田山，復結廬其間，以近吾子尹也。計訂交至今且三十年，中間饑驅離索，不常合并，靡不以學行文章相礱砥〔註15〕。

又從鄭珍詩作中，深刻描述莫氏嗜書情形及交遊情景等，亦能顯露二人志同道合之個性及深厚情誼。鄭珍《巢經巢詩鈔》卷四〈病中絕句二首〉詩云：

> 莫五璃廠回，又回璃廠路。似看銜書鼠，寂寂來復去。
>
> 安排六箇月，償足二萬里。已過春中閒，看看到糉子〔註16〕。

又鄭珍《巢經巢詩鈔》卷三〈寄答莫五〉詩云：

> 如何接君書，亦復窮爾爾。下無縫袴襦，上無奉甘旨。吾儕儻定窮，理也奈何彼。子貧且在家，我貧更客裡。客裡貧轉甚，春衣今未褫。日夕數來店，弟輩默以俟。擬得一個來，茲事有人庇。依然滿篋書，隨渡

〔註13〕同本論文第二章註 10，卷四八九，〈列傳〉二七三，〈儒林〉三，頁 11113。

〔註14〕同本論文第二章註 2，卷四，頁 40。

〔註15〕（清）鄭珍撰：《巢經巢詩鈔》（楊家駱主編：《中國學術名著》文學名著第三集，第十八冊。臺北：世界書局，1961 年 2 月），頁 5。

〔註16〕同本論文第二章註 15，卷四，頁 13。

烏盤水。攜手慰離索，一笑愁城圮。翻寶飽黃罷，冷尋紅葉寺；更當出
祕籍，共讀梅花底〔註17〕。

鄭珍以「衙書鼠」形容莫氏在琉璃廠購書情景；又對莫氏在困頓生活，仍不
改愛書嗜好，期待他日「更當出祕籍，共讀梅花底。」若非知交摯友，那能對莫
氏如此瞭解。

（二）、曾國藩

曾國藩，字伯涵，號滌生，湖南湘鄉人，道光十八年進士。累官內閣學士、
禮部侍郎，署兵部等職。太平天國為亂東南，曾氏佐清廷平定有功。

《清史稿校註》列傳一百九十二云：

> 曾國藩，初名子城，字滌生，湖南湘鄉人。家世農，祖玉屏，始慕
> 嚮學。父麟書，為縣學生，以孝聞。國藩，道光十八年進士。二十三年，
> 以檢討典試四川，再轉侍讀。累遷內閣學士、禮部侍郎，署兵部。時太
> 常寺卿唐鑑講學京師，國藩與倭仁、吳廷棟、何桂珍嚴事之，治義理之
> 學。兼友梅曾亮及邵懿辰、劉傳瑩諸人，為詞章考據，尤留心天下人材
> 〔註18〕。

由以上資料得知，曾國藩無論在政治或學問上，皆有傑出之表現。道光二十
七年莫友芝參加春闈候榜期間，前往琉璃廠購書時，結識當時任翰林院侍講學士
曾國藩；曾國藩對其才高學博深表佩服，遂於書肆訂交。曾國藩咸豐十一年九月
二十四日寄給曾紀澤家書談到莫友芝生平亦云：

> 昨見面所作〈說文分韻解字凡例〉，喜爾今年甚長進，固請莫君指
> 示錯處。莫君名友芝，字子偲，號邵亭，貴州辛卯舉人，學問淹雅。丁
> 未年在琉璃場與余相見，心敬其人。七月來營，復得暢剳談。其學於考
> 據、詞章二者皆有本原，義理亦踐修不苟。茲將渠批訂爾所作之凡例寄
> 去，余亦批示數處〔註19〕。

此則家書，曾國藩對其子語及莫氏生平、認識經過兼對莫友芝治學之心敬。
又曾氏對莫氏欽佩愛惜之情，亦可從《曾文正詩文集》卷一〈送莫友芝〉詩得知：

> 豪英不地圖，十九興偏邦。斬崖撥叢棘，往往逢蘭茝。黔南莫夫子，

〔註17〕同本論文第二章註15，卷三，頁14。
〔註18〕同本論文第二章註7，卷四一二，〈列傳〉一九二，頁10065。
〔註19〕（清）曾國藩：《曾國藩全集》家書（一）（長沙市：岳麓書社出版，1987年10月），
頁786。

志事無匹雙。萬書薄其服，廿載幽窮鄉。今年偶作劇，射策來都堂。青
鞵側破帽，日繹書賈坊。邂逅一相見，揖我謂我藏。劉郎吾庸敬，好事
迷短長。炙酒賴君煩，亦用沾我腸。微瀾時激引，稍稍觀濤江。可憐好
手眼，不達時溫涼。果然被捐斥，鋤刈不成芳。誰能尼歸駕，飄若驚鴻
翔。我時走其廬，深語非淺商。次及蓼莪痛，老淚何浪浪。嗟余亦心性，
內刺能不降。賓然拜牀下，十分肅老龐。關山有乖隔，人事不可詳。萬
里共日月，肝膽各光芒。作詩勗歲莫，亦以勤劉郎〔註20〕。

此首詩描述二人相識經過、推崇莫氏滿腹經綸與安慰莫氏失意等情況，十分
誠懇。其次，薛福成《庸菴文編》卷四〈敘曾文正公幕府賓僚〉一文中，將曾國
藩重要幕僚及摯友分幾類型，莫氏即被歸為「閱覽」類。並闡述云：

閱覽則前翰林院編修德清俞樾陰甫、芷江縣學訓導長沙羅汝懷研
生、諸生新城陳學受藝叔、知永寧縣當塗夏燮謙甫、江蘇知縣獨山莫友
芝子偲……。莫友芝、俞樾、王闓運、李善蘭、方宗誠、張文虎、戴望，
皆才高學博，著述斐然可觀〔註21〕。

再者，《清史稿校註》列傳二百七十三云：

道光十一年舉人，在京師遠跡權貴。胡林翼、曾國藩皆其舊好，留
居幕府，評騭書史外，榮利泊如也〔註22〕。

從以上二則資料得知，曾國藩對貴州獨山人莫友芝才高學博深表佩服，故咸
豐十一年七月延攬其為幕府賓僚。又從《曾文正公手寫日記》多記載莫氏替曾國
藩整理文稿、書籍校閱、書籍相贈及書信往返等情形，亦可知曾氏對莫友芝之器
重。如《曾文正公手寫日記》同治元年七月初四日記載云：「早飯後清理文件，史
士良來，久坐於圍棋一局。寫岳父信一件。莫子偲、吳彤雲來幫看經解多卷，未
刻畢。」〔註23〕；太平天國亂平，且託友芝搜訪《四庫》遺書之重責，如在收訪
揚州文匯閣四庫遺書時，受當時擔任鹽運使友人李宗羲協助不少，並得知此閣藏
書多流落泰州、通州等地，然因查訪過程並不順利，其在成效上亦不顯著，是故
莫氏在書目記載中，往往會敘及《四庫》存錄情形。莫氏逝世時，曾氏輓聯曰：「京

〔註20〕（清）曾國藩撰：《曾文正詩文集》卷一（臺北：臺灣中華書局，1966 年 3 月臺 1
版），頁 18。

〔註21〕（清）薛福成著：《庸菴文編》卷四，（沈雲龍主編：《近代中國史料叢刊》第九十
五輯。臺北：文海出版社，1973 年），頁 17。

〔註22〕同本論文第二章註 10。

〔註23〕（清）曾國藩：《曾文正公手寫日記》第三冊（臺北：臺灣學生書局，1965 年 4 月），
頁 1355。

華一見更傾心,當午虎市橋頭,書肆訂交,早欽宿學;江表十年常聚首,今日莫愁湖上,酒樽和淚,來弔詩人。」吐露出二人情誼及對莫氏學問造詣之心敬。

(三)、丁日昌

丁日昌,字雨生,一作禹生,號持靜,廣東豐順縣人。以廩貢生治鄉團,數卻潮州太平軍。李鴻章治軍上海,檄主機器局,積勳至知府。累官至兩淮鹽運使,布政使,授巡撫,兼督船政。光緒五年,詔加總督銜,兼理各國事務大臣。

《清史稿校註》列傳二百三十五云:

> 丁日昌,字禹生,廣東豐順縣人。以廩貢生治鄉團,數卻潮州寇。選瓊州府學訓導。錄功,敘知縣,補江西萬安。善折獄。坐吉安不守,罷免。參曾國藩戎幕,復官。李鴻章治軍上海,檄主機器局,積勳至知府。江寧既下,除蘇松太道。鴻章倚以辦外交,事有鉤棘,徐起應付,率皆就範。調兩淮鹽運使。……光緒元年起授福建巡撫,兼督船政。……明年詔加總督銜,令駐南洋,會辦海防,水師統歸節度。復命充兼理各國事務大臣。……好藏書,成《持靜齋書目》五卷,世比之范氏天一閣、黃氏百宋一廛云〔註24〕。

從以上資料得知,丁氏極有政治長才。而丁氏與莫友芝關係甚篤,則因嗜好購書、愛書而結識。丁日昌亦是江南著名藏書家之一,藏書有持靜齋、實事求是齋、百蘭山館等,世比之范氏天一閣、黃氏百宋一廛云。莫友芝曾受丁氏聘請檢理「持靜齋」〔註25〕藏書,為其編撰成《持靜齋書目》。《持靜齋藏書紀要》即是

〔註24〕同本論文第二章註10,卷五五五,〈列傳〉二三五,頁10525。

〔註25〕「持靜齋」,(清)丁日昌之書齋名。丁日昌字雨生。洪有豐、袁同禮《清代藏書家考》:「傳署。日昌字雨生。以牧令起家。同治間官江蘇巡撫。所歷皆有名績。(清)曾國藩之建船造器。日昌贊助之力為多。同治甲子署蘇松太道。藏書。藏書極富。校讎尤精。然為吏才所掩。雨生為上海道時。宜稼堂郁氏宋元舊本都歸插架。其尤精者,景祐本《漢書》、世綵堂《昌黎集》。及宋刊《禮記要義》、《禮記集說》、《兩漢會要》、《東都事略》,皆至寶也。《儀禮鄭注》,宋淳熙本。同治甲子禹生獲之上海肆中,審定為實事求是齋經籍之冠。陸心源云,禹生介紹應敏齋廉訪至郁氏閱書,自取架上宋元刊本五十餘種,令材官騎士擔負而趨,時郁泰豐已故,其諸孫尚幼,率其孀婦追及於門。禹生不能奪,取其卷帙少者自置輿中,其卷帙多者僅攜首帙而去。後經應敏齋調停,以宋刊世綵堂《韓文》、程大昌《禹貢論》、《九朝編年》、《毛詩要義》、《儀禮要義》、金刊《地理新書》,等十種為贈。後竟以爭收古書成隙。蔣香生注郁氏書目。則云郁氏家不欲零售,心源時在閩,迨歸,毛詩等精槧已為禹生所得,故大慊之。俞陰甫說亦同。蓋強奪則或有之,未必是之甚也。心源因宋元數種,欲猺猺曲成之,適成其市道之薄而已。禹生從郁購去者上述十種外,尚有多種。」

從《持靜齋書目》中擇其善刻與珍稀傳本撰成。此外，莫氏所撰《宋元舊本書經眼錄》，當中記載宋元精刊本、鈔本，部分乃親見目睹自丁日昌所藏之精品。

（四）、郁松年

郁松年，字萬枝，號泰峰。郁氏乃江南藏書家之一，與莫友芝因同好藏書、愛書而結識。郁松年藏書齋名曰「宜稼堂」〔註26〕，編有《宜稼堂書目》，然此書目在臺灣遍尋不見。其藏書中收錄不少宋、元稀見珍本，莫氏所撰《宋元舊本書經眼錄》，當中記載宋元精刊本、鈔本，部分乃借閱郁氏之藏書而完成。

第二節　著作概述

莫友芝一生事業，主要在學問鑽研上，復孜孜不倦，無論詞章、小學、目錄學及方志編撰上，其著述質量均有可觀。據張裕釗〈徵君莫子偲墓誌銘〉云：

> 子偲之學，於蒼雅故訓，六經名物制度，靡所不探討。旁及金石目錄家之說，尤究極其奧賾，疏導源流，辨析正僞，無銖寸差失。所爲詩及雜文，皆出於人人，而於詩治之益深且久。又工眞行篆隸書，求者肩相摩於門。……生平所爲書曰：《黔詩紀略》三十三卷，《遵義府志》四十八卷，《聲韻考略》四卷，《過庭碎錄》十二卷，《邵亭詩鈔》六卷，《樗繭譜注》一卷，《唐本說文木部箋異》一卷；其編訂未竟者尚有詩八卷，邵亭文，影山詞，邵亭經說古刻鈔，書畫經眼錄，宋元舊本書經眼錄，

詳見洪有豐、袁同禮：《清代藏書家考》（香港：中山圖書公司發行，1973年），頁24～25。

〔註26〕「宜稼堂」，（清）上海人郁松年之書齋名。郁松年字萬枝，號泰豐，號一作泰峰。洪有豐、袁同禮《清代藏書家考》：「傳畧。松年字萬枝，號泰豐。道光二十五年恩貢生。藏書。泰豐好讀書，購藏數十萬卷，手自校讐。以元明舊本，世不多見，刊宜稼堂叢書。喜搜羅書籍，獲其郡先輩山塘汪閬源士鐘藝芸書舍所收士禮居之藏，及楓江周仲璉水月亭、吳縣袁又愷五研樓、元和顧抱沖小讀書堆之藏，更以兼金購書儀微鹽商家，又稍討致錢受之、曹秋岳舊弆。諸老既稱東南之甲，而泰豐梯航訪求，窮老盡氣。叢書之親鈔，曝書之手校，不惜重貲以置鄴架。藏書家當以錢受之、黃堯圃及泰豐爲其世適矣。同治初元，宜稼之書散出。其宋元舊槧名校精鈔，大半爲丁雨生觀察蘇太守時豪奪去，歸於持靜齋。更有江寧候補道洪觀察者多購獲之。又爲莫子偲友芝所借失者不戢。而其餘精帙，俱歸於安陸心源皕宋樓。當時所購去者，總四萬八千餘冊，三千二百元。」同前註，頁20～21。

舊本未見書經眼錄，資治通鑑索隱，梁石記各若干卷藏於家〔註27〕。

又據黎庶昌〈莫徵君別傳〉〔註28〕云云，亦有相同記載。綜覽比對，知莫友芝生平所爲書有：《黔詩紀略》三十三卷，《遵義府志》四十八卷，《聲韻考略》四卷，《過庭碎錄》十二卷，《郘亭詩鈔》六卷，《郘亭遺詩》八卷，《郘亭遺文》八卷，《樗繭譜注》一卷，《梁石記》一卷，《唐寫本說文木部箋異》一卷，《宋元舊本書經眼錄》四卷，其編訂未竟者尚有《影山詞》，《郘亭經說古刻鈔》，《書畫經眼錄》，《舊本未見書經眼錄》，《資治通鑑索隱》各若干卷等。此外，據《遵義府志》書前引書目採錄者，尚有《棠陰雜稿》、《棠陰札記》二書。另外，據晚近書目或出版書籍書名，尚有《持靜齋藏書紀要》、《郘亭知見傳本書目》二書，亦是莫友芝所撰。

總之，莫氏學問淵博，故著作繁夥，涵蓋詞章、小學、目錄學及方志編撰等範疇。此處除介紹與本論文有關之目錄學著作外，兼及其他範疇之作品，僅擇其一二約略敘述之。

一、《郘亭遺詩》、《郘亭遺文》

《郘亭遺詩》八卷，光緒初元冬十月，由其次子莫繩孫整理，經汪士鐸、黎庶昌審定刊行。收錄自咸豐壬子至同治辛未，古今詩凡五百四十六首。莫氏學問淵博，遇事常作詩以抒情；與友人談學問或互通往來，亦作詩以傳達內心情感及對學問看法，故詩作內容多表現思鄉、思友、唱和及遊歷山水等。

《郘亭遺文》八卷，亦由莫繩孫整理刊行。內容計有詩文集序跋、金石跋文、贈行序及墓誌銘等。

二、《唐寫本說文木部箋異》

《唐寫本說文木部箋異》一卷，同治三年莫友芝箋異刊行。莫氏居金陵時，從黔縣縣令張廉臣處獲得唐寫本說文木部殘卷，經縝密考訂，再與徐鉉、徐鍇等有關《說文解字》專著作校勘；範圍包括字形、字音、字義及比對校勘等。此書糾舉不少古人之訛，亦匡正修補前人說法，皆能闡明獨特見解，故對文字、聲韻及訓詁等小學研究者有莫大貢獻。曾國藩〈題唐本說文木部應莫郘亭孝廉〉詩云：

許書劣存二百字，古鏡一埽千年塵。篆文已與流俗殊，解說尤令耳目新。

〔註27〕同本論文第二章註1，頁2～3。
〔註28〕同本論文第二章註2。

乾嘉老儒耽蒼雅，東南嚴段竝絕倫。就中一字百搜討，詰難蠭起何斷斷。
暗與此本相符契，古轍正合今時輪。乃知二徐尚鹵莽，訛誤幾輩空因循。
〔註29〕

從此則資料得知，曾國藩對莫氏《唐寫本說文木部箋異》十分稱讚。

三、《遵義府志》

《遵義府志》四十八卷，初刻於道光二十一年，莫友芝與鄭珍共同纂輯。據前引黎庶昌〈莫徵君別傳〉，謂二人博采漢唐以來圖書地志，荒經野史，披榛剔陋，援證精確，體例矜嚴。考此志書前有引書目，的確不假。又賀長齡《遵義府志·序》云：

昔竇德元不能對帝邸之問，到今談者陋之。今郡人有是書，其可以不德元乎。然而余復有說，凡一府數百里中，風化之盛衰，民心之醇醨，政教之得失美惡，一一皆本乎長吏。如遵義者，可不謂貴州之大府也乎。經我國家相承休養理極，故其閭閻之殷賑，物力之豐阜，風土人文之秀澤，一切與中州等。富庶之國，誠曰易治，而自昔沃土，往往不材，守令者承流宣化，又可漫無維繫乎。然則按疆域，當思何以撫綏。稽戶口，當思何以保聚。詢風俗，當思何以補救。奉祠廟，當思何以致祥。農桑，思何以勸課。學校，思何以振興。與夫城池，津梁及榷賦，倉儲大政，思何以利民而盡職。如是則夙夜勤勤業業，日求無負　聖天子委畀一方至意。庶此志非區區空言乎〔註30〕。

從賀長齡此序得知，鄭氏、莫氏修纂此志，於貴州之政教設施、地理風俗之考訂等，皆有詳瞻敘述，故時論稱之，以配《水經注》、《華陽國注》云。

四、《持靜齋藏書紀要》

《持靜齋藏書紀要》上下二卷。丁日昌延請莫友芝爲其檢理「持靜齋」藏書，從同治丁卯秋末（同治六年）整理，至己巳開歲（同治八年）歷經一年餘完成。此書係從持靜齋藏書中，擇其善刻與珍稀傳本，經莫氏一一審視，而于版式、行款、內容及版本考訂等多所著墨。臺灣今日所見版本有二，其一爲清同治間豐順

〔註29〕同本論文第二章註21，卷二，頁25。
〔註30〕（清）鄭珍·莫友芝撰：貴州省《遵義府志》（《中國方志叢書》第一五二號，第一冊。臺北：成文出版社，1968年12月），頁1。

丁氏刻本（今藏中央研究院傅斯年圖書館）；其二爲清同治六年蘇州文學山房刊單行影本（今藏台北國家圖書館善本書室及中央研究院傅斯年圖書館）；其三清光緒二十一年元和江氏師許室刊本影印。此部分第三章節會再詳細敘述。

五、《宋元舊本書經眼錄》

　　《宋元舊本書經眼錄》五卷，莫繩孫匯錄整理，黎庶昌刊行。此書係莫友芝在同治四年至八年間，往來江南各地訪書、購書，於藏書家中記錄目睹經眼之宋元舊本祕籍。其中所載宋元精刊本、鈔本以丁日昌及郁松年二位藏書家爲最多。此書目記錄經眼宋元精刊本、鈔本或手稿之內容、版本優劣眞僞等題識編成三卷，後又附《書衣題識》及《金石筆識》各一卷。此部分下第四章節會再詳細敘述。

六、《邵亭知見傳本書目》

　　《邵亭知見傳本書目》十六卷，莫繩孫整理。莫友芝嗜好蒐集古籍，曾受曾國藩之託收訪《四庫》散佚之書，隨身攜帶《四庫全書簡明目錄》，每於當條下作箋注。記載《四庫》存目、未收情況外，且對版本考訂、作者生平詳查等皆作說明，可補邵懿辰《四庫全書簡明目錄標注》及汪家驤記載《四庫》筆記批注之不足。《邵亭知見傳本書目》經由次子莫繩孫整理成十六卷。臺灣今日所見版本有下列幾種：其一清光緒二年王春紫格鈔本、其二清宣統元年正月東京田中氏刊行清國北京藍格鈔本、其三清宣統元年日人田中慶太郎北京德興堂排印本、其四民國初年上海西冷印社排印本。以上四種版本今皆藏於台北國家圖書館善本書室。而中央研究院傅斯年圖書館亦藏有田中氏北京鉛印本一套共有六冊，同爲十六卷，但與台北國家圖書館善本書室所藏冊數有別；另又藏有清同治癸酉年上海掃葉山房石印本、民國二十年上海掃葉山房石印本，然後部書籍今傅斯年圖書館仍在尋找中。以上各版本將於第五章節會再詳細敘述。今日研究此書目重要之作，則以大陸學者傅熹年《藏園訂補邵亭知見傳本書目》〔註31〕最詳盡。此部分在第五章第五節會再詳細敘述。

〔註31〕傅增湘訂補、傅熹年整理：《藏園訂補邵亭知見傳本書目》（北京：中華書局出版，1993 年 6 月）。

第三章 《持靜齋藏書紀要》探究

　　《持靜齋藏書紀要》一書，是莫友芝生前刊行之一部目錄學專著。此本書目內容皆經莫氏一一審視，並述其書之版式、行款、內容及考訂版本等大略情形；此乃版本目錄學之重要專著。同治年間，莫友芝為丁日昌檢理持靜齋藏書三百多匣、十萬卷藏書，親見目睹善刻與珍稀傳本，對其目錄學研究有不少助益；又所采均為罕見善刻本或鈔本，甚至有海內孤本，故此書目對今日研究目錄學者而言，於湮泯難見或難判斷真偽善刻與珍稀傳本，可作為重要依據。

第一節 《持靜齋藏書紀要》編成之緣起

一、丁日昌生平略述

　　丁日昌，字雨生，一作禹生，自號持靜，廣東豐順人。曾任曾國藩及李鴻章等人幕僚。游歷歐美等國，著有《海外紀實》一書。另有《百蘭山館古今體詩》、《牧令書輯要》及《保甲書輯要》等著述。丁氏在設船廠、航運及製造廠等方面頗有政績，《清史稿校註》列傳二百三十五云：

> 李鴻章治軍上海，檄主機器局，積勳至知府。……光緒元年，起授福建巡撫，兼督船政，辭，不允。既蒞事，會霪雨，城內水逾丈，躬散賑，口煦手拊，卯翼備至，全濟災民數十萬。……又罷臺屬漁戶稅，擬築鐵路，開礦產，移關稅釐榷造船械，臺民漸喁喁望治矣。……好藏書，成《持靜齋書目》五卷，世比之范氏天一閣、黃氏百宋一廛云〔註1〕。

〔註1〕同本論文第二章註10，卷五五五，〈列傳〉二三五，頁10525。

從以上資料得知，丁日昌在船務管理及槍炮製造等方面用力甚深。同時，丁日昌亦是江南著名藏書家之一。由於長期在江蘇做官，又逢戰亂，江南藏書家所藏善本散落各處，丁氏遂努力搜求，故所獲甚豐，其藏書齋有持靜齋、實事求是齋、百蘭山館等。其中「持靜齋」藏書約有十餘萬卷，聘請莫友芝檢理，莫氏因此親見目睹丁氏收藏之善刻與珍稀傳本，例如記錄所見宋刊《東都事略》一書云：

> 《東都事略》一百三十卷。宋王偁撰進。宋眉州刊本。半頁十二行，
> 行二十四字。目錄卷尾有楷書二行木記云，眉山程舍人宅刊行己申上司
> 不許覆板。初印。極精好。薄綿紙。四端甚寬。……此本紙墨之善，與
> 綱目巨編，皆海內所希見，史部之甲乙也〔註2〕。

從其記錄《東都事略》一書可知，丁氏所藏的確是海內罕見之珍本，十分珍貴。丁氏藏書之豐，亦可從莫氏另一部書目《宋元舊本書經眼錄》中見出；他章將有說明，茲不贅引。

二、《持靜齋藏書紀要》緣起

同治六年秋末，莫友芝由杭州返回蘇州，丁日昌延請莫友芝為其檢理持靜齋藏書。莫友芝因此暫留蘇州兩個月，後又因事返回江寧。《持靜齋藏書紀要》乃從持靜齋藏書三千多部中，擇其善刻與珍稀傳本七百多部〔註3〕，並經莫氏一一審視，而述其書之版式、行款、內容及考訂版本等大略情形，編成上下二卷，歷經一年餘才完成。同時，又編成《持靜齋書目》四卷及續增一卷。其後，丁日昌刊刻《持靜齋書目》，遂將莫友芝所撰《持靜齋藏書紀要》附錄於書後。今藏中央研究院傅斯年圖書館者，為清同治間豐順丁氏刻本。

茲引《持靜齋藏書紀要》序言，以助瞭解編撰持靜齋藏書之緣由：

> 同治丁卯秋末，友芝游浙，還及吳門，禹生中丞命為檢理「持靜齋」
> 藏書，三百有若干匣，散記其撰述人代，卷帙刊鈔。踰兩月，粗一周，

〔註2〕清同治間豐順丁氏刻本《持靜齋藏書紀要》(今藏中央研究院傅斯年圖書館)，卷上，頁3。

〔註3〕此《持靜齋書目》收錄三千多部之書，為筆者親見中央研究院傅斯年圖書館豐順本，一部部算出之結果；《持靜齋藏書紀要》收錄七百多部之書，亦筆者親見中央研究院傅斯年圖書館豐順本，一部部算出之結果。然據來新夏《清代目錄提要》記載《持靜齋藏書紀要》一書，依據光緒間丁氏刊本中著錄宋本十三部、元刊本十八部、明刻本八十七部及鈔本四百四十八部，共計五百六十六部，此與筆者依據清同治間豐順丁氏刻本得之收書數目有所出入。來新夏：《清代目錄提要》(濟南：齊魯書社出版，1997年1月)，頁167。

未及次序。明年春，開書局，董校旁午。夏秋間，暫還金陵，略以四部別之，旋輒去。己巳開歲，局事稍減，乃舉官本《簡明目錄》，悉齋中所有，注當條下，《庫目》未收，或成書在後者，約略時代，條記於上下端，用助朝夕檢覽。東南文籍，夙稱美備，鎮揚杭三閣，又得副天府儲藏。軍興以來，散亡殆盡。吾中丞銳意時艱，力振頹弊，而敷政餘閒，即典冊不去手。計十年蒐集，除複重，可十萬卷。其中宋元善刻及舊鈔大部、小部、單祕無行本者，且居十之三四。於虖，富哉！猶自以爲未備，不欲泛濫編錄，因舉傳本希見，指述大略，爲《紀要》二卷存之。以諗好古之士，二月庚午，獨山莫友芝〔註4〕。

由此序得知，《持靜齋藏書紀要》撰述時間，從同治丁卯（六年）秋末，至己巳（八年）開歲完成，故知《持靜齋藏書紀要》書成至少歷經一年餘，已是同治八年之事矣〔註5〕！而書目檢理共分三階段。同治六年秋末花兩個月，將「持靜齋」三百餘匣藏書粗閱一遍，並散記其撰述人代及卷帙刊鈔，此爲第一階段。同治七年夏秋間，則將前次整理之書目，略以四部別之，此爲第二階段。同治八年一、二月，又以官本《四庫簡明目錄》爲主，悉齋中所有注當條下，《四庫》未收或成書在後者，則約略時代先後條記于上下端，除複重可十萬卷，編成《持靜齋書目》，復舉傳本稀見，指述大略，撰爲《持靜齋藏書紀要》二卷。

第二節　台灣目前所見之版本

台灣今見莫友芝《持靜齋藏書紀要》版本有三：其一、清同治間豐順丁氏刻本。此本乃丁日昌將莫友芝爲其全部藏書編成《持靜齋書目》四卷及續增一卷付刻時，遂併莫友芝所撰《持靜齋藏書紀要》附刻於書後。余用此版本作爲論文之底本或舉例之主本。其二、民國蘇州文學山房木活字印本。此爲獨立單行之版本，與附錄丁日昌《持靜齋書目》者，在字體、內容上略有差異。其三、清光緒二十一年元和江氏師許室刊本。以下先將此三版本，依出版先後爲序略作介紹；若該

〔註4〕同本論文第三章註2，頁1。

〔註5〕《持靜齋藏書紀要》一書，台北國家圖書館及中央研究院傅斯年圖書館另藏有清同治六年蘇州文學山房刊單行影印本。此又是另一獨立之版本，與附錄在丁日昌《持靜齋書目》者，無論在版式、行款、內容等，皆有差異。唯清同治六年之「六」字疑有誤，因此年歲晚莫友芝始應聘至丁日昌府，且莫氏自序《持靜齋藏書紀要》有「己巳」（同治八年）云云，故知書成至少已是同治八年之事矣！

版本經出版社刊行，即以該出版社出版時間爲準。

一、清同治間豐順丁氏刻本

線裝書（詳見附錄一「《持靜齋藏書紀要》書影」）。每半葉十行，大字單行二十二字，小字雙行二十字。書名刻以大字，書名下解釋文字刻以小字。花口，左右雙欄，烏絲欄，單魚尾，板心上記「持靜齋書目」數字，中記卷數，下記頁數。板匡高二十公分，寬十四點五公分。首頁鈐有「傅斯年圖書館」朱文印刻、「國立中央研究院歷史語言研究所圖書之誌印」朱文方形印。首有獨山莫友芝序。此刻本，卷四集部有脫頁。

二、民國蘇州文學山房木活字印本

線裝書（詳見附錄一「《持靜齋藏書紀要》書影」）。每半葉十行，大字單行二十二字，小字雙行二十字。書名刻以大字，書名下解釋文字刻以小字。花口，左右雙欄，烏絲欄，單魚尾，板心上記「持靜齋藏書紀要」數字，中記卷數，下記刻頁數及印出處「文學山房聚珍板印」。板匡高二十公分，寬十四點五公分。首頁刻有「持靜齋臧書記要」，次頁刻有「蘇州護龍街中文學山房印行」。首有獨山莫友芝序。此刻本，卷四集部有脫頁。台灣成文出版社有影印本行世〔註6〕。

三、清光緒二十一年元和江氏師許室刊本

嚴靈峰編輯《書目類編》，據清光緒二十一年元和江氏師許室刊本影印。每半葉十行，大字單行二十字，小字雙行三十八字。書名刻以大字，書名下解釋文字刻以小字。白口，左右雙欄，烏絲欄，單魚尾，板心上記版本類型如「宋目」，下記所刻頁數。首頁刻有「豐順丁氏持靜齋宋元樓鈔各本書目」，首有江標記，次有豐順丁氏持靜齋書目題辭。此本乃江標受郘亭先生所編成。江標「豐順丁氏持靜齋書目題辭」云：

> 丙戌十月，隨軺潮州，郘亭先生出示《豐順丁氏持靜齋書目》四卷，又續增一卷。雖分四部，而新舊雜糅。屬重編之。爰以宋元校鈔，舊刻五類，分別部居，兩旬始畢。坿題一律，以志所感〔註7〕。

〔註6〕 （清）莫友芝：《持靜齋藏書紀要》（嚴靈峰編輯：《書目類編》第七十三冊。臺北：成文出版社，1978年7月）。
〔註7〕 （清）丁日昌：《豐順丁氏持靜齋書目》（嚴靈峰編輯：《書目類編》第三十一冊。

從此題辭及余此對得知，江氏本與本文底本清同治間豐順丁氏刻本，無論在編排、字體、內容上均有差異。

第三節　《持靜齋藏書紀要》與《持靜齋書目》

莫友芝《持靜齋藏書紀要》編撰經過，前引序言云云，已作說明，不再贅述。《持靜齋藏書紀要》與《持靜齋書目》二書目之間關係究竟為何？先將《持靜齋藏書紀要》與《持靜齋書目》二書目分別敘述後，再說明其差異。從二書目差異，亦能反映莫氏於編撰書目之理念及主旨等。

一、《持靜齋藏書紀要》概述與收書分類編排方式

（一）、《持靜齋藏書紀要》概述

此書目共分上、下兩卷。「上卷」以宋刊金刊附、元刊、明刊近刊佚書附等作為分目；「下卷」以鈔本為主要分目。按版本作分目，收錄較多之明版本及鈔本，又按四部作分類，收錄之書下撰有解題。「宋刊金刊附」收錄之書，皆著錄行款、版式、紙質、印記及收藏流傳經過等；對希珍之本更詳錄其序言或跋，兼敘述內容殘缺與版本真偽考訂等情況。「元刊」收錄之書，著錄情形與宋刊大致相似，對某書有那些版本亦詳加記載。「明刊近刊佚書附」收錄之書，著錄注重《四庫全書》有無存入、版本優劣及此書刊刻依據版本等情形。「鈔本」收錄之書，著錄版式、印記及收藏流傳經過等，並敘述刊刻依據之版本或經由何人改訂等情況。

換言之，《持靜齋藏書紀要》重在擇其善刻與珍稀傳本，故于收錄書之行款、版式、紙質、序跋、印記、收藏經過及文物價值等情況，都有詳細記載。例如：宋刊《資治通鑑綱目》、《東都事略》和明刊《漢書》等。甚至，對考訂版本真偽、優劣、流傳等情況亦有判斷，例如：宋刊《寶古堂重修考古圖》、《世綵堂韓昌黎集註》和元刊《五代史記》、《金陀稡編》等。對收錄知見書目，無論親見或耳聞之各種版本，皆有記錄，亦進行考訂或敘述各本間之優劣，例如：宋刊《圖解校正地理新書》、《三蘇文粹》和明刊《輿地紀勝》、《濟美堂柳河東集註》等。又對某些收錄書之題名及版本，作考訂而變異其名或提示內容，以闡明旨意，例如：宋刊《東南進取輿地通鑑》、元刊《元新刊禮部韻略》及鈔本《通鑑紀事本末補後

臺北：成文出版社，1978 年 7 月），頁 13655。

編》等。在鈔本、稿本中，對收錄之書常與《四庫全書》作比對，無論未收或僅存目等皆有註明，例如：明刊《明朝小史》、《列卿年表》、《兩浙海防考》和鈔本《周易旁註》、《半農易說稿本》、《建炎筆錄》、《辨誣筆錄》等。以上敘述，在「第四節《持靜齋藏書紀要》收書著錄現象」會再詳述。

　　總之，《持靜齋藏書紀要》收錄不少稀見刊本、鈔本與稿本，爲後學者提供寶貴資料，亦可藉此作爲判斷善本與珍稀傳本之重要依據。

（二）、《持靜齋藏書紀要》編排方式

　　茲以清同治間豐順丁氏刻本《持靜齋藏書紀要》，作爲收書之分類編排方式之依據：

　　下表先呈現《持靜齋藏書紀要》收書分類編排之狀況，表後再作說明。

內容 ＼ 卷數	版 本	部	類	屬	備 註
《持靜齋藏書紀要》卷之上	宋刊本金刊附				宋刊本：共收錄十三部。
	元刊本				元刊本：共收錄十八部。
	明刊本近刊佚書附	經部			經部：共收錄三十四部。
		史部	正史類、編年類、雜史類、傳記類、史鈔類、地理類、職官類、政書類、史評類。	史部地理類—都會邦縣之屬、河渠之屬、邊防之屬、古蹟之屬、地理雜記之屬、雜記之屬、外紀之屬。　史部職官類—官箴之屬。　史部政書類—邦計之屬。	史部：共收錄五十六部。

		子部	儒家類、兵家類、農家類、	子部術數類— 占候之屬、 古卜之屬。	子部：共收錄八十三部。
			法家類、醫家類、算學類、術數類、藝術類、譜錄類、雜家類、類書類、小說類。	子部藝術類— 書畫之屬、 琴譜之屬。 子部雜家類— 雜學之屬、 雜考之屬、 雜說之屬、 雜編之屬。	
		集部			集部：共收錄一百二十六部。
《持靜齋藏書紀要》卷之下	鈔本	經部			經部：共收錄三十五部。
		史部	雜史類、奏疏類、傳記類、載記類、地理類、職官類、政書類、目錄類。	史部傳記類— 名人之屬、 總錄之屬、 別錄之屬。 史部載記類— 附錄之屬。 史部地理類— 宮殿名之屬、 總志之屬、 都會郡縣之屬、 邊防之屬、 古蹟之屬、 雜記之屬、 附遊記之屬、 外紀之屬。 史部政書類— 典禮之屬、 邦記之屬。 史部目錄類— 金石之屬。	史部：共收錄一百零七部。

| | | 子部 | 儒家類、農家類、法家類、醫家類、天文算法類、術數類。 | | 子部：共收錄一百二十五部。 |
| | | 集部 | | | 集部：共收錄一百八十二部。 |

　　按諸《紀要》一書，「上卷」以宋刊本金刊附、元刊本及明刊本近刊佚書附。其中明刊本近刊佚書附因收錄之書較宋、元刊本繁多，又分經、史、子、集四部，史部和子部又分若干類，類下又分若干屬。例如：「上卷」明刊本史部下，分正史類、編年類、雜史類、傳記類、史鈔類、地理類、職官類、政書類、史評類等九類及某些類下又分若干屬，如史部地理類，分都會邦縣之屬、河渠之屬、邊防之屬、古蹟之屬、地理雜記之屬、雜記之屬、外紀之屬等七屬；「下卷」以鈔本為主，又分經、史、子、集四部，史部和子部又分若干類，類下又分若干屬。例如：「下卷」鈔本史部，分雜史類、奏疏類、傳記類、載記類、載記類、地理類、職官類、政書類、目錄類等九類及某些類下又分若干屬，如史部地理類，宮殿名之屬、總志之屬、都會郡縣之屬、邊防之屬、古蹟之屬、雜記之屬、附遊記之屬、外紀之屬等八屬。「上卷」宋刊本金刊附共收十三部、元刊本共收十八部、明刊本近刊佚書附共收二百九十九部；「下卷」鈔本共收四百四十九部。

二、《持靜齋書目》之概述與收書分類編排方式

（一）、《持靜齋書目》概述

　　同治六年秋末，莫友芝應丁日昌之聘，檢理其持靜齋藏書。莫氏除擇其中稀見傳本與善本撰成《持靜齋藏書記》上下兩卷外，又另編《持靜齋書目》四卷及續增一卷。《持靜齋書目》共有五卷，其中前四卷，按四庫總目分類，每部之下又分若干類，類下又分若干屬；續增一卷，亦是以經、史、子、集四類分部，每部之下亦分若干類，但僅史部及子部有屬。此書目收錄之書下無解題，為實際記載「持靜齋」收書情況之簡目。例如：卷一經部易類《周易新講義》十卷。日本佚存，叢書，活字印本。宋龔原撰；《紫巖易傳》十卷。通志堂刊本。宋張浚撰；《泰軒易傳》六卷。日本佚存，叢

書，活字印本。題宋清源李中正字伯謙撰；《易小傳》六卷。通志堂刊本。宋沈該撰；《漢上易集傳》十一卷。《卦圖》三卷。《叢說》一卷。通志堂刊本。宋朱震撰。

（二）、《持靜齋書目》編排方式

　　茲以清同治間豐順丁氏刻本《持靜齋書目》，作爲收書分類編排方式之依據。

　　下表先呈現《持靜齋書目》四卷及續增一卷收書分類編排之狀況，表後再作說明。

卷　數＼內　容	部	類	屬	備　註
《持靜齋書目》卷一	經部一	易類		易類：共收錄九十五部。
	經部二	書類		書類：共收錄四十五部。
	經部三	詩類		詩類：共收錄四十五部。
	經部四	禮類	周禮之屬、儀禮之屬、禮記之屬、三禮總義之屬、通禮之屬、雜禮書之屬。	禮類：共收錄六十一部。
	經部五	春秋類		春秋類：收錄七十七部。
	經部六	孝經類		孝經類：收錄十一部。
	經部七	五經總義類		五經總義類：收錄三十二部。
	經部八	四書類		四書類：收錄三十三部。
	經部九	樂類		樂類：收錄十七部。
	經部十	小學類	訓詁之屬、類字書之屬、韻書之屬。	小學類：收錄八十一部。

《持靜齋書目》卷二	史部一	正史類		正史類：收錄四十六部。
	史部二	編年類		編年類：收錄三十三部。
	史部三	紀事本末類		紀事本末類：收錄九部。
	史部四	別史類		別史類：收錄二十一部。
	史部五	雜史類		雜史類：收錄四十四部。
	史部六	詔令奏議類		詔令奏議類：收錄十八部。
	史部七	傳記類	名人之屬、總錄之屬、雜錄之屬。	傳記類：收錄七十一部。
	史部八	史鈔類		史鈔類：收錄五部。
	史部九	載記類		載記類：收錄十九部。
	史部十	時令類		時令類：收錄四部。
	史部十一	地理類	宮殿之屬、總志之屬、都會郡縣之屬、河渠之屬、邊防之屬、山水之屬、古蹟之屬、雜記之屬、游記之屬、外紀之屬。	地理類：收錄一百八十五部。
	史部十二	職官類	官制之屬、官箴之屬。	職官類：收錄十二部。

	史部十二	政書類	通制之屬、儀制之屬、邦計之屬、軍政之屬、法令之屬、考工之屬。	政書類：收錄六十二部。
	史部十四	目錄類	經籍之屬、金石之屬。	目錄類：收錄七十部。
	史部十五	史評類		史評類：收錄十六部。
《持靜齋書目》卷三	子部一	儒家類		儒家類：收錄六十五部。
	子部二	兵家類		兵家類：收錄二十七部。
	子部三	法家類		法家類：收錄十一部。
	子部四	農家類		農家類：收錄十部。
	子部五	醫家類		醫家類：收錄五十二部。
	子部六	天文算法類	推步之屬、算書之屬。	天文算法類：收錄五十五部。
	子部七	術數類	數學之屬、占候之屬、相宅相墓之屬、占卜之屬、命書相書之屬、陰陽五行之屬。	術數類：收錄五十五部。
	子部八	藝術類	書畫之屬、琴譜之屬、篆刻之屬、雜技之屬。	藝術類：收錄四十一部。

	子部九	譜錄類	器物之屬、飲饌之屬、草木蟲魚之屬。	譜錄類：收錄十六部。
	子部十	雜家類	雜學之屬、雜考之屬、雜說之屬、雜品之屬、雜纂之屬、雜編之屬。	雜家類：收錄一百六十三部。
	子部十一	類書類		類書類：收錄六十八部。
	子部十二	小說家類	雜事之屬、異聞之屬、瑣記之屬。	小說家類：收錄一百一十五部。
	子部十三	釋家類		釋家類：收錄四部。
	子部十四	道家類		道家類：收錄三十九部。
《持靜齋書目》卷四	集部一	楚詞類		楚詞類：收錄三部。
	集部二	別集類一漢至五代		別集類一：收錄十六部。
	集部三	別集類二北宋建隆至靖康		別集類二：收錄六十四部。
	集部四	別集類三南宋建炎至德祐		別集類三：收錄一百零三部。
	集部五	別集類四金元		別集類四：收錄四十六部。
	集部六	別集類五明洪武至崇禎		別集類五：收錄八十一部。
	集部七	別集類六		別集類六：收錄十九部。

	集部八	總集類		總集類：收錄九十三部。
	集部九	詩文評類		詩文評類：收錄十九部。
	集部十〔註8〕		詞曲類詞話詞譜之屬	詞曲類詞話詞譜之屬：收錄六部。
《持靜齋續增書目》卷五	經　部	易類、詩類、周禮類、儀禮類、春秋類、五經總義類、小學類、附錄。		經部：收錄二十三部。
	史　部	正史類、編年類、紀事本末類、別史類、雜史類、詔令類、傳記類、載記類、地理類、職官類、政書類、目錄類、史評類。	史部地理類— 總志之屬、都會之屬、郡縣之屬、河渠之屬、邊防之屬、山水之屬、外紀之屬。 史部職官類— 官箴之屬。 史部政書類— 儀制之屬、邦計之屬。 史部目錄類— 金石之屬。	史部：收錄一百一十九部。

〔註 8〕按，《持靜齋書目》、《集部》卷四，遍尋不到詞曲一類，唯從「詞曲類詞話詞譜之屬」，可知此處所收之書應是屬詞曲類，但當中之收錄仍有殘缺不完整，因在《持靜齋藏書紀要》中收錄此類之書約十五部之多可證。又續增卷五中，集部亦有「詞曲類」這一類，亦能作一佐證。故此處應是集部十「詞曲類」。

	子　部	儒家類、兵家類、法家類、農家類、醫家類、天文算法類、術數類、藝術類、雜家類、類書類、小說家類、釋家類。	子部天文算法類─推步之屬。子部術數類─算學類之屬。子部藝術類─雜技之屬。	子部：收錄二百四十一部。
	集　部	別集類漢至宋、別集類元、別集類明、別集類國朝、總集類、詩文評類、詞曲類。		集部：收錄一百六十六部。

　　此書目共分四卷、續增一卷。「卷一」經部共分十類，某些類又分若干屬，例如：經部四禮類又分周禮之屬、儀禮之屬、禮記之屬、三禮總義之屬、通禮之屬、雜禮書之屬等六屬，此部共收五百零七部之書；「卷二」史部共分十五類，某些類又分若干屬，例如：史部十一地理類又分宮殿之屬、總志之屬、都會郡縣之屬、河渠之屬、邊防之屬、山水之屬、古蹟之屬、雜記之屬、游記之屬、外紀之屬等十屬，此部共收六百十五部之書；「卷三」子部共分十四類，某些類又分若干屬，例如：子部七術數類又分數學之屬、占候之屬、相宅相墓之屬、占卜之屬、命書相書之屬、陰陽五行之屬等六屬，此部共收七百五十四部之書；「卷四」集部共分九類，此部分收錄不完全，此部共收五百七十九部之書；《持靜齋書目》續增一卷，在此書目列為第五卷。續增亦依經、史、子、集分置四部，其中又分若干小類，史部及子部又分若干屬，增添之書則一一歸入，此卷共收六百四十九部之書。《持靜齋書目》末附有《藏書紀要》二卷。《藏書紀要》，即莫友芝所撰《持靜齋藏書紀要》，此部分上節已經論述，故不再重複。

三、《持靜齋藏書紀要》與《持靜齋書目》之差異

　　二書目皆記載持靜齋中藏書，但在收書分類編排、著錄收書、收書次序與歸類等方式均有所差異。《持靜齋藏書紀要》分類編排方式，先以不同版本編排

後，收錄較少之宋版及元版雖依照四部分類編排，但卻無作任何標示；收錄較多之明刊本及鈔本，則清楚標示以四部作分類。此處僅以《持靜齋藏書紀要》明刊本及鈔本有清楚標示之分類編排方式，與《持靜齋書目》卷一至卷四作說明。因《持靜齋藏書紀要》收書數目不及《持靜齋書目》，故以下僅針對明刊本及鈔本有清楚標示之分類內容上作說明。如果「明刊」與《持靜齋書目》相同則在《持靜齋書目》類屬下加一橫線條，如果「鈔本」與《持靜齋書目》相同則在《持靜齋書目》類屬加上底色，以便更清楚對照出二書目之差異。以下就分別介紹：

（一）、收書分類編排方式之差異

書　名 編排及 著錄狀況	《持靜齋書目》	《持靜齋藏書紀要》
卷　數	分四卷、續增一卷，共五卷。	分上、下二卷，共二卷。
收書總數	三千一百零四部。	七百七十九部。
分類編排方式	前四卷，每卷以部、類、屬方式作編排；續增一卷，亦是先以經、史、子、集四部，每部之下再分若干類，但僅史部及子部有屬之標目。	每卷先以不同版本編排後，收錄較多書之明版本及鈔本，再分經、史、子、集四部，每部之下亦分若干類，但僅史部及子部有屬之標目。
著錄方式	收錄書之著錄，以簡目形式呈現。	收錄書之著錄，以解題形式呈現。
版　本	收錄之書若有不同版本，會注明各種版本。	以不同版本作先後之編排。 卷上：依次為宋刊本金刊附、元刊本、明刊本近刊佚書附。 卷下：為鈔本。
部	卷一： 經部一、經部二、經部三、經部四、經部五、經部六、經部七、經部八、經部九、經部十。 卷二： 史部一、史部二、史部三、史部四、	卷上： 宋刊本金刊附—收錄之書少未標明分部。 元刊本—收錄之書少未標明分部。 明刊本近刊佚書附—經部、史部、子部、集部。

	史部五、史部六、史部七、史部八、史部九、史部十、史部十一、史部十二、史部十三、史部十四、史部十五。 卷三： 子部一、子部二、子部三、子部四、子部五、子部六、子部七、子部八、子部九、子部十、子部十一、子部十二、子部十三、子部十四。 卷四： 集部一、集部二、集部三、集部四、集部五、集部六、集部七、集部八、集部九。 續增一卷： 經部、史部、子部、集部。	卷下： 鈔本—經部、史部、子部、集部。
類	卷一經部： 易類、書類、詩類、禮類、春秋類、孝經類、五經總義類、四書類、樂類、小學類。 卷二史部： 正史類、編年類、紀事本末類、別史類、雜史類、詔令奏議類、傳記類、史鈔類、載記類、時令類、地理類、職官類、政書類、目錄類。 卷三子部： 儒家類、兵家類、法家類、農家類、醫家類、天文算法類、術數類、藝術類、譜錄類、雜家類、類書類、小說家類、釋家類、道家類。 卷四集部： 　　楚詞類、別集類一漢至五代、別集類二北宋建隆至靖康、別集類三南宋建炎至德祐、別集類四金元、別集類五明洪武至崇禎、別集類六、總集類、詩文評類。	卷上： 宋刊本金刊附：收錄之書少未標明分類。 元刊本：收錄之書少未標明分類。 明刊本近刊佚書附： 經部—此部收錄之書少未標明分類。 史部—正史類、編年類、雜史類、傳記類、史鈔類、地理類、職官類、政書類、史評類。 子部—儒家類、兵家類、農家類、法家類、醫家類、算學類、術數類、藝術類、譜錄類、雜家類、類書類、小說類。 集部—此部收錄之書少未標明分類。 卷下： 　　鈔本：

	續增一卷： 經部—易類、詩類、周禮類、儀禮類、春秋類、五經總義類、小學類。 史部—正史類、編年類、紀事本末類、別史類、雜史類、詔令類、傳記類、載記類、地理類、職官類、政書類、目錄類、史評類。 子部—儒家類、兵家類、法家類、農家類、醫家類、天文算法類、術數類、藝術類、雜家類、類書類、小說家類、釋家類。 集部—別集類漢至宋、別集類元、別集類明、別集類國朝、總集類、詩文評類、詞曲類。	經部—此部少未標明分類。 史部—雜史類、奏疏類、傳記類、載記類、地理類、職官類、政書類、目錄類。 子部—儒家類、農家類、法家類、醫家類、天文算法類、術數類。 集部—此部收錄之書少未標明分類。
屬	卷一：經部 四禮類— 周禮之屬、儀禮之屬、禮記之屬、三禮總義之屬、通禮之屬、雜禮書之屬。 十小學類— 訓詁之屬、類字書之屬、韻書之屬。 卷二：史部 七傳記類— 名人之屬、總錄之屬、雜錄之屬。 十一地理類— 宮殿之屬、總志之屬、都會郡縣之屬、河渠之屬、邊防之屬、山水之屬、古蹟之屬、雜記之屬、游記之屬、外紀之屬。 十二職官類— 官制之屬、官箴之屬。 十三政書類— 通制之屬、儀制之屬、邦計之屬、	卷上： 宋刊本金刊附：收錄之書少未標明分屬。 元刊本：收錄之書少未標明分屬。 明刊本近刊佚書附： 經部—此部收錄之書少未標明分屬。 史部— 地理類 都會邦縣之屬、河渠之屬、邊防之屬、古蹟之屬、地理雜記之屬、雜記之屬、外紀之屬。 職官類 官箴之屬。 政書類 邦計之屬。 子部— 術數類 占候之屬、占卜之屬。

軍政之屬、法令之屬、考工之屬。	藝術類
十四目錄類—	書畫之屬、琴譜之屬。
經籍之屬、金石之屬。	雜家類
卷三：子部	雜學之屬、雜考之屬、雜說之屬、雜編之屬。
六天文算法類—	
推步之屬、算書之屬。	卷下：
七術數類—	鈔本：
數學之屬、占候之屬、相宅相墓之屬、占卜之屬、命書相書之屬、陰陽五行之屬。	經部—此部少未標明分屬。
	史部—
	傳記類
八藝術類—	名人之屬、總錄之屬、別錄之屬。
書畫之屬、琴譜之屬、篆刻之屬、雜技之屬。	載記類
	附錄之屬。
九譜錄類—	地理類
器物之屬、飲饌之屬、草木蟲魚之屬。	宮殿名之屬、總志之屬、都會郡縣之屬、邊防之屬、古蹟之屬、雜記之屬、附遊記之屬、外紀之屬。
十雜家類—	
雜學之屬、雜考之屬、雜說之屬、雜品之屬、雜纂之屬、雜編之屬。	政書類
	典禮之屬、邦記之屬。
十二小說家類—	目錄類
雜事之屬、異聞之屬、瑣記之屬。	金石之屬。
卷四：集部	子部—此部收錄之書少未標明分屬。
十詞曲類—	
詞曲類詞話詞譜之屬。	集部—此部收錄之書少未標明分屬。

以上《持靜齋藏書紀要》與《持靜齋書目》表格比較結果如下：

1、《持靜齋藏書紀要》大部分是從《持靜齋書目》所收錄三千一百零四部書中，擇其近七百七十九部之善刻與珍稀傳本撰述而成。

2、《持靜齋藏書紀要》先以宋、元、明刊本及鈔本等不同版本編排後，再將收錄較多書之明刊本及鈔本，依經、史、子、集四類分部，但僅史部及子部有類屬之細分。此書目雖擇《持靜齋書目》善刻與珍稀傳本編撰而成，但在類或屬之

分法上與《持靜齋書目》，卻不盡相同。因《持靜齋藏書紀要》收書數目不及《持
靜齋書目》，故以下僅針對史部分類上有清楚標示之分類內容及次序上再作說明。
如果「明刊」與《持靜齋書目》相異則在《持靜齋藏書紀要》類屬下加一橫線條，
如果「鈔本」與《持靜齋書目》相異則在《持靜齋藏書紀要》類屬加上底色，以
便更清楚對照出其差異情況。以下表舉例而言：

書名 類、屬	《持靜齋書目》	《持靜齋藏書紀要》
類	卷二史部： 正史類、編年類、紀事本末類、別史類、雜史類、詔令奏議類、傳記類、史鈔類、載記類、時令類、地理類、職官類、政書類、目錄類。	卷上： 明刊本近刊佚書附史部—正史類、編年類、雜史類、傳記類、史鈔類、地理類、職官類、政書類、史評類。 卷下： 鈔本史部—雜史類、奏疏類、傳記類、載記類、地理類、職官類、政書類、目錄類。

此表，列出二本書目之間差異，從內容上得知，《持靜齋藏書紀要》卷上明刊
史部比《持靜齋書目》多出「史評類」，《持靜齋藏書紀要》卷下鈔本史部「奏疏
類」，《持靜齋書目》改名「詔令奏議類」。但從次序上得知，二書目皆相同。

3、再者，《持靜齋藏書紀要》類、屬分類上較為粗略。以集部分類舉例而言：

書名 類、屬	《持靜齋書目》	《持靜齋藏書紀要》
類	集部—別集類漢至宋、別集類元、別集類明、別集類國朝、總集類、詩文評類、詞曲類。	卷上： 明刊集部—此部收錄之書少未標明分類。 鈔本集部—此部收錄之書少未標明分類。

　　此集部分類，《持靜齋書目》共分四類，而《持靜齋藏書紀要》明刊集部收錄有一百二十六部之書，卻無任何分類；鈔本集部收錄有一百八十二部之書，卻無任何分類，此應可分類，未分乃為缺失。又在「類」這類上，往往標示不清，以史部地理類舉例而言〔註9〕：

　　　　「卷上」明刊本史部地理類在書目中，呈現「都會邦縣、河渠、邊防、古蹟、地理雜記、雜記、外紀」等，並未說明皆歸屬地理類之屬，乍看會類屬混淆。

　　再者，《持靜齋藏書紀要》在收錄之書，歸類亦有疏略，以史部傳記類舉例而言〔註10〕：

　　　　「卷上」明刊本史部傳記類在書目共收錄有，「包孝肅奏議、諫垣遺稿、司馬奏疏、唐忠臣錄、殷太師比干錄、楊文敏公年譜、宋左丞相陸公全書、忠節錄、唐才子傳、列卿年表、明郡牧廉平傳及吳中人物志」等書，其中「包孝肅奏議」等應歸入史部詔令奏議類為是。

　　察看《持靜齋藏書紀要》收入書究竟歸於何類、何屬，必定要先審思，方能傳達莫氏在編撰書目看法及當時學術觀點，此一部分下一單元會再闡述。

　　4、《持靜齋藏書紀要》收書次序和分類方式大致依照《持靜齋書目》，下文再作說明。

（二）、著錄收書方式之差異

　　《持靜齋書目》與《持靜齋藏書紀要》二本書目，著錄之書皆是持靜齋中藏書，亦是經由莫友芝檢理審視編錄而成。然觀其著錄收書方式卻有相當大之差異，《持靜齋書目》以簡目方式著錄，而《持靜齋藏書紀要》則以解題方式記錄。按，編撰書目之旨意不同，故著錄收書方式即會不同。茲偶舉數例略作說明：

　　例一，元刊「《周易新講義》十卷」，在《持靜齋藏書紀要》記載言：

　　　　《周易新講義》十卷。宋龔原撰。字深甫，遂昌人。少與陸佃同師王安石，官至寶文閣待制。安石自以易解未善，故紹聖後，原講義與耿南仲註並行場屋。見晁公武《讀書志》。《四庫》未收。日本天瀑山人以活字印入佚存叢書，自題文化五年。當今嘉慶十三年〔註11〕。

〔註 9〕同本論文第三章註2，卷上，頁 17～18。
〔註10〕同本論文第三章註2，卷上，頁 16～17。
〔註11〕同本論文第三章註2，卷上，頁 10。

而《持靜齋書目》卷一，經部易類「《周易新講義》十卷」記載言：

《周易新講義》十卷。日本佚存叢書。活字印本。宋龔原撰〔註12〕。

例二，鈔本「《通鑑紀事本末補後編》五十卷」，在《持靜齋藏書紀要》記載言：

《通鑑紀事本末補後編》五十卷。國朝張星曜撰。字紫臣，仁和人。

以袁氏本末，末有專紀崇信釋老之亂國亡家以爲篇者，乃雜引正史所載，

附以稗官雜記及諸儒明辨之語，條分類集，以爲此書。其紀歷代佛氏之亂，曰歷代君臣奉佛

之禍四卷、曰佛教事理之謬十卷、曰佛徒縱惡之禍五卷、曰儒釋異同之辨五卷、曰儒學雜禪之非十卷、曰歷代聖賢君臣闢佛之正七卷。紀歷代老氏之亂，曰歷代君臣求仙

奉道之禍三卷、曰道教事理之謬二卷、曰道士縱惡之禍一卷、曰儒老異同、佛老異同之辨二卷、曰歷代君臣聖賢闢老之正一卷。古之闢異端者多

矣，有如此之專心致志者。得此總彙，亦易爲明晰。自序題康熙庚午。

此其手稿也。唯其書不專紀事，多錄辨論之語，亦與書題不合。若芟其

繁蕪，爲雜家子書之一種，則大善矣〔註13〕。

而《持靜齋書目》卷五，續增史類「《通鑑紀事本末補後編》五十卷」記載言：

《通鑑紀事本末補後編》五十卷。舊抄本。自序題康熙庚午。蓋其手稿。國朝張星曜撰。

星曜，字紫臣，仁和人〔註14〕。

由以上二則舉例得知，莫友芝《持靜齋藏書紀要》上、下兩卷，先以版本作大類分目，收錄之書下，往往撰有解題；而《持靜齋書目》共有五卷，僅以簡目記載「持靜齋」實際收書情況。換言之，「書目」與「紀要」雖同屬目錄性質之書，然在著錄方式上，卻迥然不同。而「紀要」之著錄方式，在學術上貢獻較大。

（三）、收書次序、歸類之差異

《持靜齋藏書紀要》乃根據《持靜齋書目》，從中擇其善刻與珍稀傳本檢理審

〔註12〕同本論文第三章註2，卷一，頁2。
〔註13〕同本論文第三章註2，卷下，頁5。
〔註14〕同本論文第三章註2，卷五，頁2。

視編撰而成。二本書目皆經由莫友芝檢理審視編錄，唯在收書次序、歸類上亦略有差異。

1、在「收書次序」方面：

　　《持靜齋藏書紀要》先以版本先作大類分目，收錄較少之宋版及元版雖依照四部分類編排，但卻無作任何標示；收錄較多之明刊本及鈔本，則清楚標示以四部作爲分類。以下略舉明刊本及鈔本爲例：

　　例一，《持靜齋藏書紀要》明刊子部雜編類〔註15〕收錄《顧氏文房小說四十種》、《增定古今逸史五十五種》，與《持靜齋書目》收錄《古今逸史五十五種》、《顧氏文房四十家小說》，次序爲相反。

　　例二，《持靜齋藏書紀要》明刊子部類書類〔註16〕收錄《廣博物志》五十卷、《廣類函》二百卷、《潛確類書》一百卷、《古雋考略》六卷，與《持靜齋書目》收錄《古雋考略》墨丁卷、《潛確類書》一百二十卷、《廣類函》二百卷、《廣博物志》五十卷，次序爲相反。

　　例三，《持靜齋藏書紀要》明刊集部別集類〔註17〕《莊渠遺書》十六卷、《周恭肅集》十六卷、《顧文康公文草》十卷，《持靜齋書目》收錄《周恭肅集》十六卷、《顧文康公文草》十卷、《莊渠遺書》十二卷，次序爲相反。

　　大體而言，《持靜齋藏書紀要》收書次序仍依《持靜齋書目》之排序，偶有幾部次序顛倒。

2、在「歸類」方面：

　　《持靜齋藏書紀要》先以版本先作大類分目，收錄較少之宋版及元版雖依照四部分類編排，卻無作任何標示；收錄較多之明刊本及鈔本，則清楚標示以四部作分爲類。但有些收錄之書在《持靜齋藏書紀要》中未明確指出歸爲何類，在此不作探討。以下所舉之例，僅以《持靜齋藏書紀要》與《持靜齋書目》在歸類上有明顯差異者爲主，並以《四庫全書總目》及國家圖書館《善本書目》作旁證。以二書爲旁證，一則《四庫全書總目》爲今日記載收錄古籍最多之叢書，而兼及國家圖書館《善本書目》，則想窺見此書目收錄之書，目前臺灣仍能見者有多少。以下敘述若未提及旁證之書，即表示在該書目查證不到此書。

　　例一，《持靜齋藏書紀要》明刊《包孝肅奏議》〔註18〕歸史部傳記類，而在《持

〔註15〕同本論文第三章註2，卷上，頁23。
〔註16〕同本論文第三章註2，卷上，頁24。
〔註17〕同本論文第三章註2，卷上，頁32。
〔註18〕同本論文第三章註2，卷上，頁16。

靜齋書目》卷二《包孝肅奏議》歸史部詔令奏議類。

經筆者查證《國立中央圖書館善本書目》得知,《包孝肅公奏議》〔註19〕則歸入史部政書類法令奏議之屬奏議;查證《四庫全書總目》得知,《包孝肅奏議》〔註20〕則歸入史部詔令奏議類,皆與《持靜齋書目》之歸類相同。

例二,《持靜齋藏書紀要》明刊「《敬由編》十卷」〔註21〕歸子部法家類,而在《持靜齋書目》卷三「《敬由編》十卷」歸子部雜家類。

經筆者查證《國立中央圖書館善本書目》得知,《敬由編》〔註22〕則歸入子部法家類,與《持靜齋藏書紀要》之歸類相同。

例三,《持靜齋藏書紀要》明刊子部類書類《文林綺繡五種》〔註23〕,其子目有「文林綺繡五種五十三卷。明凌迪知萬歷丁丑。編刊。宋林越兩漢雋言十卷。迪知左國腴詞八卷。太史華句八卷。文選錦字二十卷。張之象楚騷綺語六卷。」而在《持靜齋書目》中《文林綺繡五種》五十三卷、《兩漢雋言》十六卷、《國腴詞》八卷及《太史華句》八卷,皆分別載錄史部八史鈔類;《文選錦字》二十卷及張之象《楚騷綺語》六卷,皆分別載錄子部類書類。

經筆者查證《四庫全書總目》得知,《兩漢雋言》〔註24〕、《國腴詞》〔註25〕和《太史華句》〔註26〕則歸入史部史鈔類,與《持靜齋書目》皆相同;《文選錦字》〔註27〕和《楚騷綺語》〔註28〕則歸入子部類書類與《持靜齋書目》、《持靜齋藏書紀要》皆相同;查證《國立中央圖書館善本書目》得知,《兩漢雋言》〔註29〕和《太史華句》〔註30〕則歸入史部紀傳類;《文選錦字》〔註31〕則歸入集部總集類;《楚騷綺語》〔註

〔註19〕《包孝肅公奏議》清光緒元年合服張氏毓秀堂刊本,國立中央圖書館特藏組:《國立中央圖書館善本書目》(臺北:國立中央圖書,1986年12月),第一冊,頁364。

〔註20〕《包孝肅奏議》編修朱筠藏本。(清)永瑢等撰:《四庫全書總目》,上冊,《史部》卷五五(北京:中華書局出版,1992年10月),頁496。

〔註21〕同本論文第三章註2,卷上,頁20。

〔註22〕同本論文第三章註19,《敬由編》明萬歷辛亥浙江按察司刊本,第二冊,頁463。

〔註23〕同本論文第三章註2,卷上,頁34。

〔註24〕同本論文第三章註20,《兩漢雋言》內府藏本,上冊,《史部》卷六五,頁580。

〔註25〕同前註,《國腴詞》內府藏本,上冊,《史部》卷六五,頁580。

〔註26〕同前註,《太史華句》浙江汪啓淑家藏本,上冊,《史部》卷六五,頁580。

〔註27〕同前註,《文選錦字》,下冊,《子部》卷一三八,頁1169。

〔註28〕同前註,《楚騷綺語》,下冊,《子部》卷一三八,頁1170。

〔註29〕同本論文第三章註19,《兩漢雋言》明萬歷丙子吳興凌氏刊本,第一冊,頁135。

〔註30〕同前註,《太史華句》,第一冊,頁108。

〔註31〕同前註,《文選錦字》明萬歷丁丑吳興凌氏桂芝館刊本,第三冊,頁1175。

〔註32〕同前註,《楚騷綺語》明萬曆間吳興凌氏刊本,第二冊,頁638。

32〕則歸入子部類書類，與《持靜齋書目》、《持靜齋藏書紀要》皆相同。

例四，《持靜齋藏書紀要》鈔本收錄「《三略直解》三卷、《兵要望江南詞》一卷、《陣紀》四卷」〔註33〕皆歸子部農家類，而《持靜齋書目》卷三「《三略直解》三卷、《兵要望江南詞》一卷、《陣紀》四卷」則歸子部兵家類。

經筆者查證《四庫全書總目》得知，《三略直解》〔註34〕和《陣紀》〔註35〕歸入子部兵家類，與《持靜齋書目》相同；查證《國立中央圖書館善本書目》得知，《三略直解》〔註36〕和《陣紀》〔註37〕則歸入子部兵家類，與《持靜齋書目》相同。

按，書籍歸類往往受當代學術觀念及作者學術理念等因素，而會有所差異。〔註38〕是故，欲將同一本書籍在不同時代作歸類時，即會有所差異，如上述所舉旁證之例；此種現象於歷代著名書目如《隋書‧經籍志》、《新唐書》等亦發生過，乃因書籍性質複雜，而造成歸類困難。再者，因某書籍之內容性質，原可隸屬二類，加上編撰書目須花費長時間，誤使編撰者將同一部書於編撰不同書目時，而有歸類不同之現象，如上述《持靜齋藏書紀要》與《持靜齋書目》所舉之例可證。總之，莫友芝於二書目完成過程中，無論書籍歸類、收書次序等方面偶有差異，除編撰後未再進行校勘外，亦可見書目編撰之不易。

（四）、《持靜齋書目》收入之書著錄在同一條，而《持靜齋藏書紀要》分成若干條

《持靜齋書目》收錄之書著錄在同一條，然《持靜齋藏書紀要》卻分別載錄、相次並列。

例一，《持靜齋書目》卷二史部雜史類收錄「《建炎筆錄》一卷、《辨誣筆錄》一卷」係屬同一條，在《持靜齋藏書紀要》鈔本史部雜史類〔註39〕，分別載錄、相次成二條著錄。

〔註33〕同本論文第三章註2，卷下，頁14。

〔註34〕同本論文第三章註20，《三略直解》，上冊，《子部》卷九九，頁0837。

〔註35〕同前註，《陣紀》，上冊，《子部》卷九九，頁0839。

〔註36〕同本論文第三章註19，《三略直解》明成化丙午保定知府趙英刊本，第二冊，頁458。

〔註37〕同前註，《陣紀》明萬曆十七年河南徐元校刊本，第二冊，頁454。

〔註38〕歷代書目分類原理之探討，可參周彥文《中國目錄學理論》「第三章　四分法的定義及分類準則」。周彥文：《中國目錄學理論》（臺北：臺灣學生書局，1995年9月），頁29～56。

〔註39〕同本論文第三章註2，卷下，頁6。

　　例二，《持靜齋書目》卷二史部雜史類收錄《酌中志餘》一厚冊，其包含「《三朝野記》七卷、《四朝野乘》十三卷、《啓禎紀聞錄》八卷」係屬同一條，在《持靜齋藏書紀要》卷下鈔本雜史類〔註40〕，分別載錄、相次成二條著錄。

　　例三，《持靜齋書目》卷四別集類收錄「《張賓詩》一卷、《林寬詩》一卷、《許棠詩》一卷」係屬同一條，在《持靜齋藏書紀要》鈔本集部〔註41〕，分別載錄、相次成二條著錄。

　　以上略舉，《持靜齋藏書紀要》與《持靜齋書目》收錄書著錄之差異。茲再詳細說明之。例如《持靜齋書目》卷二史部雜史類收錄「《建炎筆錄》一卷、《辨誣筆錄》一卷」記載云：

　　　　《建炎筆錄》一卷。《辨誣筆錄》一卷。舊抄本，有夢花館藏書印。宋趙鼎撰。又函海刊二錄，附《家訓筆錄》一卷〔註42〕。

而在《持靜齋藏書紀要》鈔本史部雜史類則分別載錄、相次如下：

　　　　《建炎筆錄》三卷。宋趙鼎撰。舊鈔本。記自建炎三年正月車駕在維揚起，訖于紹興七年十二月十二朝辭上殿。本末粲然。《四庫》未收。

　　　　《辨誣筆錄》一卷。宋趙鼎撰。舊鈔。辨謝祖信論其嘗受張邦昌僞命、辨王次翁論其乾沒都府錢、辨資善堂汲引親黨數事，皆秦檜忌惡所誣，足與史傳相發明。《四庫》未收〔註43〕。

　　據此可知，《持靜齋書目》著錄在同一條下，有失查考。而《持靜齋藏書紀要》分成二條著錄爲是。按，二書目性質及編撰旨意不同，故在著錄時《持靜齋書目》往往較疏於查證書籍性質。

（五）、《持靜齋書目》收錄之書分爲若干條或分散在其他類別，而《持靜齋藏書紀要》則合併成同一條

　　《持靜齋書目》收錄之書分別載錄、相次並列，《持靜齋藏書紀要》卻編入在同一條。

　　例一，《持靜齋書目》卷一經部小學類《說文長箋》一百四卷、《六書長箋》七卷，分別載錄、相次並列成二條著錄。在《持靜齋藏書紀要》明刊本〔註44〕「《說

〔註40〕同本論文第三章註2，卷下，頁7。
〔註41〕同本論文第三章註2，卷下，頁29。
〔註42〕同本論文第三章註2，卷二，頁18。
〔註43〕同本論文第三章註2，卷下，頁6。
〔註44〕同本論文第三章註2，卷上，頁13。

文長箋》一百四卷附《六書長箋》七卷」載錄成同一條。

例二，《持靜齋書目》卷二史部雜史類《國語》二十一卷、《國語補音》三卷分別載錄、相次並列成二條著錄。在《持靜齋藏書紀要》明刊本史部雜史類〔註45〕「《國語注》。附《補音》二十一卷」載錄成同一條。

例三，《持靜齋書目》卷三子部雜家類「《六研齋筆記》四卷《二筆》四卷《三筆》四卷」、「《紫桃軒雜綴》三卷《又綴》三卷《墨君題語》一卷」分別載錄、相次。在《持靜齋藏書紀要》明刊本子部雜說類〔註46〕「《李竹嬾雜著》十一種二十四卷、其六《研齋筆記》四卷、《二筆》四卷、《三筆》四卷、《紫桃軒雜綴》三卷、《又綴》三卷、又錄《竹嬾畫勝》《續畫勝》《墨君題語》各一卷、又有《禮白嶽記》一卷、《璽召錄》一卷、《薊旋錄》一卷。」載錄成同一條。

例四，《持靜齋書目》卷三子部道家類「《老子翼》三卷《攷異》一卷」、「《莊子翼》八卷《闕誤》一卷《附錄》一卷」分別載錄、相次成二條著錄。在《持靜齋藏書紀要》明刊本子部雜說類〔註47〕「《老子翼》三卷、《攷異》一卷、《莊子翼》八卷、《闕誤》一卷、《附錄》一卷。」載錄成同一條。

例五，《持靜齋書目》中《文林綺繡五種》五十三卷、《兩漢雋言》十六卷、《國腴詞》八卷及《太史華句》八卷，皆分別載錄史部八史鈔類；《文選錦字》二十卷及張之象《楚騷綺語》六卷，皆分別載錄子部類書類。在《持靜齋藏書紀要》明刊本子部類書類《文林綺繡五種》〔註48〕「《文林綺繡五種》五十三卷。明凌迪知萬歷丁丑編刊。宋林越《兩漢雋言》十卷。迪知《左國腴詞》八卷。《太史華句》八卷。《文選錦字》二十卷。張之象《楚騷綺語》六卷。_{並存目。}」載錄成同一條。

例六，《持靜齋書目》卷二史部目錄類《扶風縣石刻記》二卷、《興平縣金石志》一卷，分二處載錄、相次。在《持靜齋藏書紀要》鈔本史部目錄金石類〔註49〕「《扶風縣石刻記》二卷、《興平縣金石志》一卷」載錄成同一條。

以上略舉，《持靜齋藏書紀要》與《持靜齋書目》收錄書著錄之差異。茲再詳細說明之，例如《持靜齋書目》史部雜史類《國語》二十一卷、《國語補音》三卷分別載錄、相次並列成二條記載。在《持靜齋藏書紀要》則合併成同一條，其明刊本史部雜史類記載爲：

〔註45〕同本論文第三章註2，卷上，頁15。
〔註46〕同本論文第三章註2，卷上，頁22。
〔註47〕同本論文第三章註2，卷上，頁25。
〔註48〕同本論文第三章註2，卷上，頁24。
〔註49〕同本論文第三章註2，卷下，頁14。

　　《國語注》，附《補音》二十一卷。吳韋昭注。宋宋庠補音。明張

一鯤、郭子章同校刊〔註50〕。

　　據此可知，《持靜齋書目》分別二條稍有失妥，而《持靜齋藏書紀要》合併成同一條著錄為是。

　　以上所舉《持靜齋書目》收錄之書分成多條著錄，而在《持靜齋藏書紀要》記載則合併成同一條之情形，如《持靜齋藏書紀要》明刊本子部類書類《文林綺繡五種》，《持靜齋書目》則分成二條著錄，並且分屬在不同部類中，此原因上文「按語」已經說明，故不再贅言。

　　總之，一部書目收錄之書往往上千部，當目錄學者在記載鈔錄時，如何將每部書正確歸入四部類屬，實在非常不容易。從《持靜齋藏書紀要》與《持靜齋書目》二本書目皆由莫友芝檢理審視編錄，竟在歸類上出現差異情況得知，即反映出編撰者個人編撰理念及編撰書目之困難。但必須說明，《持靜齋藏書紀要》收書歸類大部分仍與《持靜齋書目》相同，即說明莫氏編撰該書目原則並無矛盾之處。換言之，想要正確將每書正確歸入四部類屬，應實際將該書內容審視方能無誤；另外對四部分類亦必須充分瞭解，否則就會如同上述《文選錦字》一書，論《持靜齋藏書紀要》、《持靜齋書目》、《四庫全書總目》及國家圖書館《善本書目》等書目之歸類；或入子部類書，或入史部史鈔，或入集部總集，皆不相同。雖然如此，亦能見出當代學術及作者編撰觀念。總而言之，由於二書目性質及編撰旨意不同，故在收入之書分別記載、相次等情況有所差異，應屬自然。

第四節　《持靜齋藏書紀要》著錄之現象

　　《持靜齋藏書紀要》編撰以宋刊金刊附、元刊、明刊近刊佚書附及鈔本等作分目，收錄較少之宋版及元版雖依照四部分類編排，但卻無作任何明白標示；收錄較多之明刊本及鈔本，則清楚標示以經、史、子、集四類分部，每部之下又分若干類屬。於收錄書之行款、版式、紙質、序跋、印記、收藏經過及文物價值等情況，均有詳細著錄。對於版本真偽、優劣、流傳等情況，亦有判斷。甚至某書有若干版本，亦詳加著錄或比較各本間之優劣。又莫友芝曾受曾國藩之託，四處尋訪《四庫》散出之書，故在《持靜齋藏書紀要》中，往往會對收錄之書與《四庫全書》作比對，並標注有未收或存目等之說明。以下據《持靜齋藏書紀要》著錄之現象

〔註50〕同本論文第三章註2，卷上，頁15。

整理歸納成數點，並舉例略作說明如下。

一、書名、卷數之差異

《持靜齋藏書紀要》著錄之書名、卷數，常與《持靜齋書目》、《四庫全書總目》等書目有若干差異。

例一：明刊本《劉復愚集》記載云：

> 《劉復愚集》六卷。唐劉蛻撰。按蛻集名《文泉子》，本十卷，已散佚。明天啓甲子吳甜編刊此本。《四庫》據者崇禎庚辰韓錫所編。云僅得一卷，而不及此本〔註51〕。

例二：明刊本《祝氏集略》記載云：

> 《祝氏集略》三十卷。明祝允明撰。明刊。頗佳。《四庫》本題《懷星堂集》〔註52〕。

例三：鈔本《徐文惠公存稿》記載云：

> 《徐文惠公存稿》四卷。宋徐經孫撰。《四庫》本題《矩山存稿》五卷。此依明萬歷本錄〔註53〕。

以上所舉之例，明刊本《劉復愚集》六卷，《持靜齋書目》與《四庫全書總目》皆云《文泉子集》一卷；明刊本《祝氏集略》三十卷，《持靜齋書目》與《四庫全書總目提要》皆云《懷星堂集》三十卷；鈔本《徐文惠公存稿》四卷，《持靜齋書目》與《四庫全書總目》皆云《矩山存稿》五卷。此種著錄方式之差異現象，在《持靜齋藏書紀要》中屢見不鮮。按，應是二書目編撰目的不同，故而造成此種現象。

二、收錄宋刊善刻，有錄序、跋等

《持靜齋藏書紀要》擇其善刻與珍稀傳本載錄，若干古籍今已散佚難見，例如明刊子部雜說類《魏公談訓》、鈔本子部雜家類《幼學日記》及鈔本子部農家類《握機經輯注圖說》等。因莫氏除將收錄之書提示主要內容外，書中重要序言、跋等內文亦會擇要載錄出，這對研究目錄版本學家而言，提供不少珍貴古籍文獻資料。以下舉二例說明之。

〔註51〕同本論文第三章註2，卷上，頁28。
〔註52〕同本論文第三章註2，卷上，頁31。
〔註53〕同本論文第三章註2，卷下，頁34。

例一，宋刊本《東南進取輿地通鑑》記載云：

> 《東南進取輿地通鑑》三十卷。宋節孝先生趙善譽撰。宋刊本。是書今《四庫》未收，各家書目惟傳是樓有之，云二十卷。考《宋志》史鈔類，趙善譽《讀史輿地考》六十三卷，一名《輿地通鑑》。《直齋書錄》有《南北攻守類考》，亦六十三卷，云監奏進院趙善譽撰進。以三國六朝攻守之變，鑒古事以考今地，每事爲之圖。按《直齋》說，知即此書而異其題耳。其書既分圖三國至南北朝東南攻守事，圖後又附以地理考及本事始末，蓋爲南渡後圖金而作。是當日極有心人極有用書也……斷帙僅在，而舉世莫傳，亦史部無上祕笈矣。半頁十三行，行十九字。宋克冒鷟、黃丕烈、汪士鐘、郁松年皆經藏。自序云：善譽聞險要視乎地。攻與守屬諸人，古今之地未始殊絕，而或得或失者，人事之不侔也。自三國以迄于陳，南北攻守之變備矣。其事可類而覽也。□其地不可不考而圖也。覽古之事，以考今之地，□爲有用之學哉。難之者曰，古尋陽本治江北。而今在江南，自溫嶠始徙也。……亦或疎略。然尋文□圖，可考者十常八九。其所未究則闕之，以俟博□。於史學不爲無補也。唐太宗有言曰，以古爲鑒，可知興替。而光武系隆炎漢，廓清六合，實有感于披輿圖之日。則是書之有用，將不止爲觀史之助焉。趙善譽謹序。〔註54〕

例二，鈔本《酌中志餘》記載云：

> 《酌中志餘》一厚冊。鈔本不題編人。其自識云編酌中志既竣，篋中有昌啓禎三朝紀載之堪與茲志發明者，曰《東林點將錄》王紹徽、曰《東林朋黨錄》、曰《東林同志錄》、曰《東林籍貫》、曰《盜柄東林夥》、曰《天鑒錄》，上五種未詳撰人。曰《夥壞封疆錄》昭陽魏應嘉、曰《欽定逆案》、曰《天啓宮詞》虞山陳悰、曰《擬故宮詞》毗陵唐宇昭。凡十種合編之，而題以《志餘》，然則編者亦劉若愚也。其前七種俱見《四庫》記傳類存目，而《志餘》不收〔註55〕。

以上所舉《持靜齋藏書紀要》中，宋刊本《東南進取輿地通鑑》對該書內文

〔註54〕同本論文第三章註2，卷上，頁4。
〔註55〕同本論文第三章註2，卷下，頁7。

－49－

詳作考證外，又對撰者趙善譽之序文亦全部抄錄；鈔本《酌中志餘》特將該書自
識云云一段文獻錄出，故能使後學者方便查考〔註56〕。

三、收錄之書每著錄行款、版式、版刻精善及流傳等情形

　　《持靜齋藏書紀要》擇其善刻與珍稀傳本載錄，於世存罕見書之行款、版式、
紙質、序跋、印記、收藏經過等皆有詳細記錄，故能提供後學者在版本考訂上豐
富資料。以下舉三例說明之。

　　例一，宋刊本《東都事略》記載云：

　　　　《東都事略》一百三十卷。宋王偁撰進。宋眉州刊本。半頁十二行，
　　行二十四字。目錄卷尾有楷書二行木記云，眉山程舍人宅刊行，已申上
　　司不許覆板。初印。極精好。薄綿紙。四端甚寬。此書康雍間有覆本，
　　亦可，對此便無足觀。有薛紹彭、劉涇二印。首有陳鱣錄《讀書敏求記》
　　及鱣圖像印。又經藏上海郁氏宜稼堂。偁，眉州人，故其鄉里首爲刊板。
　　此本紙墨之善，與《綱目》巨編，皆海內所希見，史部之甲乙也〔註57〕。

　　例二，元刊本《玉海》記載云：

　　　　《玉海》二百卷。附《詞學指南》四卷。宋王應麟撰。元至元四年
　　刊。至正十一年補正漏誤六萬字。趙體書，極工緻，首尾一律。綿紙精
　　印本。失首冊，精鈔配入。當湖胡惠孚、滬上郁松年皆經藏。半頁十行，
　　行二十字。明時此板歸南監，正德、嘉靖遞有修補，不足觀已〔註58〕。

　　例三，鈔本《乾象通鑑》記載云：

　　　　《乾象通鑑》一百卷。宋河間免解進士李季奉旨撰進。高宗賜序其
　　書。自天地列宿變異，雜引古占最備。《玉海》載建炎四年季進此書，先
　　付太史局，命依經改定偽舛。紹興元年，詔與舊書參用其次序體例。按
　　之《玉海》所載，楊維德等撰《景祐乾象新書》，大概相同。蓋即據爲增
　　損，亦開元占經之次也。其書雖以建炎時進，而成書蓋在北宋時，故多
　　見古書。如黃帝、甘石、巫咸諸占，皆具有可補占經之漏者。其首別有

〔註56〕同本論文第三章註20，結果得知，得《酌中志餘》十種合編之《東林點將錄》、《東
　　　林朋黨錄》、《東林同志錄》、《東林籍貫》、《盜柄東林夥》、《天鑒錄》與《蠅壞封疆
　　　錄》等歸入史部傳記類，而《天啓宮詞》與《擬故宮詞》等歸入集部別集類；若僅
　　　查詢《酌中志餘》書名，乃無法查出。

〔註57〕同本論文第三章註2，卷上，頁3。

〔註58〕同本論文第三章註2，卷上，頁9。

《古變異》一卷，多與書中所引複見，殆別一書誤裝入耳。自《玉海》
外，各家書目不著錄，惟見《讀書敏求記》。《四庫》未收此本。孫馮翼
依孫星衍吳門所收舊鈔錄藏祠堂者。前有星衍題記。後歸上海郁氏宜稼
堂。道光乙巳，楊振藩爲檢史志校過，以朱筆增損，將刊行未果。唐宋
人引書，取大意不失。振藩增損，亦不盡可憑也〔註59〕。

以上所舉《持靜齋藏書紀要》中載錄情形。如上述宋刊本《東都事略》，於刊
刻時間、版式、紙質、行款、印記及收藏經過等情況，皆能詳細記錄，甚至對版
本優劣，謂「皆海內所希見，史部之甲乙也」，亦大膽作一判斷。又如元刊本《玉
海》，於刊刻時間、內容闕誤、流傳經過及版刻優劣等情況，皆能詳細記錄。再者
鈔本《乾象通鑑》，除記載刊刻時間、增訂內容及流傳經過等情況，甚至還考訂曰
「道光乙巳楊振藩爲檢史志校過，以朱筆增損，將刊行未果。唐宋人引書，取大
意不失。振藩增損，亦不盡可憑也。」大膽指出不可盡信之因，皆能詳細作說明。

四、收錄之書，若《持靜齋書目》有多種版本，僅擇其一著錄

《持靜齋藏書紀要》擇自《持靜齋書目》收錄之書作著錄，《持靜齋書目》對
一書之著錄有多種版本時，莫友芝《持靜齋藏書紀要》僅擇其一作詳細敘述。以
下舉三例說明之。

例一，《持靜齋書目》記載經部禮類《儀禮注疏》十七卷有三種不同版本：

《儀禮注疏》十七卷。^{汲古閣刊本。又明嘉靖聞人詮刊於常州本。又廬陵陳鳳梧刊十行本。頗多脫誤。}漢鄭元註。

賈公彥疏。^{陳鳳梧刊者爲毛子晉舊藏。}〔註60〕

而《持靜齋藏書紀要》則擇陳鳳梧刊十行本著錄。於其書明刊本經部記載云：

《儀禮注疏》十七卷。漢鄭氏注。唐賈公彥疏。明廬陵陳鳳梧刊本。
按，明至正德時，南監諸經疏板尚無《儀禮》，僅有宋楊復《儀禮圖》。
嘉靖初，鳳梧在山東刊此十行本，乃移入焉。未幾，李元陽按閩刊十三
經，其《儀禮》即因此本。後北監毛晉刊經疏，並依閩本。其經文脫逸
數處，與改賈氏舊疏五十卷爲十七，皆自鳳梧此刊始。惟板式字畫皆可

〔註59〕同本論文第三章註2，卷下，頁17。
〔註60〕同本論文第三章註2，卷一，頁22。

觀〔註61〕。

例二，《持靜齋書目》記載經部四書類《大學章句》一卷《論語集註》十卷《孟子集註》七卷《中庸章句一卷》，有二種不同版本：

《大學章句》一卷。《論語集註》十卷。《孟子集註》七卷。《中庸章句》一卷。明司禮監刊本。《四書集註》二十六卷。附《大中或問》二卷。又二部無《或問》。俱宇大豁目。又同治二年芋栗園刊便蒙本。宋朱子撰〔註62〕。

而《持靜齋藏書紀要》則擇明司禮監刊本著錄於其書明刊本經部記載云：

《四書集註》二十六卷，附《大學》《中庸》《或問》二卷。宋朱子撰。明司禮監刊本〔註63〕。

例三，《持靜齋書目》記載經部小學類《九經補韻》一卷有四種不同版本：

《九經補韻》一卷。舊鈔本。又古今逸史本。又粵雅堂刊。錢侗攷證本〔註64〕。

而《持靜齋藏書紀要》則擇鈔本著錄於其書鈔本經部記載云：

《九經韻補》一卷。宋楊伯嵒撰。鈔本〔註65〕。

總之，《持靜齋藏書紀要》序言云「除複重可十萬卷。其中宋元善刻及舊鈔、大部、小編、單祕無行本者。且居十之三四。」前已云及《紀要》一書乃經莫友芝一一審視，擇其善刻與珍稀傳本著錄。由此亦可證，莫氏對版本之重視。

五、收錄之書每說明依據版本之來源

《持靜齋藏書紀要》著錄一書之版本時，莫友芝會將該書所依據版本作考訂，並說明依據版本之來源。以下舉四例說明之。

例一，明刊《書經纂言》記載云：

《書經纂言》四卷。元吳澄撰。明嘉靖己酉顧應祥刊于滇中。秀水朱氏曝書亭舊藏。通志堂刊是書。即據此本〔註66〕。

例二，明刊《孫可之集》記載云：

〔註61〕同本論文第三章註2，卷上，頁12。
〔註62〕同本論文第三章註2，卷一，頁44。
〔註63〕同本論文第三章註2，卷上，頁13。
〔註64〕同本論文第三章註2，卷一，頁56。
〔註65〕同本論文第三章註2，卷下，頁4。
〔註66〕同本論文第三章註2，卷上，頁11。

　　　　《孫可之集》十卷。唐孫樵撰。明正德乙丑，王鏊依文淵閣宋本錄
　　　出付刊。鏊論學古文必宗昌黎，學昌黎當取徑韓門李習之、皇甫持正及
　　　後來能傳韓法之孫可之。先後于內府錄出刊行。今傳本亦罕覯〔註67〕。

　　例三，鈔本《春秋五禮例宗》記載云：

　　　　《春秋五禮例宗》七卷。宋張大亨撰。依閣鈔本。凡世無刊本，藏
　　　書家皆據閣鈔本存。今東南三閣，僅文瀾舊儲得杭人丁丙掇拾存十二三，
　　　殘脫無緒。揚鎮兩閣，竟爇毀無一紙。凡曩昔傳鈔，彌加珍秘，此類是
　　　也。又一本，似舊鈔，有曹溶印並題識，乃襲提要中《永樂大典》載此
　　　書，已佚軍禮之說。在國初時，尚未知檢大典以校古書，其爲舊鈔或鈔
　　　閣本不可知，其題識則僞作也〔註68〕。

　　例四，鈔本《佩觿》記載云：

　　　　《佩觿》三卷。宋郭忠恕撰。舊鈔本。是書自康熙時張士俊刊本外，
　　　又有仿宋非一。此本秀水朱氏潛采堂舊藏，當即士俊所據之本〔註69〕。

　　以上所舉《持靜齋藏書紀要》中，明刊《書經纂言》、明刊《孫可之集》、鈔
本《春秋五禮例宗》及《佩觿》，皆清楚著錄依據版本或其他刻本所根據之版本，
如鈔本《佩觿》乃云「秀水朱氏潛采堂舊藏，當即士俊所據之本。」皆能詳細考
訂版本緣由，殊可貴也。

六、收錄之書每判斷版本之優劣、眞僞

　　《持靜齋藏書紀要》著錄一書若有多種版本時，對版本優劣、眞僞，莫友芝
每能詳加考證。以下舉三例說明之。

　　例一，明刊《史記三家注本》記載云：

　　　　《史記三家注本》一百三十卷。唐張守節《正義》。合《集解》、《索
　　　隱》編之。明嘉靖四年，王延喆覆刊宋本。初印以黃柏染綿紙。凡序目
　　　尾或卷尾，有王氏校刊木記處，悉裁去，以冒宋本。其〈周本紀〉第廿
　　　七頁，王氏所據宋本失之，以意補綴，失載《正義》、《索隱》數條，此
　　　正相合。然宋本不可得，得王本如此者，亦宋之次矣。又一部，綿紙完
　　　善，印亦中上〔註70〕。

〔註67〕同本論文第三章註2，卷上，頁28。
〔註68〕同本論文第三章註2，卷下，頁2。
〔註69〕同本論文第三章註2，卷下，頁4。
〔註70〕同本論文第三章註2，卷上，頁14。

例二，明刊《濟美堂柳河東集註》記載云：

> 《濟美堂柳河東集註》四十五卷。《外集》二卷。《龍城錄》二卷。《附錄》二卷。《集傳》一卷。《後序》一卷。亦宋人以韓醇《音註》合童張潘諸家《音註》編輯之本。明嘉靖中，吳郡郭雲鵬刊。世以配東雅堂韓文，然不及遠甚。或謂其本亦出宋之世綵堂，莫能質也〔註71〕。

例三，鈔本《西漢會要》記載云：

> 《西漢會要》七十卷。宋徐天麟撰。依閣鈔本。又一寫本《西漢貫制叢錄》，亦七十卷，題宋紹熙十五年袁應詳撰進。核之，即天麟書，蓋作偽以欺售者，附訂于此〔註72〕。

以上所舉明刊《史記三家注本》，說明書估仿冒行跡；明刊《濟美堂柳河東集註》，說明版本優劣；鈔本《西漢會要》，除說明版本來源，並考訂爲同書異名之偽作。而明刊《史記三家注本》謂：「凡序目尾或卷尾，有王氏校刊木記處，悉裁去，以冒宋本。」審訂版本眞偽，相當細心。

七、收錄之書每說明考訂版本時代

《持靜齋藏書紀要》收錄一書，往往對刻本之年代亦有考訂說明。以下舉二例說明之。

例一，宋刊《三蘇文粹》記載云：

> 《三蘇文粹》七十卷。殘本。宋人編錄宋蘇洵及二子軾轍之文，失其姓名，或以爲陳亮，蓋緣亮有《歐陽文粹》而附會耳。《四庫》據明刊本，未見宋刊，存其目于明人總集中。此本僅後半，始三十四卷至七十；其前半闕，實宋刊也〔註73〕。

例二，元刊《五代史記》記載云：

> 《五代史記》七十五卷。宋歐陽修撰，徐無黨注。刊本，半頁十行，行十八字，注行二十一字，略如今行王柯兩《史記》之式，而字尤圓好。不載附（附當作付字）刊年月，以書品定之，實元刊也〔註74〕。

以上所舉，宋刊《三蘇文粹》、元刊《五代史記》二例，每能依書中實際狀況而作考訂。例如元刊《五代史記》謂：「略如今行王柯兩《史記》之式，而字尤圓好。

〔註71〕同本論文第三章註2，卷上，頁28。
〔註72〕同本論文第三章註2，卷下，頁12。
〔註73〕同本論文第三章註2，卷上，頁7。
〔註74〕同本論文第三章註2，卷上，頁8。

不載付刊年月，以書品定之，實元刊也。」考訂版本確實年代，大膽而有據也。

八、收錄之書每查核四庫之存入情況

莫友芝受曾國藩之託，收訪《四庫》遺書之重責，故在《持靜齋藏書紀要》書中常會標注《四庫》存錄情形，顯見莫氏對此事關心之程度。以下舉四例說明之。

例一，元本《元新刊禮部韻略》記載云：

> 《元新刊禮部韻略》五卷。首《貢舉條式》一卷。金王文郁撰。并舊韻二百六部爲一百六部，即陰氏《群玉》所本。而所并二韻之間，必以魚尾隔之，使舊部分明可見，則勝于陰韻之叢胜。是書初刊于金正大己丑。此本五卷，末有大德丙午重刊新本、平水中和軒王宅印二行書木記，則元重刊本也。卷首載貢舉三試程式，一曰御名廟諱迴避、二曰考試程式、三曰試期、四曰章表迴避字樣，可見當時制度，可與史志選舉科目條互證。又有壬子新增分毫點畫正誤字五頁，則刊成後六年所增。《四庫》未收〔註75〕。

例二，鈔本《古今集論字學新書》記載云：

> 《古今集論字學新書》七卷。元劉惟志編。士禮居舊藏徐氏鐵硯齋鈔本。《四庫》存目，僅有《惟志字學新書摘鈔》一卷，謂其簡略殊甚。殆先有《新書》而《摘鈔》之，則未見此本，亦元人書待傳之一也。^{冊尾有此}

書。摘鈔目錄，後附正德癸酉衡州知府
通海喬璜刊序，殆是序摘鈔本刊本。〔註76〕

例三，鈔本《東坡先生物類相感志》記載云：

> 《東坡先生物類相感志》十八卷。宋釋贊寧撰。海寧陳鱣據知不足齋藏明嘉靖己亥姚氏寫本過鈔。其卷首結銜云，兩府僧統法戒都監選練明義宗文大師贊寧編次。舊以書題「東坡」，或混爲蘇軾。《四庫提要》以爲僞，而僅存其目。然其書疏證詳明，有條不紊。晁氏《讀書志》、馬氏《通考》，皆載之。晁《志》謂：贊寧，吳人，以博物稱，柳如京、徐騎省與之游，則遠在東坡前。陳鱣曰：安知贊寧不一號東坡乎？其說甚

〔註75〕同本論文第三章註2，卷上，頁8。
〔註76〕同本論文第三章註2，卷下，頁20。

是。眉公祕笈止刻其半。此爲足本。晁氏、馬氏所記皆十卷,而此十八者,蓋後人分析也〔註77〕。

例四,鈔本《類說》記載云:

《類說》五十卷。《中子》十三卷。鈔本。未著撰人,疑即宋曾慥書也。《四庫》本六十卷,分前後二集〔註78〕。

以上所舉宋刊《三蘇文粹》、元本《元新刊禮部韻略》、鈔本《古今集論字學新書》、鈔本《東坡先生物類相感志》及鈔本《類說》,均在說明《四庫》收錄狀況。如元本《元新刊禮部韻略》明曰「《四庫》未收。」鈔本《古今集論字學新書》曰「《四庫》存目僅有《惟志字學新書摘鈔》一卷,謂其簡略殊甚。殆先有《新書》,而《摘鈔》之,則未見此本。」亦謂《四庫》未收。

九、收錄之書每標注藏書家經藏情形

《持靜齋藏書紀要》收錄一書,若有私人轉相遞藏者,莫友芝會將該書之經藏情形作記錄。以下舉三例說明之。

例一,宋刊本《毛詩要義》記載云:

《毛詩要義》三十八卷。宋魏了翁撰。其居靖州時,取九經注疏摘爲要義之一也。……據卷中諸印,知經藏者,曹寅、吳可驥及長白昌齡、桐鄉沈炳垣,後歸郁松年,推爲宜稼堂宋本之冠。今歸持靜齋〔註79〕。

例二,元刊本《玉海》記載云:

《玉海》二百卷。附《詞學指南》四卷。宋王應麟撰。元至元四年刊。至正十一年補正漏誤六萬字。趙體書,極工緻,首尾一律。綿紙精印本,失首冊,精鈔配入。當湖胡惠孚、滬上郁松年皆經藏。半頁十行,行二十字。明時此板歸南監,正德、嘉靖遞有修補,不足觀已〔註80〕。

例三,明刊本《孟東野集》記載云:

《孟東野集》十卷。唐孟郊撰。明嘉靖丙辰無錫秦禾刊本。又嘉靖

〔註77〕同本論文第三章註2,卷下,頁22。
〔註78〕同本論文第三章註2,卷下,頁22。
〔註79〕同本論文第三章註2,卷上,頁2。
〔註80〕同本論文第三章註2,卷上,頁9。

己未商州刊。蔣重光、顧沅經藏；商州本、高照藏。〔註81〕

以上舉例，《持靜齋藏書紀要》詳細著錄該書收藏者，亦能有助於瞭解該書流傳經過。

按，第三節之第三點「《持靜齋藏書紀要》與《持靜齋書目》」，已粗淺指出二者著錄之差異。此節則在此基礎上更進一步歸納書下所撰解題之內容，然後整理成以上九點特色。總而言之，《持靜齋藏書紀要》以丁日昌持靜齋藏書為限，擇其中善本以「解題」方式撰成該書目。解題內容，主要特點著墨對版本考訂及《四庫》現況之比對。此種以版本為重之目錄學書目，在學術上貢獻亦較大。

第五節　《持靜齋藏書紀要》與其他書目之比較

我國古代書目之緣起，由《七略》、《別錄》始，各種類型編目林林總總。自《隋書經籍志》採李充《晉元帝書目》經、史、子、集之分類，歸納為四部之後，即成為藏書家、目錄學家在編著目錄上主要依循方式。然時代越晚，書籍繁夥，版本亦有差異，故著錄書目之書，在編排方式或學術觀點轉變下，必定會有分合刪併情況。雖同為目錄版本之書目，但在著錄上，亦有所差異。以下《持靜齋藏書紀要》與其他書目之比較，則分別從著錄方式與編排方式來作說明。

一、收書分類編排方式之比較

分類方式比較，將《持靜齋藏書紀要》分類編排方式，先以不同版本編排後，收錄較少之宋版及元版雖依照四部分類編排，但卻無作任何明白標示；收錄較多之明刊本及鈔本，則清楚標示以四部作分類。此處僅以《持靜齋藏書紀要》明刊本及鈔本有清楚標示之分類編排方式，與選擇之範本作比較。

分類方式比較範本選擇，僅以《四庫全書總目》為例。《四庫全書總目》以四分法為書目編排方式與《持靜齋藏書紀要》相同，亦是當時編撰書目者遵循之標準；分類方式，常與當時代書籍發展有關，其選擇與《持靜齋藏書紀要》編撰年代相近者，即考慮分類與書籍之關係。

《持靜齋藏書紀要》收書數目不及《四庫全書總目》，故以下僅針對明刊本及鈔本有清楚標示之分類內容及次序上作比較。如果「明刊」與《四庫》相同則在

〔註81〕同本論文第三章註2，卷上，頁28。

《四庫》類屬下加一橫線條，如果「鈔本」與《四庫》相同則在《四庫》類屬加上底色，以便更清楚對照出其沿襲情況。

書目名稱 分類編排方式			《持靜齋藏書紀要》	《四庫全書總目》
部			經部、史部、子部、集部。	經部、史部、子部、集部。
類	經　部		明刊： 無任何分類。	易類、書類、詩類、禮類、春秋類、孝經類、五經總義類、四書類、樂類、小學類。共十類。
			鈔本： 無任何分類。	
	史　部		明刊： 正史類、編年類、雜史類、傳記類、史鈔類、地理類、職官類、政書類、史評類。	正史類、編年類、紀事本末類、別史類、雜史類、詔令奏議類、傳記類、史鈔類、載記類、時令類、地理類、職官類、政書類、目錄類、史評類。共十五類。
			鈔本： 雜史類、奏疏類、傳記類、載記類、地理類、職官類、政書類、目錄類。	
	子　部		明刊： 儒家類、兵家類、農家類、法家類、醫家類、算學類、術數類、藝術類、譜錄類、雜家類、類書類、小說類。	儒家類、兵家類、法家類、農家類、醫家類、天文算法類、數術類、藝術類、譜錄類、雜家類、類書類、小說類、釋家類、道家類_{道書附}。共十四類。
			鈔本： 儒家類、農家類、法家類、醫家類、天文算法類、術數類。	
	集　部		明刊： 無任何分類。	楚辭類、別集類、總集類、詩文評類、詞曲類。共五類。
			鈔本： 無任何分類。	
屬	經　部		明本： 無任何分類。	禮類—周禮、儀禮、禮記、三禮總義、通禮、雜書。 小學類—訓詁、字書、韻書。
			鈔本： 無任何分類。	

史　部	明本： 地理類—都會邦縣之屬、河渠之屬、邊防之屬、古蹟之屬、地理雜記之屬、雜記之屬、外紀之屬。 職官類—官箴之屬。 政書類—邦計之屬。 鈔本： 傳記類—名人之屬、總錄之屬、別錄之屬。 載記類—附錄之屬。 地理類—宮殿名之屬、總志之屬、都會郡縣之屬、邊防之屬、古蹟之屬、雜記之屬、附遊記之屬、外紀之屬。 政書類—典禮之屬、邦記之屬。 目錄類—金石之屬。	詔令奏議類—詔令之屬、奏議之屬。 傳記類—聖賢之屬、名人之屬、總錄之屬、雜錄之屬、別錄之屬。 地理類—總志之屬、都會郡縣之屬、河渠之屬、邊防之屬、山川之屬、古蹟之屬、雜記之屬、遊記之屬、外紀之屬。 職官類—官制之屬、官箴之屬。 政書類—通制之屬、典禮之屬、邦計之屬、軍政之屬、法令之屬、考工之屬。 目錄類—經籍之屬、金石之屬。	
子　部	明刊： 術數類—占候之屬、占卜之屬。 藝術類—書畫之屬、琴譜之屬。 雜家類—雜學之屬、雜考之屬、雜說之屬、雜編之屬。	天文算法類—推步之屬、算書之屬。 術數類—數學之數、占候之屬、相宅相墓、占卜之屬、命書相書、陰陽五行、雜技之屬。 藝術類—書畫之屬、琴譜之屬、篆刻之屬、雜技之屬。 譜錄類—器物之屬、食譜之屬、草木鳥獸蟲魚之屬。 雜家類—雜學之屬、雜考之屬、雜說之屬、雜品之屬、雜纂之屬、雜編之屬。 小說家類—雜事之屬、異聞之屬、瑣記之屬。	
	鈔本： 無任何分類。		
集　部	明刊： 無任何分類。	詞曲類—詞集之屬、詞選之屬、詞話之屬、詞譜之屬、詞韻之屬、南北之屬。	
	鈔本： 無任何分類。		

　　即上表《持靜齋藏書紀要》與《四庫全書總目》比較結果，《持靜齋藏書紀要》確實是依據《四庫全書總目》之分部類屬。

1、分類之內容：

書　名 分類內容		《持靜齋藏書紀要》		《四庫全書總目》	
部		分四部相同。		分四部相同。	
類	經　部	明刊：無任何分類。 鈔本：無任何分類。	經　部	分十類。	
	史　部	鈔本：多「奏疏類」。	史　部	無「奏疏類」。	
	子　部	明刊：多「算學類」。	子　部	無「算學類」。	
	集　部	明刊：無任何分類。 鈔本：無任何分類。	集　部	分四類。	
屬	經　部	明刊：無任何分屬。 鈔本：無任何分屬。	經　部	禮類、小學類有分屬。	
	子　部	鈔本：載記類多「附錄之屬」、地理類多「宮殿名之屬」。 政書類「邦記之屬」名稱相異。	子　部	載記類無分屬、地理類無「宮殿名之屬」。 政書類「邦計之屬」名稱相異。	
	集　部	明刊：無任何分屬。 鈔本：無任何分屬。	集　部	分四屬。	

　　以上，表格列出二本書目間之差異，《持靜齋藏書紀要》收錄較多明刊本及鈔本，故能依照四部分類法。然據《持靜齋藏書紀要》提出之分類內容作比較得知，其與《四庫全書總目題要》仍有差異。筆者認為，莫友芝以《四庫》分類作基礎，又自創「類」及「屬」別，例如《持靜齋藏書紀要》多史部「奏疏類」及子部「算學類」，此為《四庫全書總目》所無。總之，《持靜齋藏書紀要》分類方式，係以《四庫》分類作基礎，亦參考歷來書目及自身見解綜合而成。

2、分類之次序：

書 名 分類 內容	《持靜齋藏書紀要》		《四庫全書總目》	
部		明刊：四部次序相同。 鈔本：四部次序相同。		四部次序相同。 四部次序相同。
類	經部	明刊：無任何分類，故無法排序。 鈔本：無任何分類，故無法排序。	經部	分十類。
	史部	明刊：類目次序相同。 鈔本：類目次序相同。	史部	次序相同。 次序相同。
	子部	明刊：次序農家類先，法家類在後。 鈔本：次序農家類先，法家類在後。	子部	次序法家類先，農家類在後。 次序法家類先，農家類在後。
	集部	明刊：無任何分類，故無法排序。 鈔本：無任何分類，故無法排序。	集部	分四類。
屬	經部	明刊：無任何分屬，故無法排序。 鈔本：無任何分屬，故無法排序。	經部	分禮類之屬、小學之屬。
	史部	明刊：僅就有分屬作比較，次序相同。 鈔本：僅就有分屬作比較，次序相同。		次序相同。 次序相同。
	子部	明刊：僅就有分屬作比較，次序相同。 鈔本：無任何分屬，故無法排序。	子部	次序相同。
	集部	明刊：無任何分屬，故無法排序。 鈔本：無任何分屬，故無法排序。	集部	無任何分屬，故無排序問題。

　　以上，表格列出二本書目間之差異，《持靜齋藏書紀要》收錄較多明刊本及鈔本，故仍依照四部分類法。據《持靜齋藏書紀要》提出之分類次序作比較得知，

其與《四庫全書總目》差異不多。筆者認爲，莫友芝乃以《四庫》分類次序作基礎，又參考歷代書目及自身意見稍作調整，例如《持靜齋藏書紀要》明刊子部之次序，農家類先法家類，稍有不同。按，莫氏《持靜齋藏書紀要》受《四庫全書總目》分類影響甚深，此與當時尊《四庫全書總目》之學術風潮有密切關係。

二、著錄收書方式之比較

《持靜齋藏書紀要》爲一部目錄版本書目。中國始創版本目錄之尤表《遂初堂書目》，將親見耳聞之不同版本編成書目。該書目僅記書名，不撰解題，收入之書兼載數種版本，是始創版本目錄之先驅。例如正史類記載云：「川本《史記》、嚴州本《史記》。川本《前漢書》、吉州本《前漢書》、越州本《前漢書》、湖北本《前漢書》。川本《後漢書》、越本《後漢書》。川本《三國志》、舊杭本《三國志》。舊杭本《晉書》、川本《晉書》。」〔註82〕然中國著名目錄版本書目不勝枚舉，如何選擇比較範本，則以同爲目錄版本之書目及撰有「解題」爲主。首先，舉宋代譽有私家書目雙璧之晁公武《郡齋讀書志》和陳振孫《直齋書錄解題》爲證，再以清代具有指標性之書目《四庫全書總目》與清代邵懿辰《四庫簡明目錄標注》作比較。以上比較之範本，目的在將《持靜齋藏書紀要》「辨章學術、考鏡源流」之書目特色顯露出來。

（一）、晁公武《郡齋讀書志》、陳振孫《直齋書錄解題》

宋代私家藏書書目「雙璧」，晁公武《郡齋讀書志》與陳振孫《直齋書錄解題》被譽爲最佳。二書目每收一書均撰有解題，對收入之書于刊刻人、地、時、物等情形及版本源流考訂，皆能詳細著錄。

晁公武《郡齋讀書志》卷二上正史類《前漢書》：

《前漢》一百卷。右後漢玄武司馬班固續司馬遷《史記》。撰十二帝、八年表、十本志、七十列傳。起高祖，終於王莽之誅，二百三十年，凡八十餘萬字。固既瘦死，書頗散亂，章帝令其妹曹世叔妻昭，就東觀緝校，內八表、天文志皆其補也。唐太子承乾令顏師古，考衆説爲之注。范曄譏固飾主闕，蓋亦不然。其贊多微文，顧讀者弗察耳。劉知幾又訑其〈古今人物表〉無益於漢史。此論誠然，但非固之罪也。至謂受金謗

〔註82〕（宋）尤袤：《遂初堂書目》（新文豐編輯部：《叢書集成新編》二。臺北：新文豐出版公司，1985 年元月），頁 3。

筆。固雖諂附匪人，亦何至是歟。然識者或以固書皆因司馬遷、王商、揚雄、歆、向舊文潤色成之，故其文章首尾皆善，而中間頗冗瑣，良由商之才視數子微劣爾。固之自序稱述者，亦謂有所本也〔註83〕。

陳振孫《直齋書錄解題》卷四正史類《漢書》：

> 《漢書》一百卷。漢尚書郎扶風班固孟堅撰，唐祕書監京兆顏師古注。本傳稱字籀，恐當名籀，而以字行也。固父彪，叔皮，以司馬氏《史記》，太初以後，闕而不錄，故作後傳數十篇。固以所續未詳，探撰前紀，綴集所聞，以爲《漢書》。起高祖，終孝王莽之誅，二百三十年，爲春秋攷紀表志傳，凡百篇。自永平受詔，至建初中乃成。案〈班昭傳〉云，八表並天文志，未竟而卒，和帝詔昭就東觀藏書踵成之。今《中興書目》以爲章帝時，非也。固坐竇憲，死永元初，不在章帝時。師古以太子承乾之命，總先儒注解，服虔、應劭而下二十餘人。刪繁補略，裁以己說，遂成一家。世號杜征南、顏監，爲左氏、班氏忠臣〔註84〕。

（二）、永瑢、紀昀等撰《四庫全書總目》

清代《四庫全書總目》，爲收書最多之書目，亦爲當代編撰書目者效法之對象。該書對收錄古籍成書過程及版本源流考訂，皆能詳細著錄，故頗受學林重視。

永瑢、紀昀等撰《四庫全書總目》卷四五正史類一《漢書》：

> 《漢書》一百二十卷（內府刊本）。
>
> 漢班固撰，其妹班昭續成之。始末具《後漢書》本傳。是書歷代寶傳，咸無異論。惟《南史·劉之遴傳》云，鄱陽嗣王範得班固所撰《漢書》眞本，獻東宮皇太子，令之遴與張纘、到溉、陸襄等參校異同，之遴錄其異狀數十事。以今考之，則語皆謬妄。據之遴云：「古本《漢書》稱永平十年五月二十日己酉郎班固上，而今本無上書年月日子。」案固自永平受詔修《漢書》，至建初中乃成。又〈班昭傳〉云：「八表并〈天文志〉未竟而卒，和帝詔昭就『東觀』藏書踵成之」。是此書之次第續成，事隔兩朝，撰非一手。之遴所見古本，既有紀、表、志、傳，乃云總於永平中表上，殆不考成書之年月也。之遴又云：「古本〈敘傳〉號爲『中

〔註83〕（宋）晁公武：《郡齋讀書志》（一）（王雲五主編：《國學基本叢書》（一）。臺北：臺灣商務印書館，1968年），卷二上，頁98。

〔註84〕（宋）陳振孫撰：《直齋書錄解題》（王雲五主編：《國學基本叢書》上。臺北：臺灣商務印書館，1968年），卷四，頁92。

篇』，今本爲〈敍傳〉。」又今本〈敍傳〉載班彪事行，而古本云彪自有
傳。夫古書敍皆載於卷末，固自述作書之意，故謂之敍。追溯祖父之事
跡，故謂之傳。後代史家，皆沿其例〔註 85〕。

（三）、邵懿辰《四庫簡明目錄標注》

　　清邵懿辰《四庫簡明目錄標注》，此書目乃邵氏經眼珍本、孤本及祕本等版本
而批注於《四庫全書簡明目錄》上，又載入《四庫全書》未收之書，故亦是重要
目錄版本之作。

　　邵懿辰《四庫簡明目錄標注》卷五正史類《漢書》：

　　　　《漢書》一百二十卷。漢班固撰，其妹昭續成之，唐顏師古注。監
　　本。閣本。殿本。明周采本，卷首題福建按察使司按察使周采，提學副
　　使周玩，巡海副使柯喬校刊，卷末題嘉靖己酉年孟夏月吉旦侯官縣儒學
　　署教諭事舉人廖言監修。……聞商邱宋氏有百衲本《漢書》，今歸楊至堂
　　中丞處。張目宋刊元修本《漢書》，十行，行大十九字，小二十五至二十
　　八字不等，板心有注。大德、至大、延祐、元統補刊者，與黃氏所稱景
　　祐本板式似同。張氏又有宋刊元修《後漢書》，行款亦同。明德藩最樂軒
　　刊《漢書》，白文無注。明葛鼐刊本無注。鍾人傑本一百卷。陳仁錫本〔註
　　86〕。

　　以上所舉各家書目，皆以記載《漢書》一例作說明。而莫友芝《持靜齋藏書
紀要》卷上宋刊本《漢書》：

　　　　《漢書》一百二十卷。漢班固撰，唐顏師古注。宋景祐刊本不足七
　　十卷，據景祐影鈔者七卷，餘以元人覆本補足之。歷藏陳繼儒、曹溶、
　　黃丕烈、張蓉鏡、郁松年諸家。其原刊鈔補之卷，及大德、元統修補之
　　頁，丕烈悉記其目，裝卷端。影補數卷，猶出自倦圃前，頗爲精善。黃
　　丕烈有此書完本，爲倪瓚凝香閣物者，後歸汪士鐘。此其次也〔註 87〕。

　　綜觀上述，撰有解題之宋代私人藏書家晁公武《郡齋讀書志》與陳振孫《直
齋書錄解題》，二家書目除書名、卷數及撰者外，兼有內容等之詳實記錄；《四庫
全書總目》亦是如此。清邵懿辰《四庫簡明目錄標注》著錄方式，乃批注於《四

〔註 85〕同本論文第三章註 20，卷四五，頁 400。
〔註 86〕（清）邵懿辰：《四庫簡明目錄標注》（上海：上海古籍出版社，2000 年 7 月），卷
　　　　五，頁 191。
〔註 87〕同本論文第三章註 2，卷上，頁 2。

庫全書簡明目錄》書名之下，除書名、卷數、撰者外，兼注明不同版本及版本行款、流傳等情況。清莫友芝《持靜齋藏書紀要》著錄方式，除書名、卷數、撰者外，主要著重在版本流傳鑒定及收藏情形。換言之，莫氏《持靜齋藏書紀要》將見聞各版本記錄，以解題方式詳述考證版本流傳、真偽等情況與晁公武《郡齋讀書志》、陳振孫《直齋書錄解題》著錄方式相同。又標注收入之書在《四庫》有無存入之情形、敘述版本情況均與邵懿辰《四庫簡明目錄標注》相同。故此書目著重在版本考訂及文獻保存上，具有莫大貢獻。總之，從歷代著名書目或清代著名書目，來檢視莫友芝《持靜齋藏書紀要》著錄方式。以上略舉之範本書目，雖同為目錄版本之書目，然莫氏記錄各藏書家遞傳情形及版本狀況等為主之解題內容，與晁、陳、紀三家以學術為取向之解題內容，已有很大差異。

第六節　《持靜齋藏書紀要》之優缺點

　　一部書目完成已經耗盡作者之全部精力，其中有特色之著錄必定為莫友芝用心及專門之處，凡此均能顯露該書之優點；然全書在形式及內容著錄上，有若干體例差異，雖亦是本書目之缺點，但仍不能否定莫氏在《持靜齋藏書紀要》之用心。以下且分述此書目之優點與缺點，以為公評。

一、優　點
（一）、記載瞻詳、提要鉤玄
　　《持靜齋藏書紀要》以解題方式介紹善刻與珍稀傳本，尤以罕見之宋刊及元刊，除鉤玄解題，並詳細介紹該古籍之行款、版式、版刻精善等情形外，又標注《四庫》存錄之情形。若有該書之序跋題識等文獻資料，亦能詳實抄錄。換言之，《持靜齋藏書紀要》對收入之書記載瞻詳。此為其優點之一。

（二）、綱紀群籍、擇其善本
　　《持靜齋書目》與《持靜齋藏書紀要》二本書目，著錄之書皆是持靜齋中藏書。觀其記載，《持靜齋書目》是以簡目方式記錄，而《持靜齋藏書紀要》則以解題方式記錄。但《持靜齋藏書紀要》又經由莫友芝一一檢理審視，擇其善刻與珍稀傳本編錄。編錄方式則先以宋版（金刊附）、元版、明版、鈔本區分上下卷，而收書較多之明刊及鈔本，又依四部分類，故能綱舉目張，有條不紊。此為其優點之二。

（三）、鑑別舊槧、讎校異同

　　《持靜齋藏書紀要》所錄書籍，仔細察閱其內容，多著墨於版本鑑定。若《持靜齋書目》中收錄多種版本，能擇其善本記載，且著錄該書之依據版本，比較其優劣或鑑定真偽等。從此可見莫友芝版本學之學問深厚，亦能見出該書目之特點。此為其優點之三。

（四）、悉心考校、記錄經藏

　　莫友芝曾受託於江南收訪兵燹後《四庫》散佚典籍，又與東南藏書家等友善，經眼古籍善本甚夥。故於《持靜齋藏書紀要》中，除仔細察閱內容、考訂版刻、抄錄序跋文獻外，並詳實記錄藏書家遞藏情況，提供後人追蹤善本珍籍流傳史料。此為其優點之四。

二、缺　點

（一）、若干收入之書，未在《持靜齋書目》

　　《持靜齋藏書紀要》序云「除複重可十萬卷。其中宋元善刻及舊鈔、大部、小編、單祕無行本者。且居十之三四。」是所收之書皆經莫友芝審視，然若干收錄之書，卻在《持靜齋書目》中遍尋不到。至於，《持靜齋書目》集部疑有不全，在此暫不討論。以下略舉所見數例以證：

　　　　例一，《持靜齋藏書紀要》卷上〔註88〕《資治通鑑綱目》五十九卷。
　　　　例二，《持靜齋藏書紀要》卷上〔註89〕《資治通鑑綱目七家注》五十九卷。
　　　　例三，《持靜齋藏書紀要》卷上〔註90〕「《墨井詩抄》二卷。《三巴集》一卷。
　　　　　　　《畫跋》一卷。」
　　　　例四，《持靜齋藏書紀要》卷下〔註91〕《酌中志》二十三卷。
　　　　例五，《持靜齋藏書紀要》卷下〔註92〕《甲申野史彙鈔》四十一卷。
　　　　例六，《持靜齋藏書紀要》卷下〔註93〕《宋陳少陽先生盡忠錄》八卷。
　　　　例七，《持靜齋藏書紀要》卷下〔註94〕《南忠記》一冊。

〔註88〕同本論文第三章註2，卷上，頁15。
〔註89〕同本論文第三章註2，卷上，頁14。
〔註90〕同本論文第三章註2，卷上，頁33。
〔註91〕同本論文第三章註2，卷下，頁7。
〔註92〕同本論文第三章註2，卷下，頁8。
〔註93〕同本論文第三章註2，卷下，頁9。
〔註94〕同本論文第三章註2，卷下，頁9。

例八，《持靜齋藏書紀要》卷下〔註95〕《太唐開元禮》一百五十卷。

例九，《持靜齋藏書紀要》卷下〔註96〕《救命書》一卷。

例十，《持靜齋藏書紀要》卷下〔註97〕《廣救命書》一卷。

例十一，《持靜齋藏書紀要》卷下〔註98〕《香霧雲鬟錄》一冊。

例十二，《持靜齋藏書紀要》卷下〔註99〕《識小錄》四卷。

以上十二例，皆在《持靜齋藏書紀要》中有著錄，而在《持靜齋書目》中無書目。換言之，莫氏《持靜齋藏書紀要》若依自序所言，乃從《持靜齋書目》擇善本詳載，不應會出現此種現象，故應爲該書目缺失之一。按，此缺失之因，疑是莫氏編撰書目過程，丁日昌復陸續購入書籍或借閱他人等；亦可能《持靜齋書目》收錄之書，一書中又包含不同類型之書，經莫友芝再三審定後，而將合併之書獨立成一書。

（二）、著錄之書名有誤

《持靜齋藏書紀要》乃經莫友芝親自審視，然若干收錄之書名卻與《持靜齋書目》不同。經查證《四庫全書總目》得知，確定皆爲《持靜齋藏書紀要》之誤。以下僅舉所見一例：

例如，史部史評類《史學》〔註100〕十三卷，《持靜齋書目》則著錄《學史》〔註101〕十三卷。《四庫全書總目》亦著錄《學史》〔註102〕十三卷。

莫氏《持靜齋藏書紀要》若依自序所言，乃從《持靜齋書目》擇善本詳載，不應會出現此種現象；此種現象雖罕見（余僅得一例），或疑刻書時致誤，然亦爲該書目缺失之一。

（三）、若干古籍著錄太簡略或比《持靜齋書目》更簡略

莫友芝《持靜齋藏書紀要》原意在解題，故著錄應比《持靜齋書目》詳細，然卻不盡如此。明刊本及鈔本之集部，著錄往往僅有書名、卷數、何種版本及《四

〔註95〕同本論文第三章註2，卷下，頁12。
〔註96〕同本論文第三章註2，卷下，頁15。
〔註97〕同本論文第三章註2，卷下，頁15。
〔註98〕同本論文第三章註2，卷下，頁24。
〔註99〕同本論文第三章註2，卷下，頁25。
〔註100〕同本論文第三章註2，卷上，頁19。
〔註101〕同本論文第三章註2，卷二，頁18。
〔註102〕（清）紀昀總纂：《四庫全書總目提要》（石家莊：河北人民出版社，2000年3月），頁2289。

庫》收錄情況等。以下略舉所見數例以證：

例一，明刊集部《祐山文集》記載：

《祐山文集》十卷。明馮汝弼撰刊。存目 〔註103〕

例二，明刊集部《馮北海集》記載：

《馮北海集》四十六卷。明馮琦撰。萬歷中刊。未收 〔註104〕

例三，明刊集部《來禽館集》記載：

《來禽館集》二十九卷。明邢侗撰。萬歷戊午刊。存目 〔註105〕

另外，還有著錄比《持靜齋書目》更簡略者。

例一，明刊經部「《東坡易傳》九卷」，在《持靜齋藏書紀要》記載言：

《東坡易傳》九卷。宋蘇軾撰。明焦竑刊〔註106〕。

而《持靜齋書目》卷一，經部易類「《東坡易傳》九卷」記載言：

《東坡易傳》九卷。明焦竑刊，又閔齊伋朱墨刊本，又津逮祕書本。宋蘇軾撰〔註107〕。

例二，明刊子部「《韓非子》二十卷」，在《持靜齋藏書紀要》記載言：

《韓非子》二十卷。明趙用賢刊〔註108〕。

而《持靜齋書目》卷三，子部法家類「《韓子》二十卷」記載言：

《韓子》二十卷。明萬歷壬午趙用賢刊本，又有凌瀛初印本，又十子全書刊本，又明孫鑛節鈔二卷本。錢湘靈手批，朱藍炫然。首有儒師馬文肅佛嗣、熊檗庵圓沙、彭祖，同庚壬子癸丑草創大還堂、陸燦、湘靈諸印。周韓非撰〔註109〕。

例三，鈔本集部「《劉隨州集》二冊」，在《持靜齋藏書紀要》記載言：

〔註103〕同本論文第三章註2，卷上，頁33。
〔註104〕同前註。
〔註105〕同前註。
〔註106〕同本論文第三章註2，卷上，頁10。
〔註107〕同本論文第三章註2，卷一，頁2。
〔註108〕同本論文第三章註2，卷上，頁20。
〔註109〕同本論文第三章註2，卷三，頁12。

《劉隨州集》二冊。唐劉長卿撰。薛一瓢手寫定本。^{有黃蕘
圖 跋}〔註110〕。

而《持靜齋書目》卷四，集部別集類「《劉隨州集》十一卷」記載言：

《劉隨州集》十一卷。^{薛一瓢手寫定本，二冊。筆筆秀健到底不懈，古人用
心之勤如此。今人束書不讀者，對此可愧也。後有黃}

^{蕘圃手
跋}。唐劉長卿撰〔註111〕。

總之，《持靜齋藏書紀要》之解題，應盡瞻詳。若解題比記載簡目之《持靜齋書目》更簡略，名爲「紀要」卻無其實，故應爲該書目缺失之一。

（四）、在類、屬分類上，標示不夠清楚

《持靜齋藏書紀要》以版本先作分目，能讓讀者在察閱版本時很大便利。然在收錄較少之宋版及元版雖仍依照四部分類編排，卻無作出任何標示，讀者在察閱時無法直接得知該書是歸於何類、何屬，會產生不便。再者既以四部作編排，則體例就要一致。又收錄較多之明版本及鈔本，雖清楚標示以四部作分類，然在類、屬分類上常出現標示不清現象，例如卷上明刊史部「地理類、職官類、政書類」、子部「術數類、藝術類、雜家類」及卷下鈔本史部「傳記類、地理類、政書類、目錄類」，常未標明何「類」即直接標示「屬」目，乍看會有類、屬相混淆之虞。凡此，亦應爲該書目缺失之一。

（五）、歸類有誤或與《持靜齋書目》在歸類上有差異

《持靜齋書目》與《持靜齋藏書紀要》二本書目，著錄之書皆是持靜齋中藏書，亦是經由莫友芝檢理審視編錄而成。然觀其歸類情形亦出現差異，且經查證其他書目，明顯是《持靜齋藏書紀要》有誤，例如《包孝肅奏議》一書，在《持靜齋藏書紀要》歸史部傳記類顯然有誤。此亦應是該書目缺失之一。按，書籍歸類有誤，歷代著名書目亦曾發生，乃因書籍性質多重，遂而造成歸類困難。

〔註110〕同本論文第三章註2，卷下，頁27。
〔註111〕同本論文第三章註2，卷四，頁6。

第四章 《宋元舊本書經眼錄》探究

第一節 《宋元舊本書經眼錄》編撰及成書緣起

姚名達《中國目錄學史》，將《宋元舊本書經眼錄》歸入特種目錄篇中「善本目錄」。姚氏云：

> 自清末京師圖書館成立以後，繆荃蓀首撰館藏《善本書目》。……私家藏書，則以傅增湘《雙鑑樓善本書目》、《藏園群書題記》，鄧邦述《群碧樓善本書錄》、《寒瘦山房善本書目》，張鈞衡《適園藏書志》為最精。除此種實藏目錄外，亦有錄其目睹，不必實藏者。清末莫友芝之《宋元舊本經眼錄》即其最善者〔註1〕。

大抵明清代以來，藏書家對收集宋元善本特別重視，故以宋元善刻為主之書目，如《汲古閣珍藏祕本書目》、《百宋一廛書錄》、《皕宋樓藏書志》、《善本書室藏書志》、《藝芸書舍宋元本書目》、《鐵琴銅劍樓藏宋元本書目》、《宋元舊本書經眼錄》等，相繼問世。其中莫友芝所撰《宋元舊本書經眼錄》（以下簡稱《經眼錄》）則與眾不同，誠如姚名達氏所言，該書目記錄經眼之善本書，而本身未必實藏。此外，《經眼錄》所載，於目錄、文獻方面，亦頗有可觀者，故近代學者多予肯定評價。

一、編撰緣起

《經眼錄》係莫友芝於同治四年（1865）至同治八年（1869），往返蘇州、杭

〔註 1〕姚名達：《中國目錄學史》（臺北：臺灣商務印書館，1988 年 2 月），頁 416～417。

州、上海、南京、武漢等地訪書，不論是購買、向藏書家借閱或在書局校勘時，經眼宋、金、元、明各種刊本、鈔本、稿本、寫本等古籍，將親眼所見隨手寫成筆記，共一百三十三種。

二、成書經過

茲先引《宋元舊本書經眼錄》目錄後莫繩孫識語，以助瞭解成書之經過：

> 右宋金元明槧本，暨舊鈔本、稿本，書凡百三十種。悉同治乙丑迄己巳數歲中，先君客游所見者。或解題，或攷其槧鈔善劣，或僅記每葉行字數目，或竝錄其序跋及經藏家跋語印記，皆經眼時隨筆志之，以備循覽。今年春，姑夫黎蒪齋〔註2〕先生自吳門來金陵，謂足備目錄家之一，亟欲壽梓，繩孫謹次為三卷。更集他書衣及碑帖題語為二卷坿焉。吾家影山草堂〔註3〕，僻在黔南，舊藏粗備，尤多先人手澤，遭亂後散佚略盡，不可復得。今卷中僅存一二先君少時所校也，念之泫然。同治癸酉七月丁未朔，第二男繩孫謹志于江甯旅舍〔註4〕。

由莫繩孫之識語得知，《宋元舊本書經眼錄》除宋元善本外，包含明槧及舊鈔、稿本。而《經眼錄》書目之完成共分三階段。從同治乙丑（四年）至己巳（八年），莫友芝客游江淮等地，將經眼善本，或記其解題，或攷其槧鈔善劣，或錄其重要序跋，或記藏家跋語及印記，皆隨筆記之，此為第一階段。莫友芝去世後，經黎庶昌鑑定，再由次子繩孫將筆記整理成三卷，以版刻區別之，此為第二階段。其後莫繩孫對黔南老家影山草堂藏書，多先人手澤，遭逢戰亂後散佚略盡，故以書

〔註2〕《清史稿校註》〈列傳〉二三三云：「黎庶昌，字蒪齋，貴州遵義人。少嗜讀，從鄭珍游，講求經世學。……中國古籍，經戎燼後多散佚，日藩族弆藏富，庶昌擇其足翼經史者，刊《古逸叢書》二十六種。」由此得知，黎庶昌生平事跡。其中在出任駐日公使時，曾訪求中國遺留在日之古籍，刻成《古逸叢書》。此書能窺見中國古籍散佚在外之情形。同本論文第二章註10，卷四五三，〈列傳〉二三三，頁10501。
〔註3〕（清）莫友芝書齋名。《郘亭遺文》卷六〈影山草堂本末〉云：「獨山州北三十五里，兔場上街友芝先人之廬在焉。廬後二十步曰影山草堂，故幼稚授經所也。」《莫氏四種》第一冊，（沈雲龍主編：《近代中國史料叢刊》第四十一輯。臺北：文海出版社，1969年），頁415～420。亦可參照楊祖愷〈莫友芝影山草堂藏書管窺〉論影山草堂藏書，文中提及從藏書家傅增湘《藏園書經眼錄》共計十種、邵懿辰父子《增訂四庫種簡明目錄標注》及邵章《續書錄》共計一百一十六種等，得知此堂藏書約略數量。詳見楊祖愷撰：〈莫友芝影山草堂藏書管窺〉，《貴州文史叢刊》（季刊），（1988年第3期，總第30期），頁43～51。
〔註4〕清同治刻本《宋元舊本書經眼錄》（《續修四庫全書》編纂委員會編：《續修四庫全書》。上海：上海古籍出版社），頁472。

衣及碑帖題語二卷附錄《經眼錄》書後付梓，以保留莫氏對影山草堂藏書之記載，此為第三階段。故《經眼錄》成書刊刻已在同治癸酉十二年，（1873）七月丁未朔之後。

第二節　台灣目前所見之版本

臺灣今見莫友芝《經眼錄》版本有二：其一、清同治癸酉獨山莫氏刊本。其二、清同治刻本；余用此版本作為論文之底本或舉例之主本。二版本，在字體、內容上略有差異。以下先將此二版本，依照出版先後為序略作介紹；若該版本經由後來出版社刊行，即以該出版社出版時間為準。

一、清同治癸酉獨山莫氏刊本

線裝書（詳見附錄二「《宋元舊本書經眼錄》書影」）。每半葉十行，每行二十一字。書名刻一行，另起一行解釋該書。白口，左右雙欄，烏絲欄，雙魚尾，板心中記書名、卷數及頁數。板匡高十七點二公分，寬十二點二公分。首頁印有「宋元舊本書經眼錄　廣陳鄉人」，次頁為《宋元舊本書經眼錄》目錄，後有莫繩孫識語。廣文書局有影印本行世〔註5〕，唯首頁印有「宋元舊本書經眼錄　廣陳鄉人」下與次頁《宋元舊本書經眼錄》目錄下，皆鈐有「趙伯蘇印」方形印刻。

二、清同治刻本〔註6〕

《續修四庫全書》影印版。此版乃據「清同治刻本影印」。原書版框高一七七毫米、寬二五〇毫米。影印版，每半葉十行，每行二十一字。書名刻一行，另起一行解釋該書。白口，左右雙欄，烏絲欄，雙魚尾，板心中記書名、卷數及頁數。首頁為《宋元舊本書經眼錄》目錄，並鈐有方形印刻及長方形印，後有莫繩孫識語。

第三節　《宋元舊本書經眼錄》內容概述

〔註5〕（清）莫友芝撰：《宋元舊本書經眼錄》（《書目叢編》。臺北：廣文書局印行，1967
　　　年8月）。
〔註6〕同本論文第四章註4，頁470。

一、收書總數及書名

　　下表先呈現《宋元舊本書經眼錄》三卷目錄與正文內收書分類編排之狀況，
表後再作說明。

卷次／編號		目錄之書名及四部分類		卷次／編號		正文內之書名及四部分類	
卷第一	1	《毛詩要義》以下宋槧	經部	卷第一	1	《毛詩要義》宋本	經部
	2	《儀禮鄭注》	經部		2	《儀禮鄭注》宋淳熙本	經部
	3	《儀禮要義》	經部		3	《儀禮要義》宋本	經部
	4	《禮記要義》	經部		4	《禮記要義》宋本	經部
	5	《陳氏禮書》	經部		5	《陳氏禮書》宋本	經部
	6	《春秋經傳集解》巾箱本	經部		6	《春秋經傳集解》宋巾箱本	經部
	7	《春秋經傳集解》淳熙小字本	經部		7	《春秋經傳集解》宋淳熙小字本	經部
	8	《九經直音》	經部		8	《九經直音》宋本	經部
	9	《四書集注》	經部		9	《四書集註》宋本	經部
	10	《張子韶孟子傳》	經部		10	《張子韶孟子傳》宋本	經部
	11	《玉篇》	經部		11	《大廣益會玉篇》宋本	經部
	12	《集古文韵》	經部		12	《集古文韵》宋紹興本	經部
	13	《史記集解》蜀大字本	史部		13	《史記集解》宋蜀刻大字本 上海郁氏藏	史部

卷第一	14	《漢書》景祐本	史部	卷第一	14	《漢書》宋景祐本	史部
	15	《漢書》湖北鹽茶司小字本	史部		15	《漢書》宋湖北提舉茶鹽司小字本	史部
	16	《漢書》鷺洲書院大字本	史部		16	《漢書》宋鷺洲書院大字殘本	史部
	17	《晉書》	史部		17	《晉書》宋本	史部
	18	《唐書》嘉祐杭州本	史部		18	《唐書》宋嘉祐杭州本	史部
	19	《唐書》北宋本	史部		19	《唐書》北宋本	史部
	20	《唐書》	史部		20	《唐書》宋本	史部
	21	《資治通鑑目錄》	史部		21	《資治通鑑目錄》宋本	史部
	22	《資治通鑑綱目》	史部		22	《資治通鑑綱目》宋乾道本	史部
	23	《名臣碑傳琬琰集》	史部		23	《新刊名臣碑傳琬琰集》宋本	史部
	24	《輿地廣記》	史部		24	《輿地廣記》宋本殘帙	史部
	25	《東南進取輿地通鑑》	史部		25	《東南進取輿地通鑑》宋本	史部
	26	《西漢會要》	史部		26	《西漢會要》宋本	史部
	27	《東漢會要》	史部		27	《東漢會要》宋本	史部
	28	《鹽鐵論》	子部		28	《鹽鐵論》宋本	子部
	29	《文場資用分門近思錄》《近思後錄》	子部		29	《文場資用分門近思錄》《近思後錄》宋本	子部

卷第一	30	《西山眞文忠公讀書記》	子部	卷第一	30	《西山眞文忠公讀書記》宋本	子部
	31	《米海岳畫史》	子部		31	《米海岳畫史》宋本	子部
	32	《白虎通》	子部		32	《白虎通》宋本 嘉興唐氏藏	子部
	33	《百川學海》	子部		33	《百川學海》宋本 上海瞿氏	子部
	34	《士學規範》	子部		34	《皇朝仕學規範》宋淳熙三年本	子部
	35	《太平御覽》	子部		35	《太平御覽》宋本殘帙 湖州徐氏藏	子部
	36	《源流至論四集》	子部		36	《源流至論四集》宋本 滬市	子部
	37	《揮塵前錄》	子部		37	《揮塵前錄》宋本 上海瞿氏	子部
	38	《續博物志》	子部		38	《續博物志》上海瞿氏	子部
	39	《纂圖釋文重言互注老子》	子部		39	《纂圖附釋文重言互注老子道德經》嘉興唐氏藏	子部
	40	《江文通集》	集部		40	《梁江文通文集》《目錄》宋本	集部
	41	《韓昌黎集》	集部		41	《韓昌黎集》宋世綵堂本	集部
	42	《古靈先生文集》竝年譜	集部		42	《古靈先生文集》《使遼語錄》宋本 嘉興唐氏藏	集部
	43	《山谷外集》	集部		43	《山谷外集》宋淳祐閩憲本	集部
	44	《指南錄》	集部		44	《指南錄》宋景炎本 嘉興唐氏藏	集部
	45	《文苑英華纂要》	集部		45	《文苑英華纂要》宋本	集部
	46	《萬寶詩山》	集部		46	《萬寶詩山》宋巾箱本	集部

卷第二	47	《書傳輯錄纂疏》以下金元槧本	經部	卷第二	47	《書傳輯錄纂疏》《書序》元本	經部
	48	《詩集傳附錄纂疏》附詩序辨說附錄纂疏	經部		48	《詩集傳附錄纂疏》《詩序辨說附錄纂疏》元刊本	經部
	49	《禮經會元》	經部		49	《禮經會元》元本	經部
	50	《禮記纂言》	經部		50	《禮記纂言》元本 上海瞿氏藏	經部
	51	《春秋括例始末左傳直解》	經部		51	《音注全文春秋括例始末左傳句讀直解》元本 嘉興唐氏藏	經部
	52	《春秋胡傳纂疏》	經部		52	《春秋胡氏傳纂疏》元本	經部
	53	《說文解字補義》	經部		53	《說文解字補義》元本	經部
	54	《元禮部韵略》	經部		54	《元禮部韻畧》元本 豐順丁氏藏	經部
	55	《史記集解附索隱》	史部		55	《史記集解附索隱》元中統本	史部
	56	《漢書》	史部		56	《漢書》金元間刊本 湘鄉曾氏藏	史部
	57	《三國志》	史部		57	《三國志注》元本上海瞿氏藏	史部
	58	《宋史》至正江浙行中書省官本	史部		58	《宋史》元至正江浙行中書省官本	史部
	59	《資治通鑑》興文署本	史部		59	《資治通鑑》元興文署本	史部
	60	《資治通鑑綱目》	史部		60	《資治通鑑綱目》元本	史部
	61	《續宋編年資治通鑑》	史部		61	《續宋編年資治通鑑》舊本 上海徐氏藏	史部

卷第二	62	《金陵新志》	史部	卷第二	62	《金陵新志》元本	史部
	63	《監本音注文中子》	子部		63	《音注文中子》監本 嘉興唐氏藏	子部
	64	《圖解校正地理新書》金槧本	子部		65	《圖解校正地理新書》金本	子部
	65	《書法鉤元》	子部		66	《書法鉤玄》元本	子部
	66	《考古圖》	子部		67	《考古圖》元大德本	子部
	67	《困學紀聞》	子部		68	《困學紀聞》元本 嘉興唐氏藏	子部
	68	《事文類聚》	子部		69	《事文類聚》元本	子部
	69	《玉海》	子部		70	《玉海》元至元刻本	子部
	70	《列子張注》	子部		71	《列子張注》元本 上海瞿氏藏	子部
	71	《宛陵文集》	集部		72	《宛陵先生文集》元本	集部
	72	《東萊呂太史文集》竝《外集》	集部		73	《東萊呂大史文集》《外集》元本	集部
	73	《劉靜修先生文集》	集部		74	《劉靜修先生文集》元本	集部
	74	《道園學古錄》	集部		75	《道園學古錄》元本 上海瞿氏藏	集部
	75	《伯生詩續編》	集部		76	《伯生詩續編》元本	集部
	76	《樂府詩集》	集部		77	《樂府詩集》元本	集部
					78	《中州集》元本 滬肆	集部

卷第二	77	《周易集解》以下明槧本	經部	卷第二	79	《周易集解》明嘉靖本	經部
	78	《周易本義》	經部		80	《周易本義》大字注本	經部
	79	《書經纂言》	經部		81	《書經纂言》明本	經部
	80	《書傳集解》	經部		82	《書傳集解》殘本未詳卷數	經部
	81	《禮記集說》	經部		83	《禮記集說》明本	經部
	82	《埤雅》	經部		84	《埤雅》明重刻宋本	經部
	83	《漢書》	史部		85	《漢書注》舊本	史部
	84	《前後漢書》	史部		86	《前後漢書》明翻宋淳化本	史部
	85	《管子無注本》	子部		87	《管子無注本》	史部
	86	《農書》	子部		88	《農書》明本	子部
	87	《野客叢書》	子部		89	《野客叢書》《坿錄》仿宋本　瞿氏藏	子部
	88	《西溪叢語》	子部		90	《西溪叢語》明嘉靖鴉鳴館刻本	子部
	89	《韋蘇州集》	集部		91	《韋蘇州集》明翻宋本	集部
	90	《韓文攷異音釋》並外集遺文附錄	集部		92	《韓文考異音釋》	集部
	91	《雲臺編》	集部		93	《雲臺編》明本	集部
	92	《崇古文訣》	集部		94	《迂齋先生崇古文訣》	集部

卷第三	93	《易學》以下舊鈔本	經部	卷第三	95	《易學》	經部
	94	《周易觀象補義略》	經部		96	《周易觀象補義略》寫本	經部
	95	《爾雅新義》	經部		98	《爾雅新義》寫本	經部
	96	《龍龕手鑑》	經部		99	《龍龕手鑑》影鈔本 瞿氏藏	經部
	97	《吉金古文釋》	經部		100	《吉金古文釋》稿本 此跋拾補	經部
	98	《通鑑紀本末補後編》	史部		101	《通鑑紀事本末補後編》稿本	史部
	99	《建康實錄》	史部		102	《建康實錄》影宋鈔本	史部
	100	《靜齋至正直記》	集部		103	《元和郡縣圖志》《目錄》舊鈔本	史部
	101	《元和郡縣圖志》	史部		104	《元豐九域志》寫本	史部
	102	《元豐九域志》	史部		105	《新定元豐九域志》影宋鈔本	史部
	103	《新定元和九域志》	史部		106	《長春眞人西遊記》寫本	史部
	104	《長春眞人西遊記》	史部		107	《天下郡國利病書》稿本	史部
	105	《天下郡國利病書》	史部		108	《南宋館閣錄》《續錄》寫本	史部
	106	《南宋館閣錄》	史部		109	《元祕書監志》寫本	史部
	107	《元祕書志》	史部		110	《太常因革禮》寫本	經部

卷第三	108	《太常因革禮》	經部	卷第三	111	《宋政和五禮精義注》 舊鈔本	經部
	109	《政和五豐精義注》	經部		112	《鄭堂讀書日記》 稿本	子部
	110	《鄭堂讀書日記》	子部		113	《舊館壇碑攷》 稿本 此跋拾補	子部
	111	《舊館壇碑攷》	子部		114	《太白陰經》 孫淵如手校本	子部
	112	《太白陰經》	子部		115	《素問六氣玄珠密語》 舊鈔本	子部
	113	《素問六氣二珠密語》	子部		116	《宋寶祐四年會天歷》 據宋本過錄	子部
	114	《宋寶四年會天歷》	子部		117	《乾象通鑑》 寫本 孫氏祠堂舊藏	子部
	115	《乾象通鑑》	子部		118	《古今集論字學新書》 舊鈔本	子部
	116	《古今集論字學新書》	子部		119	《識遺》 舊寫本	子部
	117	《識遺》	子部		120	《東坡先生物類相感志》 寫本	子部
	118	《東坡先生物類相感志》	子部		121	《朝埜僉載》 據宋本寫	集部
	119	《醉翁談錄》	集部		122	《醉翁談錄》 鈔本	集部
	120	《朝野僉載》	集部		123	《靜齋至正直記》 舊寫本 鮑氏藏	集部
	121	《席上輔談》	集部		124	《席上輔談》 舊寫本	集部
	122	《桂苑筆耕集》	集部		125	《桂苑筆耕集》 寫木	集部
	123	《鉅鹿東觀集》	集部		126	《鉅鹿東觀集》 寫本	集部

卷第三	124	《河南先生文集》	集部	卷第三	127	《河南先生文集》寫本	集部
	125	《蘇學士文集》	集部		128	《蘇學士文集》校本	集部
	126	《潏南遺老集》	集部		129	《潏南遺老集》《續坿》寫本	集部
	127	《滋溪文稿》	集部		130	《滋溪文稿》寫本	集部
	128	《梧溪集》	集部		131	《梧溪集》寫本	集部
	129	《極玄集》	集部		132	《極玄集》	集部
	130	《金石三例》	集部		133	《金石三例》	集部

　　從以上表格得知，《經眼錄》莫繩孫識語云：「右宋金元明槧本，暨舊鈔本、稿本，書凡百三十種。」其云「一百三十種」，應是取其整數之意。但仔細將目錄之書名與正文內之書名核對後，《經眼錄》實際收錄之書共一百三十三部，多出之三部書，爲卷二《管子注》、《中州集》及卷三《禮經本義》。又在排序上，亦有顛倒錯亂；再者書名記載，二者亦有差異，即上表可見，茲不贅述。

　　值得注意者，有關論述莫友芝《宋元舊本書經眼錄》之專書、論文及工具書等，統計收書數目有一百三十種及一百三十一種等二種說法。此記載之差異，至今仍無人發現。以下列舉所知見者，以見一斑。

（一）、一百三十種之說

　　楊祖愷〈莫友芝一家的學術活動〉：「這是友芝在同治四年至九年來往於蘇州、杭州、上海、南京、武漢等地，所見到的宋、金、元、明刊本或精抄或稿本，各種善本書共一百三十種（其中也包括持靜齋的幾種精本），作了讀書筆記〔註7。〕」

　　徐惠文〈莫友芝年譜〉：「這是友芝在同治四年至九年來往於蘇州、杭州、上海、南京、武漢等地，所見到的宋、金、元、明刊本或精抄或稿本，各種善本書

〔註7〕楊祖愷：〈莫友芝一家的學術活動〉，《貴州文史叢刊》（季刊），1981 年第 3 期（總第 4 期），頁 123～132。

共一百三十種（其中也包括持静齋的幾種精本），作的讀書筆記〔註8〕。」

　　李玉安、陳傳藝《中國藏書家辭典》：「其《宋元舊本書經眼錄》，是他在同治年間記其所見宋、金、元、明各代槧本、抄本和稿本，共一百三十種，除考證優劣外，在書中附有解題，可作爲考訂善本時參考〔註9〕。」

　　來新夏《清代目錄提要》：「卷一爲宋刊本，自《毛詩要義》至《萬寶詩山》共四十六種，卷二爲金、元、明刊本，自《書傳輯錄纂疏》至《迂齋先生崇古文訣》共四十六種，卷三爲舊鈔本、稿本，自《易學》至《金石三例》共三十八種，合計一百三十種。〔註10〕」

　　戴顯群〈莫友芝及其在版本目錄學上的成就〉：「《宋元舊本書經眼錄》所著錄的宋元等善本書雖然僅一百三十部，但所記版本資料之豐富，參證之精詳，是同類書目之佼佼者〔註11〕。」

（二）、一百三十一種之說

　　洪有豐、袁同禮《清代藏書家考》：「曾著《宋元舊本書經眼錄》。所載宋槧本四十七種，金元槧本三十種，明槧本十六種，舊鈔本三十八種〔註12〕。」

　　鄭偉章〈莫友芝的藏書和目錄學〉：「第一卷因宋槧本四十七種，第二卷爲金元槧本四十六種，第三卷爲舊抄本三十八種〔註13〕。」

　　梁戰、郭群一《歷代藏書家辭典》：「曾著《宋元舊本書經眼錄》，載宋槧本四十七種，金元槧本三十種，明槧本十六種，舊鈔本三十八種〔註14〕。」

　　黃萬機《莫友芝評傳》：「《宋元舊本書經眼錄》即莫友芝在同治四年至九年（1865～1870），往來於南京、武漢、蘇州、上海、杭州及揚州各地，得見各藏書家珍藏的宋元刊本和精鈔本、手稿，逐一寫有題識。第一卷爲宋槧本四十七種，

〔註 8〕徐惠文：〈莫友芝年譜〉，《貴州文史叢刊》（季刊），1988 年第 4 期（總第 31 期），頁 127～143。

〔註 9〕李玉安、陳傳藝：《中國藏書家辭典》（武漢：湖北教育出版社，1989 年 9 月），頁 262。

〔註 10〕同本論文第三章註 3，頁 166。

〔註 11〕戴顯群：〈莫友芝及其在版本目錄學上的成就〉，《福建圖書館學刊》，1997 年第 4 期（總第 723 期），頁 35～38。

〔註 12〕同本論文第二章註 25，頁 38。

〔註 13〕鄭偉章：〈莫友芝的藏書和目錄學〉，《貴州師大學報》（社會科學版），1986 年第 2 期（總第 47 期），頁 29～36。

〔註 14〕梁戰、郭群一：《歷代藏書家辭典》（西安：陝西人民出版社，1991 年 10 月），頁 350。

第二卷爲金元槧本四十六種，第三卷爲舊鈔本三十八種，共一百三十一種〔註15〕。」

以上二種說法，「一百三十一種」之說應有誤，因實際核對，並非事實。至於，「一百三十種」之說，應是轉引莫繩孫之識語或僅核算目錄，而無詳細核對正文內實際之收書數。換言之，《經眼錄》收書爲一百三十三部，方爲正確。

二、編卷內容安排

《經眼錄》編撰經過，前引序言云云，已作說明，不再贅述。此書目共分三卷。「卷一」以宋本爲主要分目；「卷二」以金、元、明本爲主要分目；「卷三」以寫本、鈔本、稿本爲主要分目。此節先介紹書目三卷內容編排，附錄部分下文再作探討。

今按，該書目三卷中，係按版本作區分。而收書次序則據四部作分類，但無清楚標明。收錄書下撰有解題，此部分乃本文主要探討該書目之特色，下文有專節深論。

「卷一」以宋本爲限。收錄四十六部書中，同是宋本又有不同類型版刻或殘佚現象。著錄方式涵蓋行款、版式、紙質、藏書印章、流傳經過，並錄其重要序跋，審訂版本優劣眞僞及殘佚修補等情況。

「卷二」以金、元、明本爲主。收錄四十八部書中，同是金本又有不同類型版刻；元本、明本亦然，或說明依據刊刻版本，或無註明版本。著錄方式與宋本大致相似，對某書經眼及購買或該書殘存情況亦詳加記載。

「卷三」以寫本、鈔本、稿本爲主。收錄三十九部書中，亦有未註明版本者。著錄方式注重《四庫全書》有無著錄、該書內容、流傳情況及此書鈔寫所依據版本等情形。

又從三卷之著錄中，得知莫友芝向藏書家丁日昌借閱二十部〔註16〕古籍最

〔註15〕黃萬機：《莫友芝評傳》（貴陽：貴州人民出版社，1992年9月），頁313。
〔註16〕《宋元舊本書經眼錄》三卷收書一百三十三部中，從藏書章及經藏情形獲知經眼江南著名藏書家丁日昌二十部爲最多。該書目記載丁日昌持靜齋藏書有，「卷一」：《儀禮鄭注》宋淳熙本、《漢書》宋景祐本、《資治通鑑綱目》宋乾道本、《輿地廣記》宋本殘帙、《東南進取輿地通鑑》宋本、《鹽鐵論》宋本、《米海岳畫史》宋本等七部；「卷二」：《書傳輯錄纂疏》《書序》元本、《春秋胡氏傳纂疏》元本、《元禮部韵略》元本豐順丁氏藏、《漢書》金元間刊本湘鄉曾氏藏、《管子注》元本、《圖解校正地理新書》金本、《書法鉤元》元本、《書經纂言》明本、《禮記集說》明本等九部；「卷三」：《通鑑紀事本末補後編》稿本、《乾象通鑑》寫本孫氏祠堂舊藏、《古今集論字學新書》舊鈔本、《東坡先生物類相感志》寫本等四部。

多，以郁松年十三部〔註 17〕次之；而古籍流傳多經汪士鐘之手，此能瞭解古籍經藏情形。

　　換言之，《經眼錄》三卷著錄方式，重在宋、金、元、明本及各種寫本、鈔本、稿本，故于收錄書之行款、版式、刊刻情形、藏書章、收藏經過、重要序跋及文物價值等情況，皆能詳細記錄。例如：卷一《毛詩要義》、《鹽鐵論》；卷二《書傳輯錄纂疏》、《資治通鑑》；卷三《太白陰經》、《建康實錄》等。甚至，對考訂版本真僞、優劣、流傳等情況亦有判斷，如卷一《漢書》、《唐書》；卷二《漢書》、《韓文考異音釋》；卷三《桂苑筆耕集》、《天下郡國利病書》等。對收錄知見書目，親見各種版本，記錄其自購書肆或親眼見到處所，例如：卷一《九經直音》、卷二《春秋胡氏傳纂疏》、卷三《天下郡國利病書》等，故亦可瞭解一些藏書家藏書情況，此書目即反映出莫友芝至丁日昌及郁松年兩家翻閱所藏爲最多。又對某些收錄書之殘存補佚狀況或提示內容，以闡明旨意，例如：卷一《九經直音》、《漢書》；卷二《伯生詩續編》、《漢書》；卷三《通鑑紀事本末補後編》、《太常因革禮》等。以上敘述，在「第四節《宋元舊本經眼錄》收書著錄現象」會再詳述，先發凡如此。故此書目爲後代學者提供寶貴研究資料，亦可藉此書目作爲判斷善本與珍稀傳本之重要依據。

三、介紹二個附錄之內容

　　《經眼錄》附錄有二：附錄卷一曰「書衣筆識」，由莫繩孫整理其父友芝藏書所撰題識等五十三部古籍，收書次序亦按經史子集四部作分類，收錄之書名下撰有解題，主要敘述莫友芝家藏書籍親自批識之載記。附錄卷二曰「金石筆識」，則記載秦漢至唐宋間珍貴石碑銘刻考證等五十一拓本，依拓本時代先後爲序，主要著錄拓物處所、現存拓物狀況及優劣等情形。茲以《經眼錄》「附錄」部分之內容先列表如下：

〔註 17〕《宋元舊本書經眼錄》三卷收書一百三十三部，除江南著名藏書家丁日昌二十部爲最多外，則以親見上海著名藏書家郁松年「宜稼堂」十三部爲其次。該書目記載郁松年宜稼堂藏書有，「卷一」：《毛詩要義》宋本、《儀禮要義》宋本、《禮記要義》宋本、《史記集解》宋蜀刻大字本上海郁氏藏、《資治通鑑目錄》宋本、《資治通鑑綱目》宋乾道本、《東南進取輿地通鑑》宋本、《韓昌黎集》宋世綵堂本等八部；「卷二」：《說文解字補義》元本、《金陵新志》元本、《玉海》元至元刻本等三部；「卷三」：《建康實錄》影宋鈔本、《乾象通鑑》寫本孫氏祠堂舊藏等二部。

附錄卷次	書　　名	備　　註
附錄一	《呂氏家塾讀詩記》	友芝家藏。……道光癸巳買之京師，雖非完帙，已足寶貴矣。道光戊戌，復買一上半殘本，版稍大，行款亦不同癸巳本。
	《易箋》	
	《周禮註疏》	明正德時修補宋十行本。……同治甲子秋，皖寓邵亭眲叟。
	《禮記釋文》	同治庚午夏，邵亭眲叟于維揚書局識。
	《春秋公羊傳註疏》	
	《樂通》	同治丁卯中秋，得之杭肆。
	《說文解字》	此與校議，竝益讎勘不少。同治二年冬十月乙亥，安慶軍次，覆過識後。
	《說文引經攷》二卷	同治甲子六月，皖城新收重莊（裝）記。邵亭。
	《四聲篇海五音集韻》	向在京師收得一本，以卷帙大棄之。同治甲子夏，皖城市出文儒本。略爲檢覈，蓋全錄大廣益會玉篇及宋重修廣韻而增之。
	《復古篇》	十有一月上旬，訪王少山于東鄉百里，見案頭有吳樱堂先生所藏復古篇舊鈔本，亟借持以歸。…道光十有六年十一月廿有四日，紫泉莫友芝識于蓮舫。
	《坿釋文互注禮部韻略》	
	《續古篆韻》六卷	同治癸亥，客皖所收，手裝記之。邵亭眲叟。
	《史記》	同治庚午暮春，鄂肆收此以見一代風尚之由。邵亭長記
	《史記索隱》 汲古閣仿宋刊單行本	同治壬戌六月，皖口行營，姚聲澂士贈此本。

附錄一	《南史》校本	滬上獲此，已缺去三十三卷。……同治丙寅八月幾望，自上海泛舟入泖口至松江，草裝爲五冊，記其端。邵亭。
	《通鑑注商》十八卷涇縣趙紹祖撰	同治初元，皖口行營新收，手裝以坿本書之後。七月既望，邵亭記。
	《讀史兵略》	前段版式時，曾在鄂撫署多桂園爲之校誤，因以此段稿相付。已閱八年，乃檢舊篋見之。謹裝坿昔者校樣之後。戊辰伏中，邵亭。
	《吳越春秋》	
	《通典》	壬戌中秋，邵亭記。
	《欽定天祿琳琅書目》	同治乙丑春，友芝奉湘鄉公委訪鎮江文宗、揚州文匯兩閣。四庫全書經燹後，如有散存千一，宜購歸恭貯，以待重繕。夏日，歷瀕江諸郡，有以宋元舊槧若干帙來覈定者，適維揚市出此本，亟購以待鈔補。
	《授經圖》二十卷萬歷二年朱氏原刊本	
	《金石萃編補目》三卷坿《元碑存目》一卷黃本驥撰	咸豐庚申夏，大興劉子重銓福以長沙黃虎癡此清本相示。
	《秦漢瓦當圖記》四卷坿《補遺》朱楓撰	戊辰中伏，邵亭識。
	《養生類纂》察菴周守中撰	
	《普濟方》	同治庚午中秋，金陵市出所收，草裝畢，記其首。
	《太玄經范注》	同治乙丑四月，收于蘇肆，尙闕第二、第三兩卷。丁卯八月，于杭肆獲此刻殘冊，適足相補。戊辰二月，攜來江蘇書局，欲以萬玉堂本校，因手裝過記之。二十一日己亥，邵亭眲叟。
	《封氏聞見記》	同治丁卯中秋，杭游所收。整理散亂，僅失末卷。

附錄一	《回溪史韻》	同治丙寅九秋，胥門收此。裝成記。
	《新編事文類聚翰墨全書》	同治丙寅九秋，蘇門市中收此殘帙。
	《穆天子傳注疏》	庚午仲春，友芝搜獲於安慶肆中漫識。
	《道德經唐玄宗注》	此寫本同治丁卯秋，吳門所收。
	《孤忠小史》	己巳初多，揚城書攤漫收。
	《楚辭集注》	咸豐庚申十一月，懷甯廣邸寓館。邵亭記。
	《陶淵明集》	陽子烈所編十卷本，咸豐辛酉，嘉平皖城行營收。
	《元次山集》 淮南黃又研旅刊本	同治壬戌九月庚戌朔，獨山莫友芝手校畢，于十二巷外蒐得。
	《翰苑集》	同治元年三月，繩兒收獲，重裝書以俟攷。邵亭眯叟。
	《孟東野集》	同治丁卯秋，收于武林。
	《傳家集》	司馬文正傳家集，在蘇收得。
	《辛稼軒集》 九卷疏議箚子論文啓三卷詩一卷詞五卷附辛啓泰所編年譜一卷	壬戌天貺節，皖口記。邵亭。
	《元遺山詩集》	同治戊辰暮春，收于閶門肆中重裝記。
	《潛谿集》 元至正刊本	以舊刻，收以備攷。壬戌秋杪，邵亭記。
	《願學集》 明鄒元標撰	同治初元，皖中收此。函裝，付子弟珍藏。
	《學孔精舍詩鈔》 明孫應鼇撰	
	《潘氏八世詩集》	咸豐二年秋七月。
	《魏忠節公集》	

附錄一	《山水移集》	咸豐壬子，黎柏容學博從定番張氏假得相示。亟錄副，待好事傳之，因書其後。
	《漁洋山人精華錄》	壬戌夏四月，善徵弟收于祁門，攜至安慶，增衣草裝，書示繩兒。
	《蓮洋詩選》	道光乙巳正月六日。
	《河岳英靈集》	丙寅冬初，邵亭校讀一過。
	《宋文鑑》	惜缺去四十餘卷。幸所存猶過三之二，已多平昔未見之篇，故聊收之。壬戌初春，皖口行營。邵亭。
	《皇元風雅》 前集六卷傅習采集孫存吾編類虞集校選後集六卷孫存吾編虞集校選	同治丙寅中秋，收于雲間肆中。初冬還金陵，芙衣為裝過，記其端。邵亭眡叟。
	《初白菴詩評》 坿許蒿廬詞綜偶評一卷	皖口行營，偶收此評本。
	《唐五代詞》	
附錄二	《秦之罘刻石摹本》	同治丙寅六月，自金陵來滬上訪遺書，戴禮庭以陳嗜梅翁藏卷相視，因記。
	《秦泰山刻石摹本》	同治丙寅六月中伏，避暑上海也是園，獲觀識。
	《漢麃孝禹碑》	此拓同治九年冬，潘伯寅少農所寄，謂肥城新出者。
	《漢夏承碑》	
	《漢三公山碑》	
	《漢光祿勳劉曜殘碑》	在山東東平州。同治庚午六月，新出于州之蘆泉山陽。閏月，景鑑泉閣學經邢上贈邵亭。
	《漢曹全碑》	此舍弟善徵祁門所收。
	《漢伏生授經圖》	同治四年十一月，訪丁儉卿丈于淮安，留晚飯。印林之子逢吉適持此石拓三紙贈丁丈，遂乞一以歸。

附錄二	《新莽始建國鏡》	德清戴子高文學示始建國鏡拓本。
	《吳禹陵窆石題字》	
	《晉周孝侯碑》	
	《宋爨龍顏碑》大明二年	
	《梁建陵闕》	同治八年春，友芝始并訪獲，猶逸正刻太祖皇三字，婁陽葆光乃蒐出合之。
	《梁安成康王蕭秀東碑》	
	《梁安成康王秀西碑》	
	《梁始興忠武王蕭憺碑》	在安成碑西一里，《六朝事跡》所謂徐勉造貝義淵書在清風鄉黃城邨者也。
	《梁吳平忠侯蕭景神道石柱題額》	在始興碑西南三里，亦見《六朝事跡》。
	《梁臨川惠王蕭宏神道二石柱題額》	在上元北鄉張庫邨，去安成碑南可十里，距朝陽太平兩門各二十餘里。
	《梁南康簡王蕭績神道二石柱題額》	同治己巳，甘泉張肇岑訪獲于句容之侯家邊。
	《梁建安敏侯蕭正立石柱二》	《六朝事跡》謂墓在淳化鎮西宋野石柱塘，去城三十五里。
	《梁瘞鶴銘》	
	《魏孝文帝弔比干文》	咸豐庚申初秋，手拓此紙。
	《魏慧成爲父始平公造像》	
	《魏楊大眼造像》	
	《魏靈藏辟法紹造像》	
	《魏石門銘》	
	《魏高使君懿侯碑》	

附錄二	《東魏太公廟碑》	此紙，庚申八月，經衛輝繩兒手拓者。此拓，咸豐辛酉冬，收于皖城。以校去秋經衛輝所拓，尚多存十許字。
	《北齊西門君之碑頌》	此頌，庚申七月出都時，李芋僊大令持贈繩兒者。
	《隋龍藏寺碑》	同治己巳三秋，持示命署其首，因識。邵亭眲叟。
	《隋孔宣父靈廟碑》	咸豐己未，京師裝成識。
	《隋欽江縣正議大夫甯贊碑》	是碑在廣東欽州。
	《隋馬興墓誌銘》 唐咸亨元年	
	《唐隨清娛墓志》	同治壬戌秋，張仙舫觀察攜有拓本，借讀，依其式鈔出如右。
	《唐口夫人程氏塔銘》	
	《唐明徵君碑》	在上元棲霞山麓，去梁安成碑東北五里許。
	《唐龍角山慶唐觀紀聖銘》	咸豐己未十月，在京師先收得碑陰。……庚申春，入京，復獲正碑于琉璃廠肆。彙爲一冊。
	《唐開祝衡嶽銅簡文》	簡高一尺五寸有半，廣五寸彊。咸豐初，山農鉏土得之。
	《唐三墳記》	咸豐庚申十月，繩兒檢出觀覽，爲題。
	《唐惠山石床題字》	同治丙寅九月初，在皕禊室觀鉤刻。
	《唐李含光碑》	蓋查二瞻舊藏，舍弟祥芝收之祁門者。…同治甲子歲仲秋月朔，邵亭眲叟皖中裝成記。
	《唐信法寺彌弛象碑》	顯慶三年四月，在元氏縣東北雲起寺。
	《唐人楷書》	
	《南唐妙因塔柱所題佛語》	

附錄二	《宋劉蒙伯碣文》	咸豐庚申十月,懷甯縣廣村之寓,邵亭書示繩兒。
	《宋瀧岡阡表》	
	《宋敦興頌》	咸豐辛酉四月,鄂撫署多桂園鬻貼此種,錄潛研堂跋尾于後,示繩兒。
	《宋元祐黨籍碑》	舍弟庭芝,欲通爲攷校,于史所不載者,取宋人說部求之,亦治古者所必資也。道光癸卯春三月。
	《宋鄆州學新田記》	亦宋碑之傑出者矣。辛酉初夏,多桂園書。
	《宋達州進奉大禮銀鋌》	同治元年,皖南鎮總兵官唐義訓統強中營駐休甯,掘黃氏窖藏。得銀七十餘兩以充餉,中有此鋌,舍弟祥芝拓其款識以存。

　　由上表得知,附錄一《書衣筆識》共收五十三部古籍。從此附錄卷中可知莫友芝家藏宋元版本不多,而以明清之鈔本、寫本及稿本爲最多。「備註欄」中,余擇要說明解題內容,主要著眼莫氏藏書如何獲得?購買或友人贈送等作爲附記,版本考訂及經藏情形則不註出;附錄二之「備註欄」中,主要將此拓物拓得時間、地點等作摘錄,其他詳細內容暫不細錄。

　　至於二附錄之詳細內容,約而言之有如下幾項:

（一）、詳述訪書、收書經過。例如:《太玄經范注》〔註18〕:「此陽城張氏省訓堂舊藏。同治乙丑四月,收于蘇肆,尙闕第二、第三兩卷。丁卯八月于杭肆,獲此刻殘冊,適足相補。」

（二）、考訂版本眞僞優劣及依據版本等情況,亦擇要納入。例如:《呂氏家塾讀詩記》〔註19〕:「友芝家藏是書後半,自卷二十一至三十二,其行款及從古字,悉同盧氏所舉嘉靖本。盧氏所記缺脫,此本一皆完好。字墨精雅,印用羅紋綿紙,舊裝古色,香撲眉宇,恐尙是嘉靖祖本也。道光癸巳買之京師,雖非完帙,已足寶貴矣。」

〔註18〕同本論文第四章註4,附錄卷一,頁522。
〔註19〕同本論文第四章註4,附錄卷一,頁515。

（三）、對經藏情形及校勘情況，亦擇要納入。例如：《樂通》〔註20〕：「《樂通》三卷，明人撰，失其姓名。其上卷有敬業堂、醼舫、稽古閣書籍記，三印，知查初白、朱竹垞皆經藏。而《經義考》不載，《明史・志》、《千頃堂書目》皆未收。同治丁卯中秋，得之杭肆。其書在明代，言律呂家頗為明白，惜爛去自序及目錄前半葉，人遂失考耳。」又如《說文解字》〔註21〕：「用黟程伯敷學博鴻詔所錄其師汪南士文學臺校本，使寫官迻錄於上下端。時有一二溢于鐵橋《校議》外，資補正者。友芝昔刺取唐人及宋人引許書異文若干卷，思彙校一本，此與《校議》竝益讎勘不少。」足見友芝對《說文》是下深功夫研習，惜匯校本未成書！

（四）、《金石筆識》〔註22〕，為莫友芝將親見石、碑、墓、銘、簡、柱等情況，所撰之解題，共收錄五十一拓本。拓本依時代先後為序，茲舉附錄卷二收書前十件之順序以證。例如：《秦之罘刻石摹本》、《秦泰山刻石摹本》、《漢麃孝禹碑》、《漢夏承碑》、《漢三公山碑》、《漢光祿勳劉曜殘碑》、《漢曹全碑》、《漢伏生授經圖》、《新莽始建國鏡》、《吳禹陵窆石題字》等，均按時代前後為序。

（五）、拓物拓得之處及有關文獻，亦擇要著錄。例如：《梁臨川惠王蕭宏神道二石柱題額》〔註23〕：「在上元北鄉張庫邨，去安成碑南可十里，距朝陽太平兩門各二十餘里。自《六朝事跡》著錄後，元明迄今金石家皆未之及。同治戊辰八月，訪吳平石桂花林一邨，漫言張庫兩石柱，正與此相似，尤高大，亦梁武帝墳也。邨人指秀憺景諸碑柱，皆謂梁武帝墳。因冒雨亟尋獲之。」

（六）、拓物款式、考訂及優劣等情形，亦有詳細著錄。例如：《新莽始建國鏡》〔註24〕：「拓本徑莽尺七寸二分彊，篆銘五十一字。」又如《吳禹陵窆石題字》〔註25〕：「此據王少摧先生藏劉燕庭熙海舊拓寫。其前似有字四行，為宋

〔註20〕同本論文第四章註4，附錄卷一，頁517。
〔註21〕同本論文第四章註4，附錄卷一，頁517。
〔註22〕姚名達《中國目錄學史》專科目錄篇中「金石目錄」，其云：「古物多種，概以金石，記其目錄，體制有四：器物之名稱，一也，拓印之文字，二也，研究之題跋，三也，集考著錄前三者之書目為一目錄，四也。」從以上資料與《經眼錄》附錄卷二金石題識判斷得知，該附錄應屬姚氏所提之第四類。同本論文第四章註1，頁358。
〔註23〕同本論文第四章註4，附錄卷二，頁539。
〔註24〕同本論文第四章註4，附錄卷二，頁532。
〔註25〕同本論文第四章註4，附錄卷二，頁533。

紹興時從事郎詩所磨；後有字一行，又爲會稽令題名所磨。其上隱約有二
字，其下當有幾字不可知。張氏每行十六字之說不足據也。」

第四節　《宋元舊本書經眼錄》著錄之現象

《經眼錄》三卷編撰方式，以宋、元、金、明及舊鈔本等爲序。收錄之書雖
依照四部分類編排，但卻無作任何標註，每卷末刻有校字者姓名。所錄善本古籍
一百三十三部，每部書下撰寫解題，大部分皆相當精詳，於行款、版式、紙質、
序跋、藏書印記、及流傳經過等均有著墨，尤其對版本時代、眞僞、優劣等考證
用力最深，充分展現出莫友芝在版本上之功力。而于該書經眼、購買及借觀等經
過，或對該書殘存、修補等情形，亦時有詳細撰述。若干收錄之書，亦曾與《四
庫全書》作比對，並標注未收或存目等情形。茲據《經眼錄》著錄之現象歸納其
特色爲十二項。

一、收錄之書詳記藏書家印

《經眼錄》著錄藏書家用印相當詳細，尤其是卷一宋槧古籍，幾乎每部皆詳
記藏書印章。故能據以考證該書被何人經藏過，亦可瞭解藏書家藏書印章之款式。
例一，卷一《毛詩要義》二十卷宋本云：

> 魏了翁撰。……每卷首有棟亭曹氏藏書。長白敷槎氏董齋昌齡圖書
> 印二印。卷尾有桐鄉沈炳垣手讀書記一印。譜序卷首又有永超氏一印。
> 卷一下之首有吳可驥印一印 [註26]。

友芝經眼此書，共記載五個藏書印章，故能據以考知舊藏原爲曹棟亭家物。
而知見或經藏者有敷槎氏、沈炳垣、永超氏、吳可驥等人。
例二，卷二《周易本義》大字注本云：

> 蓋元末明初刻曝書亭舊藏。……卷首有漢書齋、游好在六經、吳興
> 則氏、紅藥山房收藏私印、玉堂、笏齋，六印 [註27]。

例三，卷三《朝埜僉載》十卷據宋本寫云：

> 唐張鷟撰。……目首有笠澤、曹炎之印、彬侯，三印 [註28]。

〔註26〕同本論文第四章註4，卷一，頁473。
〔註27〕同本論文第四章註4，卷二，頁500。
〔註28〕同本論文第四章註4，卷三，頁513。

以上所舉，卷一《毛詩要義》共有五枚印章；卷二《周易本義》共有六枚印章；卷三《朝埜僉載》共有三枚印章。除詳細著錄何人印章外，用印在何處亦有說明。

二、收錄宋刊善刻，有序跋等則抄錄

《經眼錄》擇宋金元明槧本及舊鈔本撰寫解題，莫氏除將收錄古籍提示主要內容外，書中若存有重要序跋等，亦會擇要抄錄，此對研究目錄版本學者，保存不少珍貴古籍文獻資料。以下舉三例說明之。

例一，卷一《四書集註》宋本抄錄蔣培澤之跋云：

> 蔣氏跋云：「曾王父諱升瀛，號步蟾，一字懷堂，又號采若。南宋希魯公之二十世孫，世居吳淞之鄧巷邨。公自幼勵志讀書，性沖粹，好施與。早歲有聲黌序，旋貢成均，栽培弟姪輩成立者頗眾。日以書史自娛，當代名公，咸樂與交。後遷入城蕭家巷，辟鏡古齋，藏書多宋槧本。郡守龕石蘇公，重刊《魏公譚訓》，稱壽松堂蔣氏宋本校刊者，即公所藏也。淳熙《四書》，江南相傳僅二部。一藏藝芸書舍汪氏，一即此部。惜逸〈公孫丑〉二卷，余嘗以為憾。因遍訪收藏家，於咸豐己未，借虞山瞿氏本影鈔，得成完璧。瞿本蓋即汪氏所藏者。此書在余家，傳至余兒芥青凡五世，敬謹什襲，不敢忘先人遺意。庚申之變，轉展遷徙，家之所有。蕩焉泯焉。唯祖遺書籍，命芥兒好為護持。所在輒隨，因得免於浩劫。是芥兒實有功於是書。今余幸還故土，而芥兒遽化。睹物觸情，能毋於邑。且余未有嗣，則此書將來又誰為之護持耶。噫！余雖以不克承先貽後為憾，而物無常主，但得珍藏家金匱玉函守之弗失，余亦可無負于此書也已。丙寅仲夏下浣，培澤敬識〔註29〕。」

例二，卷三《太白陰經》孫淵如手校本抄錄孫星衍之序云：

> 《校正太白陰經》序。唐李筌《太白陰經》八卷，舊存篋中。首闕〈天無陰陽〉、〈地無險阻〉二篇，又無諸營陳圖，文字亦多脫落。頃以明茅元儀所刻《武備志》中引李筌書校補。又檢《通典》、《太平御覽》，互加勘定。第八卷〈雜占〉，疑即《宋藝文志》所稱《占五行星度吉凶訣》一卷。但《中興書目》及鄭樵《藝文略》，俱稱十卷。唐宋志同。此則合雜占止八卷，或後人合併之，似無闕佚矣。李筌官荊南節度副使，其名

〔註29〕同本論文第四章註4，卷一，頁477。

官位，僅見《集仙傳》及《神仙感遇傳》。世所傳《陰符經》，或言筌得之驪山老母。《神仙感遇傳》，亦謂筌入山訪道，不知所終。是其人生平好怪，故無政迹見於正史。此書有〈祭毗沙門天王文〉，亦是唐時陋習，筌所增入。然其書議論純正。鑒人、相馬、攻守之具，古法猶存。《東都事略‧燕達傳》，達采諸葛亮、李靖意，成五陳法，授之以教戰士，即此諸陳法也。後附藥方、占訣，皆非筌所能臆撰者，實勝于《陰符經》。故與杜佑所引文，往往符合。兵家各書，亡佚甚多。《周禮注》所引《孫子》萃車之陳，傳注所引《太公陰符》，今皆不可得。此即有用之學，刊以俟後人補訂焉。嘉慶五年正月二十一日，孫星衍序于呂蒙城舟次〔註30〕。

例三，卷三《乾象通鑑》一百卷寫本，抄錄五松居士記、孫星衍記、李季進〈乾象通鑑疏〉及宋高宗御製序等，其中五松居士記云：

> 《乾象通鑑》，雖以紹興二年置翰林天文府，其成書在北宋時，故多見古書，如黃帝、甘石、巫咸諸占，皆具於是。可補《開元占經》之漏。此書惟見《玉海》，其目載《讀書敏求記》，各家書目不載，近始得自吳門。以舊鈔本，歸家仲馮翼錄存此本。天文占驗與算法，為兩家之學，近時誤合之，幾欲廢觀象之說。存之以俟知者。五松居士記〔註31〕。

以上所舉，莫友芝除將各書內容作簡介外，亦會錄其重要序跋。例如，卷一《四書集註》名下錄有蔣氏跋，卷三《太白陰經》名下錄有孫星衍所撰〈校正太白陰經序〉，卷三《乾象通鑑》名下共鈔錄〈五松居士記〉、〈孫星衍記〉、〈李季進乾象通鑑疏〉、〈高宗御制序〉等四則。若此將重要文獻載錄，故能方便後學者查考。

三、收錄之書每著錄行款、版式、版刻精善及流傳等情形

《經眼錄》載錄宋金元明等版本，除將經藏、藏書章載入外，該書之行款、版式、紙質等亦有詳細記錄，故能提供後學者在版本考訂上豐富資料。以下舉例說明之。

例一，卷一《鹽鐵論》十卷宋本云：

> 漢桓寬撰。每半葉九行，行十八字。第十卷末葉，有淳熙改元錦谿張監稅宅善本二行楷書木記。紙墨亦精雅。卷首有馮武題識云：「先太史

〔註30〕同本論文第四章註4，卷三，頁509。
〔註31〕同本論文第四章註4，卷三，頁511。

藏書萬卷，子孫不能讀，且不知愛惜，即宋元精板嘉書，盡化爲蝴蝶飛去。吾能無念乎！兹《鹽鐵論》十卷，相傳宋板，末有淳熙改元錦谿張監稅宅善本等字。余素愛寶之，不敢批點。又得副本，遂以此贈平原文虎道兄。因文虎文墨筆硯之好，與吾同病，在環堵中無異於別館也。時己巳年暮春，河漢馮武謹識。」乙丑春，上海市出，豐順丁禹生觀察所收。暇當取家藏明本一校。馮武乃定遠之從子，傳其筆法，著有《書法正傳》十卷。見《簡明目》。〔註32〕

例二，卷二《資治通鑑》元興文署本：

　　元興文署刊本。《資治通鑑胡注》二百九十四卷，裝九十六冊。出于泰州某家。同治乙丑夏，余曾議購未就。越庚午秋，購成矣，舍弟以其點抹乖剌，促還之。尋爲江安傅麗生通守所收。是刻字體多波折，四邊線極粗。嘉慶間鄱陽仿刻，亦稱善本，而未能畢似也。明正嘉以來，是板歸南監，遞有修補。此本則元末板未漫漶時印，雖丹墨礠目，其質地實極精美。余折閱後，猶時時往來于懷。麗生署去外礠，且增直以售，亦可謂能鑒眞者矣！據印記跋尾，知經藏曹氏倦圃，馬氏小玲瓏山館，趙氏亦有生齋，餘不悉錄。身之注此書，原坿《釋文辨誤》十二卷，鄱陽覆本有之，而此未備。然溫公本書，固完然無少闕。五百年來，萬葉鉅編能爾者，復幾見哉？冬十二月既望，麗生將持還蜀，屬獨山莫友芝書其端〔註33〕。

例三，卷三《建康實錄》二十卷影宋鈔本：

　　每葉二十二行，行大字二十，小字三十三、三十四不等。二十卷尾，附記云，江寧府嘉祐三年十一月開造《建康實錄》。竝案《三國志》、《東西晉書》并《南北史》校勘，至嘉祐四年五月畢工。凡二十卷，總二十五萬七千五百七十七字，計一十策。後葉前半，列張庀氏、錢公瓘、曾伉、熊本、趙眞卿五人校正銜名，及通判軍府彭仲苟、知軍府事梅摯銜名；後半又載紹興十八年十一月荊湖北路安撫使司重別雕印，韓輪、高楫、王廓、張允之、万俟盧、趙遜、周方平、劉長、王瑋九人銜。此所據鈔者，紹興本也。鈔字尚不劣。蓋明末　國初時物。僅卷首郁泰峰己

〔註32〕同本論文第四章註4，卷一，頁485。
〔註33〕同本論文第四章註4，卷二，頁494。

亥年所收書一印，其鈔自何年、何人？不可攷矣！〔註34〕

以上所舉《經眼錄》中載錄情形。如上述卷一《鹽鐵論》名下，於版式、紙質、行款、印記及收藏經過等，皆能詳細記錄，甚至對版本珍貴，謂「紙墨亦精雅。卷首有馮武題識云：先太史藏書萬卷，子孫不能讀，且不知愛惜，即宋元精板嘉書，盡化爲蝴蝶飛去。吾能無念乎！茲《鹽鐵論》十卷，相傳宋板，末有淳熙改元錦谿張監稅宅善本等字。余素愛寶之，不敢批點。」亦流露愛書之情。又如卷二《資治通鑑》名下，莫友芝從印記及跋尾，得知經藏有清曹氏（溶）倦圃、馬氏（曰琯）小玲瓏山館及趙氏（懷玉）亦有生齋等，皆能詳細記錄。對該書共二百九十四卷、裝九十六冊，保存不易而深表贊許，謂：「溫公本書固完然無少闕，五百年來萬葉鉅編能爾者復幾見哉！」如卷三《建康實錄》名下，除著錄版式、紙質、行款、刊刻年代等情況，甚至還載錄「後半又載紹興十八年十一月荆湖北路安撫使司重別雕印。」並據以指出「此所據鈔者紹興本也。」卷首則有「郁泰峰己亥年所收書」一印，乃郁松年宜稼堂故物也。

四、收錄之書每說明依據版本之來源

《經眼錄》著錄一書之版本時，莫友芝會將收錄書所依據版本作考訂，並說明依據版本之來源。以下舉三例說明之。

例一，卷一《四書集註》宋本：

> 每半葉七行，行十五字。經注皆有句讀。註及序有口，抹其文字。

異今本處，與元和吳氏所言宋本大同。蓋即其所據也〔註35〕。

例二，卷二《禮記集說》三十卷明本：

> 元陳澔撰。是刻蓋依元本翻雕者。半葉九行，行十七字，一如宋人《四書》《詩》《書集傳》之式。明永樂纂大全，蓋即依其卷數〔註36〕。

例三，卷三《建康實錄》二十卷影宋鈔本：

> 每葉二十二行。……又載紹興十八年十一月荆湖北路安撫使司重別雕印。韓軫、高桴、王廓、張允之、万俟卨、趙遜、周方平、劉長、王瑋九人銜。此所據鈔者紹興本也〔註37〕。

以上所舉，卷一《四書集註》、卷二《禮記集說》及卷三《建康實錄》，皆能

〔註34〕同本論文第四章註4，卷三，頁505。
〔註35〕同本論文第四章註4，卷一，頁476。
〔註36〕同本論文第四章註4，卷二，頁501。
〔註37〕同本論文第四章註4，卷三，頁505。

清楚審定其所依據之版本，或其他刻本所根據之版本，如卷一《四書集註》謂「異今本處，與元和吳氏所言宋本大同。葢即其所據也。」頗能詳細考訂版本緣由。

五、收錄之書每判斷版本優劣或眞僞

《經眼錄》著錄之書若有多種版本時，對版本優劣或眞僞之別，莫友芝每能詳加考證並作判斷。以下舉三例說明之。

例一，卷一《漢書》宋鷺洲書院大字殘本：

　　半葉八行，行正文十六字；注文雙行，二十一字。每卷末皆記二行，云，右將監本、杭本、越本及三劉、宋祁諸本參校，其有同異，竝附於古注之下。又有正文若干字、注文若干字一行或二行，在卷題後。始刊于南宋末，畢工于元至正閒。其卷末記甲子，可考。字較景祐本尤爽目，惜僅〈景十三王傳〉、〈司馬相如〉兩卷。……已巳七月七日，觀于沈均初樹鏞舍人案頭。雖殘帙，亦可貴〔註38〕。

例二，卷二《漢書》金元間刊本：

　　宋胄監《漢書》，始淳化五年孫何、張佖等校定本，次景德二年刁衎、晁迥等覆校本。次景祐二年余靖王洙重校定本，次熙寧二年刊進嘉祐中陳繹重校、歐陽修看詳本，次宣和六年重修本，次紹興二十一年重刊本。今惟景祐、紹興二本，尚著錄于舊藏家。大率每葉二十行，行大字十九。注字二十五至二十七八不等，此本字悉同。……此本本紀第三一葉版心有大德八年補刊六字，則當爲大德以前刊。且北宋諱避闕至欽宗之桓，南宋諱自構慎皆不闕，知非南宋乾道、慶元及川、吉、越、湖北諸本。賈人勞心作拙，以冒北宋，即由于此。然審其字體版式，已是宋末元初不精之刻，葢金元間以紹興本翻雕，而大德修補之本，其刻手善少劣多，故不能精好奪目。《愛日精廬藏書志》，記宋刊元修本，板心有記大德、至大、延祐、元統補刊者，其行字同。友芝又見豐順丁氏收黃丕烈舊藏景祐殘帙足以宋刊元修若干卷者，亦有大德、至大諸補板，行字亦同。紙墨字體，約略相似。則此爲金元間刻，益無可疑。同治戊辰開正湘鄉相公示舊藏袁漱六贈本，命檢勘審定。謹據所見疏諸卷端，班書舊刻不易覯，即金元間本，決勝明以來諸傳刻，固不必虛擬景祐、

〔註38〕同本論文第四章註4，卷一，頁479。

紹興以爲珍重也〔註39〕。

例三，卷三《桂苑筆耕集》二十卷寫本：

> 唐高麗崔致遠撰。致遠爲高駢淮南從事，見《唐志》是集唐宋志皆著錄，宋後遂逸不傳。……其人自唐宋志外，唯張敦頤《六朝事蹟》，述其乾符中尉溧水爲詩弔雙女墳事。迄今道光以前，皆未有言及者，故《全唐詩文》竝未收采。既乃有傳高麗活字本入中國者，此本蓋依以過錄，而失鈔洪秩周、徐有榘二序。近乃從別本得之。……此集在其國亦罕見，今雖有番禺刊行，此帙固自昔所珍祕也。同治丁卯冬邵亭眵叟。〔註40〕

以上所舉，卷一《漢書》名下，說明版本優劣，謂此本「字較景祐本尤爽目，惜僅〈景十三王傳〉、〈司馬相如〉兩卷。……雖殘帙，亦可貴。」；卷二《漢書》名下，莫友芝先敘述各種校定本，又從版式行字、紙墨字體、避諱闕筆及修補痕跡等詳加考訂，判斷其眞僞，謂「賈人勞心作拙，以冒北宋，即由于此。然審其字體版式，已是宋末元初不精之刻。」又謂「班書舊刻不易覯，即金元間本，決勝明以來諸傳刻，固不必虛擬景祐紹興以爲珍重也。」；卷三《桂苑筆耕集》名下，說明版本難得，謂「此集在其國亦罕見，今雖有番禺刊行，此帙固自昔所珍祕也。」

六、收錄之書每說明考訂版本時代

《經眼錄》收錄一書之版本，往往對版本之年代亦有考訂說明。以下舉例說明之。

例一，卷一《唐書》宋嘉祐杭州本云：

> 同治乙丑五月，嘉興馬氏持售于上海。僅尾三卷〈逆臣傳〉，以湊別一舊本，謂別本爲宋刻，此三卷爲元刻。以余審之，此三卷宋刻，其別本之全，乃元明間刻耳。別本板心校此高廣各一指許，每葉二十行，行二十二字。每卷題名但云歐陽修奉勒撰、宋祁奉勒撰，而不具官銜，不書臣，此三卷則銜臣皆具，且字體方滿精神故也〔註41〕。

例二，卷二《韓文考異音釋》云：

> 宋朱子《考異》、王伯大《音釋》合編本。……海寧查氏藏，以爲宋刊，然無憑據。觀其款式字體，當是明初刊本〔註42〕。

〔註39〕同本論文第四章註4，卷二，頁492。
〔註40〕同本論文第四章註4，卷三，頁514。
〔註41〕同本論文第四章註4，卷一，頁480。
〔註42〕同本論文第四章註4，卷二，頁502。

例三，卷三《天下郡國利病書》稿本云：

> 國朝顧炎武撰。乃鈔集志乘史傳未成之稿。道光間，成都龍萬育得
> 其副本刊之，凡二十卷。此其元本也。同治丁卯九月客蘇城，有持興化
> 人家藏來售，因獲觀之。皆細行雜鈔，不出一手。以朱筆校改誤字。其
> 每件後，時有零星小件，則行書密行增入，無誤字。然則朱改及行書，
> 或亭林筆也。末有黃丕烈跋云：「乾隆己酉九秋，友人張秋塘以《天下郡
> 國利病書》原稿示余，共三十四冊，曰此亭林眞蹟也。余留閱，至山東
> 省，見卷首葉不全，書中文義亦有殘闕，還之。徐晤秋塘，云是書是傳
> 是樓舊物，後歸顧、歸王，此乃得自王蓮涇家。其殘闕者，安知非即亭
> 林序所云，亂後多有散佚者乎？〔註43〕」

以上所舉，卷一《唐書》殘卷，據板心高廣、行款字數、銜臣具名及字體方
滿等，審訂爲宋刻；卷二《韓文考異音釋》，觀其款式、字體，審訂爲明初刊本；
卷三《天下郡國利病書》，據朱筆校改、行書增入及黃丕烈跋語等，審定爲顧炎武
眞蹟。是莫氏考訂版本確實年代，大膽而有據也。

七、收錄之書每查核四庫著錄情況

莫友芝受曾國藩之託，收訪江南《四庫全書》殘本之重責，故在編撰書目上
常會標注《四庫》存入情形。《持靜齋藏書紀要》一書如此，已見上文；《經眼錄》
亦是如此，足以顯見莫氏對此事關心之程度。以下舉三例說明之。

例一，卷一《九經直音》十五卷宋本：

> 宋盧陵孫奕撰。……《四庫》又收明州本宋人《排字九經直音》二
> 卷，爲元至元丁亥書隱堂刊者，按之即是奕書〔註44〕。

例二，卷二《說文解字補義》十二卷元本：

> 元包希魯撰。……《四庫》未著錄。嘉慶中，阮氏從至正刊本影鈔
> 進呈〔註45〕。

例三，卷三《太常因革禮》一百卷寫本：

> 宋治平二年歐陽修等撰進。《四庫全書》佚收。道光間，阮文達得
> 舊鈔本，乃以進呈。中間尚缺卷五十一至六十七。此依錢塘羅以智本過

〔註43〕同本論文第四章註4，卷三，頁506。
〔註44〕同本論文第四章註4，卷一，頁475。
〔註45〕同本論文第四章註4，卷二，頁492。

錄，有以智跋云，《太常因革禮》一百卷，《四庫全書》未著錄〔註46〕。

以上所舉，卷一《九經直音》、卷二《說文解字補義》及卷三《太常因革禮》等，均有說明《四庫》收錄狀況。

八、收錄之書每標注經藏情形

《經眼錄》收錄一書之版本，莫友芝會將收錄書之藏書家或經藏情形及何人刊刻作記錄。以下舉三例說明之。

例一，卷一《春秋經傳集解》三十卷宋淳熙小字本：

> 淳熙柔兆涒灘中夏初吉閩山阮仲猷種德堂刊。蓋閩阮氏種德堂書肆所刊，較巾箱本縱橫稍闊寸許。其謂依監本寫作大字，知臨安舊有巾箱監本，因而小拓之也〔註47〕。

例二，卷二《圖解校正地理新書》十五卷金本云：

> 古戴鄙夫張謙復為精校補完以行，此本殆即謙所刻也。每半葉十七行，行三十字。王洙詳註，則十三行，行二十六字。每冊首有曾藏汪閬原家印，知為汪士鐘舊藏。今歸丁禹生方伯。丁卯十一月朔日觀。首冊末有田耕堂藏、士禮居藏，二印〔註48〕。

例三，卷三《靜齋至正直記》四卷舊寫本云：

> 元闕里外史行素居士著。明平陵史繼裝相之父校。知不足齋鮑以文藏書〔註49〕。

以上所舉，卷一《春秋經傳集解》名下，詳載該書刊刻經過；卷二《圖解校正地理新書》及卷三《靜齋至正直記》名下，說明藏書家經藏情形及何人所校。

九、收錄之書提示該書之內容

《經眼錄》其載錄宋金元明善本，若古籍珍貴罕見，莫氏偶將收錄之書提示主要內容，此對目錄版本學家提供不少珍貴文獻資料。以下舉三例說明之。

例一，卷一《梁江文通文集》十卷《目錄》一卷宋本記載云：

> 梁江淹撰。第一、二卷賦，三、四卷詩，五卷傳書奏記牋表，六卷

〔註46〕同本論文第四章註4，卷三，頁507。
〔註47〕同本論文第四章註4，卷一，頁475。
〔註48〕同本論文第四章註4，卷二，頁495。
〔註49〕同本論文第四章註4，卷三，頁513。

爲始安王建平王章表教啓行狀，七卷勅爲朝賢作書及尚書符慰勞雍州文爲蕭驃騎諸表啓教，八、九卷爲蕭太尉太傅齊王表啓章自受禪後諸詔，第十卷誄誌祭咒諸文及頌讚雜言騷辭。終以自序一篇，有云，未嘗著書，唯集十卷。豈即所自定耶！其編次極有條理〔註50〕。

例二，卷二《伯生詩續編》三卷元本記載云：

上卷爲四、五、七言古詩二十五首。中卷爲七言八句四十五首。即律詩，五言同。下卷七言絕句五十三首，五言八句十三首，五言絕句十三首。……

後附葉氏《四愛堂序詠》一卷，首伯生序，次吳全節、馬祖常、高履亨、夏文詠各一首，歐陽玄詩五首，揭奚斯、王倫徒、謝君與王士點詩各一首，末爲伯生〈餞梅野詩序〉并七絕一首。四愛者，淵明菊、茂叔蓮、和靖梅、魯直蘭也〔註51〕。

例三，卷三《通鑑紀事本末補後編》五十卷稿本云：

國朝仁和張星曜撰。以袁氏《本末》未有專紀崇信釋老之亂國亡家以爲篇者，乃雜引正史所載，附以稗官雜記及諸儒明辨之語，條分類集，以爲此書。其紀歷代佛氏之亂，曰歷代君臣奉佛之禍四卷，曰佛教事理之謬十卷，曰佛徒縱惡之禍五卷，曰儒釋異同之辨五卷，曰儒學雜禪之非十卷，曰歷代聖賢君臣闢佛之正七卷。紀歷代老氏之亂，曰歷代君臣求仙奉道之禍三卷，曰道教事理之謬二卷，曰道士縱惡之禍一卷，曰儒老異同之辨二卷。附釋老異同。，曰歷代君臣聖賢闢老之正一卷。學者欲知異教流失，得此總彙，亦易爲明晰〔註52〕。

〔註50〕同本論文第四章註4，卷一，頁487。
〔註51〕同本論文第四章註4，卷二，頁499。
〔註52〕同本論文第四章註4，卷三，頁504。

　　以上所舉，卷一《梁江文通》名下，對該書十卷內容及自序詳實錄出；卷二《伯生詩續編》名下，對該書及附錄之內容詳作介紹；卷三《通鑑紀事本末補後編》名下，特將該書總彙各卷題名及卷數，一一詳錄，故能使後學者方便查考。

十、收錄之書每說明該書經眼、購買之情形

　　《經眼錄》收書，以經眼而非自藏之宋金元明本爲主，故莫氏每將收錄之書如何獲得或經眼情形詳作交代。以下舉三例說明之。

　　例一，卷一《九經直音》十五卷宋本：

　　　　同治己巳二月，查生_{燕緒}持來視其師張廉卿。廉卿寓余許，因更留觀數日〔註53〕。

　　例二，卷二《春秋胡氏傳纂疏》三十卷元本：

　　　　通志堂刊《經解》，未及此書，而傳本尚不乏。乙丑丙寅，于滬上各見一本。今又見丁禹生氏此本而三矣。紙墨則此本爲差勝〔註54〕。

　　例三，卷三《天下郡國利病書》稿本：

　　　　國朝顧炎武撰。……同治丁卯九年，客蘇城，有持興化人家藏來售，因獲觀之〔註55〕。

　　以上所舉，卷一《九經直音》、卷二《春秋胡氏傳纂疏》及卷三《天下郡國利病書》等，於收錄之書每能說明經眼及購買等情形。

十一、收錄之書每說明該書殘存修補情形

　　《經眼錄》擇宋金元明善本載錄，若干古籍因時代久遠而殘闕不全或後人修補，莫氏於經眼所見，則將殘佚及修補情形作說明，故對今之研究目錄版本學者，亦能提供不少珍貴文獻資料。以下舉三例說明之。

　　例一，卷一《漢書》一百卷宋景祐本：

　　　　影鈔補者，目錄、帝紀一上下、表七上下。傳三十二至三十四上數卷。其實爲景祐原刊，合得七十餘卷，餘者以元人覆本補之。其中元統大德修補之葉，黃堯圃悉記其目于卷端。鈔補數卷，則本自曹倦圃〔註56〕。

　　例二，卷二《漢書》金元間刊本：

〔註53〕同本論文第四章註4，卷一，頁475。
〔註54〕同本論文第四章註4，卷二，頁492。
〔註55〕同本論文第四章註4，卷三，頁506。
〔註56〕同本論文第四章註4，卷一，頁479。

其列傳第二十九之後九葉，及他卷闕一二葉者，悉影乾道三年刊本

補之。其行字亦同，大抵皆出景祐、紹興二本〔註57〕。

例三，卷三《太常因革禮》一百卷寫本：

道光間，阮文達得舊鈔本，乃以進呈。中間尚缺卷五十一至六十七，

此依錢塘羅以智本過錄。有以智跋，云《太常因革禮》一百卷〔註58〕。

以上所舉，卷一《漢書》、卷二《漢書》及卷三《太常因革禮》等，於各書殘

闕處及修補情形均有作說明，故能提供研究者若干線索。

第五節 《宋元舊本書經眼錄》與其他書目之比較

清代學者在收藏古籍時，特重各種版本，尤對宋元明善本情有獨鍾，故標明

以記載宋元書目者相繼出現，除本章探討之《經眼錄》外，另有《百宋一廛書錄》、

《皕宋樓藏書志》、《善本書室藏書志》、《藝芸書舍宋元本書目》及《鐵琴銅劍樓

藏宋元本書目》等。唯同是以宋元版本爲名之書目，亦有差異。其差異在於撰寫

解題之有無，如汪士鐘〔註59〕《藝芸書舍宋元本書目》無解題撰述。茲舉其內容：

例一，《龍龕手鑑》宋板書目之經部僅云：「《龍龕手鑑》抄補。四卷〔註60〕。」例

二，《晉書》宋板書目之史部僅記載云：「《晉書》。百三十卷〔註61〕。」換言之，

汪士鐘《藝芸書舍宋元本書目》一書兼載數種版本與莫氏《經眼錄》將見聞之各

〔註57〕同本論文第四章註4，卷二，頁492。

〔註58〕同本論文第四章註4，卷三，頁507。

〔註59〕（清）汪士鐘，據洪有豐、袁同禮《清代藏書家考》記載：「傳略。士鐘，字閬源。
父厚齋，名文琛。開益美布號，饒於貲。祁文端刻《說文》、《繫傳》，序所謂假之
富氏汪氏未得者也。藏書。好藏書。黃丕烈所藏之書，多歸之閬源。英年力學，讀
其父厚齋先生所藏四部之書，以爲猶是尋常，有見本必廣搜宋元舊刻，以及《四庫》
未采本。不一二年，藏弆日富，取宋元本編目，各成一冊。而於有板以來，官私刊
刻，支流派別，心開目瞭，遇則能名。而又嗜好所至，專一在茲，揮斥多金，曾靡
厭倦，以故郡中傳流有祕笈，搜求略徧。遠地聞風，挾冊趨門，朝夕相繼。如是累
稔所獲，既精且博。而蘇郡嘉慶間，黃堯圃、周香嚴、袁壽階、顧抱冲，所謂四藏
書家也，後盡歸閬源。咸豐庚申已前，其書已散失，長編鉅冊，皆歸菩里瞿氏，而
楊致堂亦得畸零之經史佳本。兵燹之後，遂一本不存。其藏書之精富，眞不減東潤
滄葦，蓋皆堯圃、澗蘋諸老爲之評定，故絕無僞刻。其藏書印曰『民部尚書印』，
又有『三十五峰園主人印』。」同本論文第二章註25，頁32～33。

〔註60〕（清）汪士鐘：《藝芸書舍宋元本書目》（新文豐編輯部：《叢書集成新編》二。臺
北：新文豐出版公司，1985年元月），頁281。

〔註61〕同前註，頁281。

版本記錄方式相同。然《藝芸書舍宋元本書目》一書兼載數種版本僅記其書名及卷數外,對收錄之書無任何解題方式與莫氏《經眼錄》編撰書目之主旨、目的等均有不同。是故《經眼錄》收錄之書一百三十三部中,記錄經藏者雖以汪士鐘為最多,因《藝芸書舍宋元本書目》無解題,故不列入比較範本。

本節如何選擇比較之範本?筆者暫以《經眼錄》中著錄經藏最多之藏書家,如瞿鏞、丁丙、丁日昌等人作比較。而《經眼錄》中,藏書家郁松年亦係著錄經藏最多者之一,本預定以《經眼錄》中云及之藏書家郁松年作比較,然《宜稼堂書目》筆者遍尋不見,故無法與之比較。又從郁氏另刻一部重要書籍《宜稼堂叢刊》十一種〔註62〕中,擇其與《經眼錄》收錄之書作比對,然《宜稼堂叢刊》中收錄之書卻無一書與《經眼錄》相同,故仍無法將郁氏與莫氏之書目作一比較。再者,要進行書目間比較之前,則必須針對範本之分類編排方式與著錄收書方式作限定。在分類編排方面,選擇以四分法作編排之範本;在著錄收書方面,必須除撰有解題外,並以目錄版本為著錄內容之書目。

下文先單列一目將莫友芝本身編撰之《經眼錄》與《持靜齋藏書紀要》作比較,以收錄相同古籍為例作探討,期能見出二書目在內容著錄上之特色;綜合歸納二書目編排方式,以瞭解莫氏編排書目之架構。其他書目另列一目,分別與《鐵琴銅劍樓藏宋元本書目》及《善本書室藏書志》等比較,亦仍以收錄同一部書作探討,期能看出莫氏書目記載之特色;綜合歸納莫氏書目及範本書目編排方式,以瞭解莫氏編排書目之架構與其他藏書家之差異。若以上列舉書目之例證較少者,即意謂與《經眼錄》收錄不同版本或與其書目收錄之書不同,便不再另舉他例。

一、與莫友芝《持靜齋藏書紀要》比較

第三章《持靜齋藏書紀要》中之第三節,「《持靜齋藏書紀要》之介紹與收書分類編排方式」,已將莫友芝所撰《持靜齋藏書紀要》作敘述。今再與他另一部佳

〔註62〕國家圖書館「善本室」今藏《宜稼堂叢書》為清道光二十年(1840)至二十二年(1842)上海郁氏刊本,共二百五十六卷,六十四冊。此叢書共收錄《續後漢書義例音義》附扎記、《續後漢書》附扎記、《數書九章》附扎記、《詳解九章算法》附纂類附扎記、《田畝乘除捷法》、《算法通變本末》、《乘除通變算寶》、《算法取用本末》、《續古摘奇算法》附總扎記、《剡源集》附扎記及《清容居士集》附扎記等十一種。收錄之書,皆附有扎記。「扎記」前有郁松年序,除《續古摘奇算法》附總扎記及《清容居士集》附扎記二書以外。「扎記」內容,除簡要敘述收錄之書行款、版式等,而主要記載郁松年對該書之校讎,除《數書九章》及《續古摘奇算法》扎記由江陰宋景昌勉之氏所撰外,其於皆親自審訂。

作《經眼錄》作比較，以瞭解二書目間內容安排及編排方式有無差別，期能更進一步探究莫氏書目特色。

（一）、收書分類編排方式之比較

書名 編排方式	《持靜齋藏書紀要》	《宋元舊本書經眼錄》
收書類型	「持靜齋」藏書中罕見善刻本、鈔本、海內孤珍稀傳本等。	經眼之宋、金、元、明各種刊本、鈔本、稿本、寫本等善本古籍。
收書來源	同治年間爲丁日昌檢理「持靜齋」藏書三百多匣、十萬卷藏書，擇其近七百七十九部善刻與珍稀傳本而編成。	同治四年至八年，往返於蘇州、杭州、上海、南京、武漢等地訪書、購買、向藏書家借閱或在書局校勘等，隨手寫成筆記，共一百三十三部。
編排次序	書目分上、下兩卷，按版本作分目。其中明刊本近刊佚書附因收錄之書較宋、元刊本爲多，又分經、史、子、集四部，史部和子部又分若干類，類下又分若干屬。	書目分三卷，按版本作分目，雖無標示按經、史、子、集四部爲序，但收書次序仍依四部作分類，卷一至卷三終末，刻有何人校字。後又附錄有二，則爲《書衣筆識》及《金石筆識》。
收書記載	收錄之書名下多數撰有解題。	收錄之書名下多數撰有解題。
刊行方式	此書目乃莫氏生前唯一刊行之目錄學專著。	此書目乃莫氏去世後，經黎庶昌鑑定，由莫繩孫整理輯冊而刊行。

以上《持靜齋藏書紀要》與《經眼錄》表格比較結果如下：

1、二書目所載，並非莫友芝本身藏書，皆經眼他人藏書而來。《持靜齋藏書紀要》乃從藏書家丁日昌「持靜齋」藏書中，擇其近七百七十九部之善刻與珍稀傳本撰述而成；《經眼錄》則往返於江淮各地訪書、購買或向藏書家借閱或在書局校勘時，將親眼目見隨手寫成筆記，共一百三十三部；其中以借閱丁日昌藏書二十部爲最多。雖皆經眼他人古籍，但來源有相同亦有不同。

2、二書目編排方式，皆以版本作分目依準。《持靜齋藏書紀要》再將收錄較多之明刊本及鈔本，依經、史、子、集四類分部，其中史部及子部又有類屬之細分，並清楚標明；《經眼錄》，收書次序雖依四部編排，卻無清楚標明。

3、二書目收錄之書名下，多數撰有解題。著錄方式是否相同？待下文舉例再詳作說明。

（二）、著錄收書方式之比較

《經眼錄》收錄之書一百三十三部中，以經眼丁日昌藏書二十部為最多。此二十部在莫友芝《持靜齋藏書紀要》中，亦見著錄。其著錄方式稍有異同，茲偶舉數例作說明：

例一，《儀禮鄭注》，二書目記載內文如下：

《持靜齋藏書紀要》云：

> 《儀禮鄭注》十七卷。漢鄭康成撰。每卷末分計經注字數，宋本經史常有此例。每頁板心上端並有淳熙四年刊五篆字。嘗見乾道本漢書，隸書刊年于板心中段之下。此亦其例〔註63〕。

《經眼錄》云：

> 《儀禮鄭注》十七卷宋淳熙本。每葉十六行，行十七字；注雙行，行字同。板心上端右并有淳熙四年刊五篆字。每卷末悉分記經注字數。一卷首、十七卷尾，並有松雪齋趙孟頫印、海上醉、六經齋藏書之章，三印。首又有竹泉珍祕圖籍敦淳珍藏、顧氏，二印。末又有梁氏家藏，一印。二卷末又有誐聞齋主人楷書木記，凡百有七字。同治甲子，署蘇松太道丁禹生日昌獲之上海肆中。乙丑五月三日，客道署借讀，審定為實事求是齋經籍之冠〔註64〕。

據此，二書目除板刻行款外，《經眼錄》又多記行數、字數及經藏印章，還記借讀因緣，並審定優劣。

例二，《漢書》二書目記載內文如下：

《持靜齋藏書紀要》云：

> 《漢書》一百二十卷。漢班固撰，唐顏師古注。宋景祐刊本。不足七十卷，據景祐本影鈔者七卷，餘以元人覆刊補之。歷藏陳繼儒、曹溶、黃丕烈、張蓉鏡、郁松年諸家。其原刊鈔補之卷及大德、元統修補之頁，丕烈悉記其目，裝卷端。影補數卷，猶出自倦圃前，頗為精善。黃丕烈

〔註63〕清同治間豐順丁氏刻本《持靜齋藏書紀要》卷上，今藏中央研究院傅斯年圖書館，頁2。
〔註64〕同本論文第四章註4，卷一，頁474。

－108－

有此書完本，爲倪瓚凝香閣舊藏者。後歸汪士鐘，此其次也〔註65〕。

《經眼錄》云：

> 《漢書》一百卷_{宋景祐本}。影鈔補者，目錄、帝紀一上下、表七上下、
> 傳三十二至三十四上數卷。其實爲景祐原刊，合得七十餘卷，餘者以元
> 人覆刊補之。其中元統、大德修補之葉，黃堯圃悉記其目于卷端。鈔補
> 數卷，則本自曹倦圃。堯圃有此書，爲倪雲林凝香閣舊藏者，見〈百宋
> 一廛賦〉注。後歸汪閬源，此其次也。卷中有眉公繼儒、曹溶鑒藏、虞
> 山張蓉鏡鑒定宋刻善本、姚氏婉貞芙初女史諸印。首有李申耆識云：「《漢
> 書》。宋景祐刊本。炟赫於絳雲樓，六丁取之矣。西清古鑑所收，亦景祐
> 本。天府之儲，無由見也。向時張月霄藏有元統、大德補修本，欲借未
> 果。而已星散，深以歡惋。此本亦有補刊，未知與月霄本何似？然原刻
> 存者尚十七八，以校別本，甚有差殊。擬仿盧抱經先生《群書拾補》之
> 例，爲校勘記，以永其傳。僅盡首函，思借全書足成之。芙川諾我否？
> 道光十七年徂暑之月，揮汗識此。武進李兆洛。」後歸張氏、郁氏，今
> 歸豐順丁氏〔註66〕。

據此，二書除同載殘卷影補及經藏家外，而《經眼錄》又詳記影補卷冊及經
藏印章，並兼記武進李兆洛識語云云。

例三，《資治通鑑綱目》二書目記載內文如下：

《持靜齋藏書紀要》云：

> 《資治通鑑綱目》五十九卷。宋朱子撰。乾道壬辰四月刊。綿紙精
> 印。半頁八行，行十七字；目雙行，亦行十七字。季振宜、郁松年藏。
> 有明宏治初題識，已謂此書難得善本。似此首尾精完無儳配尤難得，矧
> 更歷三百七十年，猶精完無少損缺，眞鴻寶也！〔註67〕

《經眼錄》云：

> 《資治通鑑綱目》五十九卷_{宋乾道本}。乾道壬辰四月刊。綿紙精印。
> 首尾一律，每半葉八行，行十七字；雙行，亦行十七字。有弘治初人題
> 識，謂在當時已難得如此善本。季蒼葦舊藏，有名字印。後爲郁泰峰宜
> 稼堂所收，今歸豐順丁禹生氏〔註68〕。

〔註65〕同本論文第四章註63，卷上，頁2。
〔註66〕同本論文第四章註4，卷一，頁479。
〔註67〕同本論文第四章註63，卷上，頁3。
〔註68〕同本論文第四章註4，卷一，頁481。

據此，二書所載大略相同，而《持靜齋藏書紀要》則多「眞鴻寶也」一小段稱贊語。

例四，《圖解校正地理新書》二書目記載內文如下：

《持靜齋藏書紀要》云：

《圖解校正地理新書》十五卷。宋官撰。金刊本。宋初因唐呂才《陰陽》書中之地理八篇，增輯爲《乾坤寶典》。景祐初，命修正舛謬，別成三十五篇，賜名《地理新書》。皇祐三年，復詔王洙等，勾管刪修，勒成三十二篇。事具洙進書序。略曰：自呂才成書。名以地理而專記冢墓。頗殽以室舍吉凶。同條非著書之法……巫史所傳。則存其可據者。不專新見也。辭質而易曉。便于俗也。文繁不具錄。金世宗大定甲辰……《四庫》未收，各家書目亦未著錄。亦術數家古笈僅存者矣！汪士鐘、黃丕烈皆經藏。半頁十七行，行三十字；其雙行細注，皆刻劃分明〔註69〕。

《經眼錄》云：

《圖解校正地理新書》十五卷金本。宋初因唐呂才《陰陽》書中之地理八篇，分類增輯爲《乾坤寶典》。景祐初，又命修正舛謬，別成三十五篇，賜名《地理新書》。皇祐三年，復詔王洙等句管刪修，事具洙進書序。金世宗大定甲辰宋淳熙十一年，平陽畢履道爲《圖解》。章宗明昌壬子宋紹熙三年，古戴鄙夫張謙復爲精校補完以行。此本殆即謙所刻也。每半葉十七行，行三十字。王洙《詳註》則十三行，行二十六字。每冊首有曾藏汪閬源家印，知爲汪士鐘舊藏。今歸丁禹生方伯。丁卯十一月朔日觀。首冊末有田耕堂藏、士禮居藏，二印。

〔註69〕同本論文第四章註63，卷上，頁5。

〈宋地理新書序〉:「翰林院侍讀學士朝散大夫尚書吏部郎中充史館修撰,判國子監提舉集禧觀事上,騎都尉賜紫金魚袋臣王洙等奉勅管句刪修……時大定歲在閼逢執徐,平陽畢履道題。」

〈金精加校正補完地理新書序〉:「僕叨習地理,忝慕陰陽。雖專述二宅,而取則於此書。……壬子歲。古戴鄙夫張謙謹啓〔註70〕。」

據此,二書目同載編修刪正事甚詳,且敘述文字大抵相同;亦同載行款字數及經藏情形。而大不同者,《持靜齋藏書紀要》敘及王洙進書序,而無畢履道、張謙二序;《經眼錄》抄錄畢、張二序,而無王洙進書序,但又云及王洙《詳註》本之行款字數差異等。

例五,《禮記集說》二書目記載內文如下:

《持靜齋藏書紀要》云:

> 《禮記集說》三十卷。元陳澔撰。明刊本。《四庫》著錄雲莊《禮記》十卷。今本通行皆然,疑此是原編〔註71〕。

《經眼錄》云:

> 《禮記集說》三十卷明本。元陳澔撰。是刻葢依元本翻雕者。半葉九行,行十七字,一如宋人《四書》《詩》《書集傳》之式。明永樂纂《大全》,葢即依其卷數。今行十卷本,經文每節提行,註文另行低一格雙行,明人改也。《四庫》著錄此書,亦十卷,殆未見此本歟?丁卯冬,檢豐順丁氏藏書有此種。邵亭亦於蘇肆中獲得一本〔註72〕。

據此,二書目除簡略同載《四庫》著錄情形外,《經眼錄》又多記一段今行十卷本行款,並詳載翻元刊本之行款字數及經眼、購書等事。

例六,《乾象通鑑》二書目記載內文如下:

《持靜齋藏書紀要》云:

> 《乾象通鑑》一百卷。宋河間免解進士李季奉旨撰進。高宗賜序。
>
> 其書自天地列宿變異,雜引古占最備。《玉海》載建炎四年季進此書,先付太史局,命依經改定偽舛。紹興元年,詔與舊書參用。其次序體例,

〔註70〕同本論文第四章註4,卷二,頁494。

〔註71〕同本論文第四章註63,卷上,頁14。

〔註72〕同本論文第四章註4,卷二,頁501。

按之《玉海》所載楊維德等撰《景祐乾象新書》，大概相同。蓋即據爲增

損，亦《開元占經》之次也。其書雖以建炎時進，而成書蓋在北宋時，

故多見古書。如黃帝、甘石、巫咸諸占，皆具有可補占經之漏者。其首

別有《古變異》一卷，多與書中所引複見，殆別一書誤裝入耳。自《玉

海》外，各家書目不箸錄，惟見《讀書敏求記》。《四庫》未收此本。孫

馮翼依孫星衍吳門所收舊鈔錄藏祠堂者。前有星衍題記。後歸上海郁氏

宜稼堂。道光乙巳，楊振藩爲檢史志校過，以朱筆增損，將刊行未果。

唐宋人引書，取大意不失。振藩增損，亦不盡可憑也。附李季進〈乾象

通鑑疏〉：「臣季言，天垂象以示吉凶，聖人觀天文以察時變。其來尚

矣。……臣老歸山林，雖屏跡不出，將復見太平之日矣。不勝幸甚。建炎元年六月臣季昧死謹進。」〔註73〕

《經眼錄》云：

　　《乾象通鑑》一百卷寫本　孫氏祠堂舊藏。宋免解進士李季奉旨撰進。
建炎二年，高宗賜序。多引古占書，蓋《開元占經》之亞也。此本孫氏
藏于忠愍侯祠堂。後歸上海郁松年。道光乙巳，蕉林逸史楊振藩爲檢史
志細校，以朱筆識，增損其旁及上下端，將刊行未果。唐宋人引書，取
大意不失，易舊文太多亦非也。今歸豐順丁氏。同治丁卯冬，獲觀。

　　此書次序體例，按之《玉海》所載〈景祐乾象新書御製序〉，大概
相同。《乾象新書》爲楊維德等所撰，李季蓋增損以爲己書。今《乾象新
書》亡，賴此以存歷代占驗之學。……紹興元年三月甲寅，詔與舊書參
用。自天文官吳師彥等，頗摘其譌謬。二年七月壬寅。改置翰林天文府。

《乾象通鑑》，雖以紹興二年置翰林天文府，其成書在北宋時，故多見古書如黃帝、甘石、巫咸諸占，皆具於是，可補《開元占經》之漏。……天文占驗與算法，為兩家之學，近時誤合之，幾欲廢觀象之說，存之以俟知者，五松居士記。

按陸游《老學菴筆記》，有前宣州通判李季善奏章，為秦會之設醮，未知即其人否？嘉慶十年九月十四日，孫星衍記于濟甯南池舟次。

李季進〈乾象通鑑疏〉：「臣季言，天垂象以示吉凶，聖人觀天文以察時變。其來尚矣……建炎二年歲次戊申八月序。」此序載歷代帝王文集。〔註74〕

據此，二書目所載大略相同，而《持靜齋藏書紀要》載錄文獻，除李季進〈乾象通鑑疏〉係同樣全文抄錄外，餘皆有所節略，不若《經眼錄》抄錄之完整。

總之，以上所舉六例，皆莫友芝從丁日昌藏書中之善本所為解題。《持靜齋藏書紀要》其解題側重在行款、版式、刊刻年代，又錄其重要序跋，考訂版本優劣及真偽等，尤其對版本優劣及真偽之考訂相當詳細。《經眼錄》解題方式，大致與《持靜齋藏書紀要》相同，但又增加經眼、收藏情形及藏書家印章記載，對罕見之書則全錄其重要序、疏或藏書家識記等文獻。此外，二書目雖將收錄之書重要序跋抄錄，但抄錄詳略仍有差異，如上例《圖解校正地理新書》，故二書目宜相互參照，以補其缺漏。對收錄書之評斷，二者亦有詳簡，如上例《儀禮鄭注》，故亦要相互參照，以助瞭解該書情況。換言之，莫友芝這二本書目，其解題方式大致相同，但著錄內容則各有側重。《持靜齋藏書紀要》特重版本優劣及真偽考訂，《經眼錄》著重除版式行款外，還側重經藏情形及多存文獻資料。

二、與瞿鏞《鐵琴銅劍樓藏宋元本書目》比較

瞿鏞。據洪有豐、袁同禮《清代藏書家考》記載：

傳略。鏞字子雍。紹基子。歲貢生，居菇里村。

藏書。鏞承父志，收藏宋元善本，積十餘萬卷，尤喜金石文字，辨析精當。著《鐵琴銅劍樓書目》，其書至今尚巍然無恙。與聊城楊氏並峙，同為道光時大藏書家，世稱南瞿北楊〔註75〕。

喬衍琯〈鐵琴銅劍樓藏書目錄敘錄〉云：

〔註74〕同本論文第四章註4，卷二，頁510。
〔註75〕同本論文第四章註12，頁32～33。

鏞字子雍，常熟人，累世慷慨好施與。父紹基，字陰堂，廩貢生，權陽湖訓導，一試職即歸隱，讀書樂道。……性喜購書，廣置四部，旁搜金石，歷十年積十萬卷，昕夕窮覽，嘗繪檢書圖以寓志。時城中稽瑞樓陳氏、愛日精廬張氏兩家及吳門士禮居黃氏競事儲藏，先後廢散。紹基復遴其宋元善本爲世珍者增置插架，自是恬裕齋藏書遂甲吳中。鏞承先志，搜羅不懈，所藏益富。尤喜金石文字，辨析精富。所著藏書目錄外，尚有《續海虞文苑詩苑稿》、《續金石萃編稿》、《集古印譜》、《鐵琴銅劍樓詞稿》等，以歲貢生終〔註76〕。

從以上資料得知，瞿鏞承其父志，亦好藏書，故收藏中有不少珍本善刻。從其著作觀看，亦是位好學之士。

（一）、收書分類編排方式之比較

《鐵琴銅劍樓藏宋元本書目》編排方式，先以經、史、子、集四部作分目，每部再以版本作細分，例如經部〔註77〕《周易》十卷宋刊本、《周易注疏》十三卷宋刊本、《周易兼易》九卷《略例》一卷《音義》一卷宋刊本、程朱先生《周易傳義》十卷元刊本、張先生校正楊寶學《易傳》二十卷宋刊本、《易禪傳》二卷舊鈔本、東谷鄭先生《易翼傳》二卷元刊本、晦庵先生朱文公《易說》二十三卷宋刊本、《周易象義》十二卷宋刊本、《周易經傳》集程朱解附錄纂注十四卷元刊本、《周易經義》三卷元刊本。雖在分類上無清楚標注，但仍依照十三經之順序排列。

茲與《經眼錄》作比較：

書　名 編排方式	《鐵琴銅劍樓藏宋元本書目》	《宋元舊本書經眼錄》
收書類型	「鐵琴銅劍樓」中所藏宋元善本十餘萬卷。	經眼之宋、金、元、明各種刊本、鈔本、稿本、寫本等善本古籍。
收書來源	鏞承父志，性喜購書，搜羅不懈，故藏書益富。	同治四年至八年，往返於蘇州、杭州、上海、南京、武漢等地訪書、購買、向

〔註76〕喬衍琯：〈鐵琴銅劍樓藏書目錄敘錄〉（喬衍琯：《書目叢編敘錄》。臺北：廣文書局印行，1987年3月）。

〔註77〕（清）瞿鏞：《鐵琴銅劍樓藏宋元本書目》（嚴靈峰：《書目類編》三十一。臺北：成文出版社有限公司，1978年7月），頁13503。

		藏書家借閱或在書局校勘等，隨手寫成筆記，共一百三十三部。
編排次序	編排方式，先以四部作分目，雖在分類上無清楚標注，但仍依照十三經順序排列。每部再以板本作細分目。	書目分三卷，按版本作分目，雖無標示按經、史、子、集四部為序，但收書次序仍依四部作分類，卷一至卷三終末，刻有何人校字。後又附錄有二，則為《書衣筆識》及《金石筆識》。
收書記載	收錄之書名下撰有解題。	收錄之書名下撰有解題。

以上《鐵琴銅劍樓藏宋元本書目》與《經眼錄》表格比較結果如下：

1、《鐵琴銅劍樓藏宋元本書目》，乃瞿鏞父子兩代藏書；而《經眼錄》所載並非莫友芝本身藏書，係經眼他人藏書而來。

2、二書目編排方式，不同。《鐵琴銅劍樓藏宋元本書目》以四部作分目，每部再以板本作分目；《經眼錄》，收書次序雖依四部分，卻無清楚標注。

3、二書目收錄之書名下，皆撰有解題。著錄方式是否相同？待下文舉例再詳作說明。

（二）、著錄收書方式之比較

《經眼錄》收錄之書一百三十三部中，著錄經藏之藏書家頗多，瞿鏞《鐵琴銅劍樓藏宋元本書目》即是其中之一。二書目著錄方式有同有異，茲偶舉數例作說明：

例一，《春秋經傳集解》二書目記載內文如下：

瞿鏞《鐵琴銅劍樓藏宋元本書目》經部《春秋經傳集解》三十卷云：

> 宋刊本。每半葉十行，行十八字。注文雙行，行廿二字。卷二有墨圍識語八行。云：謹依監本，寫作大字，附以釋文，三復校正刊行。卷首末有董其昌印朱記[註78]。

莫友芝《經眼錄》卷一《春秋經傳集解》三十卷宋淳熙小字本云：

> 每半葉十行，行大十八字，小二十二字。板心高今營造尺五寸弱。第三十卷後有楷書八行木記，云：「僅依監本，寫作大字，附以釋文，三復校正刊行。如履通衢，了入室礙處，誠可嘉矣！兼列圖表于卷首，迹夫唐虞三代之本末源流，雖千歲之久，豁然如一日矣。其明經之指南歟！以是衍傳，願垂清鑒。淳熙柔兆涒灘中夏初吉閩山阮仲猷種德堂刊。」

[註78] 同本論文第四章註 77，頁 13515。

蓋閩阮氏種德堂書肆所刊，較巾箱本縱橫稍闊寸許。其謂依監本寫作大字，知臨安舊有巾箱監本，因而小拓之也。戊辰春杪，蘇肆持售。首有瑞南朱文印〔註79〕。

據此，知莫氏所經眼，與瞿家珍藏者係同一板本，唯《鐵琴銅劍樓藏宋元本書目》所記稍簡略。

例二，《龍龕手鑑》二書目記載內文如下：

瞿鏞《鐵琴銅劍樓藏宋元本書目》經部《龍龕手鑑》四卷云：

宋刊本。每半葉十行，每行大小三十字不等。此汲古閣毛氏舊藏本。上聲一卷，毛氏精鈔補足。蓋即《讀書敏求記》所謂契丹鏤板者也。然攷《夢谿筆談》、《郡齋讀書志》，並稱《龍龕手鏡》。以「鏡」爲「鑑」，當是宋人翻刻避嫌諱而改。錢氏所見既作鑑字，此本亦然，安得復爲遼刻耶？且遼僧所刻，必不爲宋帝諱。統和丁酉，當宋至道三年，亦不能預爲太宗以後諸帝諱。今觀此書序中，鏡字闕筆，金部并不載鏡字。宀部完字闕筆。木部并不載桓字，構書作構。惇敦作悙敦。餘如殷、敬、讓、恆、樹、慎、擴、昀等字，悉行刊落。蓋非特不出于遼，恐并非蒲傳正帥浙時所刻矣。卷首有安石珍藏圖書、汲古主人毛氏子晉，諸朱記〔註80〕。

莫友芝《經眼錄》卷三《龍龕手鑑》四卷影鈔本　瞿氏藏云：

遼釋行均撰。其卷題云龍龕手鑑平聲卷第一。釋行均，字廣濟。集首載統和十五年丁酉七月燕臺憫忠寺僧沙門智光序。遼聖宗統和丁酉，當宋太宗至道二年。其所據影之本甚大，蓋似明刻金人《五音集韻篇海》。每半葉十行，行容大字十八，容小字雙行，可三十六。其當摺縫上角多缺字〔註81〕。

據此，莫友芝所經眼者即瞿氏所藏珍本，唯《鐵琴銅劍樓藏宋元本書目》所記較詳細。

例三，《資治通鑑》二書目記載內文如下：

瞿鏞《鐵琴銅劍樓藏宋元本書目》史部《資治通鑑》二百九十四卷云：

元刊本。此元時興文署刻本。案，至元二十七年正月立興文署，召集良工刊刻諸經子史板本，以《通鑑》爲起端，是官刻善本也。舊藏郡

〔註79〕同本論文第四章註4，卷一，頁475。
〔註80〕同本論文第四章註77，頁13525。
〔註81〕同本論文第四章註4，卷三，頁504。

中文氏、邑中嚴氏，皆有題識。卷末有玉蘭堂圖書記、后經堂印、世綸堂印、嚴虞惇讀書記，諸朱記〔註82〕。

莫友芝《經眼錄》卷二《資治通鑑》元興文署本云：

> 元興文署刊本。《資治通鑑》胡注二百九十四卷，裝九十六冊。出于泰州某家。同治乙丑夏，余曾議購未就，越庚午秋購成矣。舍弟以某點抹乖剌，促還之。尋為江安傅麗生通守所收。是刻字體多波折，四邊線極粗。嘉慶間鄱陽仿刻，亦稱善本，而未能畢似也。明正嘉以來，是板歸南監，遞有修補。此本則元末板末漫漶時印，雖丹墨礙目，其質地實精美。余折閱後，猶時時往來于懷。麗生署去外礙，且增直以售，亦可謂能鑒真者矣。據印記跋尾，知經藏曹氏倦圃、馬氏小玲瓏山館、趙氏亦有生齋，餘不悉錄。身之注此書，原坿《釋文辨誤》十二卷，鄱陽覆本有之，而此未備。然溫公本書，固完然無少闕。五百年來，萬葉鉅編能爾者，復幾見哉？冬十二月既望，麗生將持還蜀，屬獨山莫友芝書其端〔註83〕。

據此，知莫氏經眼者雖獲觀於傅麗生，然與瞿家所藏同是元興文署刊本。友芝除載其版式外，又多記經眼情形等。

例四，《新刊名臣碑傳琬琰之集》二書目記載內文如下：

瞿鏞《鐵琴銅劍樓藏宋元本書目》史部《新刊名臣碑傳琬琰之集》一百七卷云：

> 宋刊本。每半葉十五行，行二十五字，楮墨精好，洵為宋槧之善本〔註84〕。

莫友芝《經眼錄》卷一《新刊名臣碑傳琬琰之集》一百七卷宋本云：

> 半葉十五行，行二十五字〔註85〕。

據此記載，二書目均甚簡略，莫氏所記更簡。

例五，《春秋胡氏纂疏》二書目記載內文如下：

瞿鏞《鐵琴銅劍樓藏宋元本書目》經部《春秋胡氏纂疏》三十卷云：

> 元刊本。前有至元再元之四年新安汪澤民序、至正元年雍虞集序，凡例及引用書目。凡例後有墨圖記云，建安劉叔簡刊于日新堂，後有至

〔註82〕同本論文第四章註77，頁13538。
〔註83〕同本論文第四章註4，卷二，頁494。
〔註84〕同本論文第四章註77，頁13547。
〔註85〕同本論文第四章註4，卷一，頁481。

正八年紫陽吳國英跋〔註86〕。

莫友芝《經眼錄》卷二《春秋胡氏纂疏》三十卷元本云：

> 元汪克寬撰。每半葉十行，行二十一字。傳低一格，有至正戊寅汪
> 澤民、至正辛巳虞集兩序。至正戊子刊于建安。跋云：「國英曩從環谷先
> 生受讀《春秋》于郡齋。先生手編《胡氏傳纂疏》，雖壹以胡氏爲主，而
> 凡三傳注疏之要語，暨諸儒傳注之精義，悉附著之。且《胡傳》博極群經
> 子史，非博洽者不能知其援據之所自與音讀之所當。先生詳究精考，一一
> 附注於是。讀是經者，不惟足以知胡氏作傳之意，而且溯流尋源，亦可知
> 聖人作經之大旨矣。書甫成編，國英宦遊四方，越十五年始覯同志鈔謄善
> 本，而建安劉君叔簡，將鋟諸梓，以廣其傳。則不惟諸生獲《春秋》經學
> 之階梯，而凡學者開卷之餘，不待旁通遠證，事義咸在。是則先生纂疏之
> 述，有切於遺經，而助於後學，啓曰小補之哉！至正八年，歲在戊子，正
> 月人日，紫陽吳國英再拜書。」克寬至明初猶被徵，此箸已先刻二十餘年。
> 通志堂刊《經解》未及此書，而傳本尚不乏。乙丑丙寅于滬上各見一本，
> 今又見丁禹生氏此本而三矣。紙墨則此本爲差勝〔註87〕。

按，莫友芝除同樣簡略云及汪、虞二序外，又較《鐵琴銅劍樓藏宋元本書目》
多載吳國英跋文及其經眼情形一大段文字。

以上所舉五例，瞿鏞《鐵琴銅劍樓藏宋元本書目》除記書名及卷數外，收錄
之書有解題，著錄尤其對版本優劣、考訂眞僞及該書增補情形，相當詳細；莫友
芝《經眼錄》解題著錄方式，主要著重在經眼情形、收藏情形、藏書章記及《四
庫》存入情形等，對罕見之書亦全錄其重要序、跋及版本考訂等。總之，二書目
雖皆撰有解題者，但著錄同一書內容各有側重，故能相互參照，以補其缺漏。

三、與丁丙《善本書室藏書志》比較

丁丙。據洪有豐、袁同禮《清代藏書家考》記載：

> 傳略。丙字嘉魚，號字松生，晚年自改松存。丁申之弟，事親以孝
> 聞。親歿內爲風木盦圖以誌哀思，居鄉好爲義舉，同治間浙江撫左宗棠
> 委辦善後，薦授江蘇知縣，不赴。生於道光十二年，卒於光緒二十五年
> 三月。

藏書。王父掌六隱君，慕先世名覬者，藏書八千卷，其言曰：余藏
書多矣！必有好學者爲吾子孫。爰築小樓於梅東里梁山舟，題其額曰八
千卷樓。考洛者觀察英，能讀父書，往來南北，輒得祕籍以歸。松生兄
弟晨夕鈔寫，插架益富。同時若瞿氏清吟閣、勞氏丹鉛精舍，相與競美。
若朱氏結一廬、吳氏清來堂，猶不足以肩隨矣〔註88〕。

喬衍琯〈善本書室藏書志敘錄〉云：

丁丙字嘉魚，別字松生，晚年自稱松存，浙江錢塘人。與兄申字竹
舟，有雙丁之目。祖國典字掌六，慕其先世聞人名闤者，藏書八千卷，
有言曰：『吾聚書多矣，必有好學者爲吾子孫。』……其私家舊藏，杭城
失陷之際，已散亡殆盡。而竹舟、松生兄弟，棄車服之榮，樂娜嬛之業，
惡衣惡食，朝夕訪求。凡齊楚燕趙吳越秦晉之間，聞有善本，輒郵筒往
復，期必得而後已。內而祕殿所儲，外而島夷所蓄，力之所至，鮮不徵
求，歷三十餘年，幾及萬種。經營文瀾事畢，檢家藏四庫著錄之書三千
五百部，構堂五楹儲之，額曰「嘉惠」，以曾奉「嘉惠士林」之褒語。……
後闢一室三楹，於西曰「善本書室」，上曰「小八千卷樓」，中藏宋元刊
本約二百種有奇。擇明刊之精者、舊鈔之佳者及著述稿本，校讎祕冊，
合計二千餘種。故丁氏藏書，插架井然有序，視陌宋樓所藏必存齋親檢
始得，不可同日而語〔註89〕。

從以上資料知，丁丙購書、藏書之豐富及闢室儲書、插架井然有序之情況，
而因兄弟皆精於版本校讎，故收藏中自有不少珍本。

（一）、收書分類編排方式之比較

《善本書室藏書志》編排方式〔註90〕，先以經、史、子、集四部作分目，每部
下再分若干類屬，例如經部三「詩類」〔註91〕《毛詩注疏》二十卷　漢鄭玄箋　唐
孔穎達疏　明閩刊、《穎濱先生詩集傳》十九卷　宋蘇轍撰　明焦竑刊兩蘇經解本、
《詩經》二十卷　宋朱熹集傳 明正統司禮監刊本、《慈湖詩傳》二十卷　宋楊簡撰
鈔本、《呂氏家塾讀詩記》三十二卷　宋呂祖謙撰　明嘉靖間傳應臺南昌刊本、又一

〔註88〕同本論文第四章註12，頁12。
〔註89〕喬衍琯：〈善本書室藏書志敘錄〉（喬衍琯：《書目叢編》敘錄。臺北：廣文書局印行，
　　　　1987年3月）。
〔註90〕據廣文編譯所撰：《書目續編》:《善本書室藏書志簡目》（上）（臺北：廣文書局印行）。
〔註91〕同前註，頁10。

部 明萬曆刊本、《毛詩講義》十二卷 宋林岊撰 鈔大典本、《詩輯》三十卷 明嚴
粲撰 明味經堂刊本、《詩說》十二卷 宋劉克撰 明鈔本、《詩攷》六卷 宋王應麟
撰 舊鈔本、《詩傳通釋》二十卷 劉瑾撰 日本刊本、《詩傳旁通》十五卷 元梁益
撰 精鈔本、《詩經疏義會通》二十卷 元朱公遷撰 明安正書堂刊配鈔本等，共收錄
二十六部。

　　茲與《經眼錄》作比較：

書名　　　　編排方式	《善本書室藏書志》	《宋元舊本書經眼錄》
收書類型	宋元刊本，擇明刊之精者，舊鈔之佳者及著述稿本等。	經眼之宋、金、元、明各種刊本、鈔本、稿本、寫本等善本古籍。
收書來源	往返齊楚燕趙吳越秦晉各地，收集善本；又見文瀾宮殿祕本，努力徵求，藏書萬種。	同治四年至八年，往返於蘇州、杭州、上海、南京、武漢等地訪書、購買、向藏書家借閱或在書局校勘等，隨手寫成筆記，共一百三十三部。
編排次序	書目分四十卷，按四部作分目，每部下又分類屬。	書目分三卷，按版本作分目，雖無標示按經、史、子、集四部為序，但收書次序仍依四部作分類，卷一至卷三終末，刻有何人校字。後又附錄有二，則為《書衣筆識》及《金石筆識》。
收書記載	收錄之書名下撰有解題。	收錄之書名下撰有解題。

　　以上《善本書室藏書志》與《經眼錄》表格比較結果如下：

　　1、《善本書室藏書志》著錄，乃丁丙本身藏書；而《經眼錄》所載並非莫友
芝本身藏書，係經眼他人藏書而來。

　　2、二書目編排方式，不同。《善本書室藏書志》收書次序依四部分，並分類
屬；《經眼錄》，收書次序以版本作分目，收錄之書雖依四部分，卻無清楚標明。

　　3、二書目收錄之書名下，皆撰有解題。著錄方式是否相同？待下文舉例再詳
作說明。

（二）、著錄收書方式之比較

　　《經眼錄》收錄之書一百三十三部中，記載經藏藏書家頗多，丁丙《善本書
室藏書志》即是其中之一。二書目著錄方式是否相同，茲偶舉數例作說明：

例一，《漢書》二書目記載內文如下：

丁丙《善本書室藏書志》卷六《漢書》十四卷宋嘉定建安蔡琪刊本 拜經樓吳氏藏云：

漢護軍班固撰。唐正議大夫行祕書少監琅琊縣開國子顏師古集注。

〈拜經樓藏書題跋〉云：「《前漢書》列傳十四卷。每葉十六行，行大十六字，小二十一字。每卷首小名在上，大名在下。卷末書右將杭本、越本及三劉、宋祁諸本參校。其有同異，並附於古注之下。又載正文若干字，注若干字。筆畫工整，紙墨古雅，洵宋刻之最佳者。後朱文藻、周廣業、陳焯、鮑廷博、錢馥、邵志純、盧文弨、胥繩武、張燕昌、黃丕烈、錢泰吉，或題、或校，咸有印識，皆不能定時何人所刊。楊氏海源閣《楹書隅錄》載藏是書，行款悉符。目錄前有木記，云：建安蔡琪純父所刻。陸氏〈儀顧堂題跋〉，宋槧蔡琪一經堂本《後漢書》，核與兔床拜經樓所藏《前漢》列傳十四卷，款式相合，則為蔡刻無疑矣！」諸家跋印，不及備載〔註92〕。

莫友芝《經眼錄》卷一《漢書》宋鷺洲書院大字殘本：

半葉八行，行正文十六字，注文雙行，二十一字。每卷末皆記二行云，右將監本、杭本、越本及三劉、宋祁諸本參校。其有同異竝附於古注之下。又有正文若干字，注文若干字，一行或二行在卷題後。始刊于南宋末，畢工于元至正間。其卷末記甲子。可考字較景祐本尤爽目。惜僅〈景十三王傳〉、〈司馬相如〉兩卷。鷺洲乃吉安府城東贛江中長數里之白鷺洲。宋淳祐間，知吉州江萬里建書院其上，以教俊秀，歐陽守道為之記。徐俯師川詩云：「金陵與盧陵，俱有白鷺洲，相望萬里江，中同二水流」者是也。己巳七月七日，觀于沈均初樹鏞舍人案頭，雖殘帙，亦可貴〔註93〕。

據此，知莫氏所經眼，與丁氏珍藏者其版本祖述相同，然二書目除同載版式行款外，所錄經眼資料，各人側重互有詳略。

例二，《晉書》二書目記載內文如下：

丁丙《善本書室藏書志》卷六《晉書》一百三十卷宋刊小字本本 王世貞毛晉宋犖馬瀛藏書：

唐太宗文皇帝御撰。

〔註92〕同本論文第四章註90，卷六，頁291。
〔註93〕同本論文第四章註4，卷一，頁479。

貞觀中，詔前後晉史十八家未爲盡善，敕史官房喬等更加纂撰。以〈陸機〉、〈王羲之〉二傳，太宗製贊，故首題御撰。今十八家之書並亡。攷典午一代之事，不能外此書也。右爲宋刊小字本，每半葉十四行，行二十五字。宋諱多缺筆，字畫精雅奪目。末有記云：「此書爲王弇洲先生所藏。貞元本，唐德宗年號，印恰符先生名字，故其祕冊往往摹而用之，下必繼以三雅印，此屬仲雅者。嚮曾遭割裂，想經先生改正。余全史中原本，亦係宋刻，每多缺字，而此本特全，洵可寶也。湖南毛晉識。」有毛晉汲古主人印。前有貞元、仲雅兩印。藏書家每有以貞作鼎者，微汲古識語，幾無釋誤之日。蔣生沐《東湖叢記》云：「曾入天籟閣，繼歸宋牧仲。」故又有商邱宋犖收藏一印，又有臣筠、三晉提刑，二印。筠乃中丞次子也。余從馬二樵上舍瀛家得之。上舍《吟香仙館書目》中，所載多世所未見書。弇州名世貞，太倉州人。嘉靖丁未進士，歷官刑部尚書。犖字牧仲，號漫堂，又號西坡，商邱人。以蔭子，官至戶部尚書。子筠，字蘭揮，官翰林院檢討〔註94〕。

莫友芝《經眼錄》卷一《晉書》宋本：

> 每半葉十四行，行二十五字。明王弇洲舊藏。今歸錢塘丁氏。每卷首尾晉書若干，在紀志傳載記若干之下者，皆刓補寫，殊不可解。卷首有鼎元、臣筠、三晉提刑、仲雅、商邱宋犖收藏善本、馬瀛之印、二櫨、漢晉齋印，八印，尾有泰峰見過一印。

> 「此書爲王弇洲先生所藏。貞元本唐德宗年號，印恰符先生名字，故其祕冊往往摹而用之，下必繼以三雅印，此屬仲雅者。嚮曾遭割裂，想經先生改正。余全史中元本，亦係宋刻，每多缺字，而此本特全，洵可寶也。湖南毛晉識。」〔註95〕

據此，二書目除同載版式行款經眼情形及毛晉識語外，丁丙尚多錄蔣生沐（光煦）《東湖叢記》云及王世貞、宋犖父子簡歷一段。

例三，《資治通鑑》二書目記載內文如下：

丁丙《善本書室藏書志》卷七《資治通鑑》二百九十四卷元刊明修本云：

> 朝散大夫右諫議大夫權御史中丞充理檢上護軍賜紫金魚袋臣司馬光奉敕編集。後學天台胡三省音注。

〔註94〕同本論文第四章註90，卷六，頁305。
〔註95〕同本論文第四章註4，卷一，頁480。

至元二十七年正月，立興文署，召集良工，刊刻諸經子史，以《通鑑》爲起端，即是本也。前有溫公進書表，元豐七年獎諭詔書，元祐元年奉旨下杭州鏤版校定諸人銜名，紹興二年兩浙東路提舉鹽茶司公使庫下紹興府餘姚縣刊版校勘監視諸人銜名，及胡三省音注自序。三省字身之，寶祐進士。賈相館之釋《通鑑》，三十年兵難稿失。乙酉歲，留袁氏家塾日，手鈔審定。己丑寇作，以書藏窖中得免。明正嘉以來，是版歸入南廱，遞有修補。嘉慶間，鄱陽胡氏仿刻固稱善本，然未能畢似也〔註96〕。

莫友芝《經眼錄》卷二《資治通鑑》元興文署本：

元興文署刊本。《資治通鑑胡注》二百九十四卷，裝九十六冊。出于泰州某家。同治乙丑夏，余曾議購未就。越庚午秋，購成矣。舍弟以某點抹乖刺，促還之。尋爲江安傅麗生通守所收。是刻字體多波折，四邊線極粗。嘉慶間，鄱陽仿刻，亦稱善本，而未能畢似也。明正嘉以來，是板歸南監，遞有修補。此本則元末板未漫漶時印，雖丹墨礙目，其質地實精美。余折閱後，猶時時往來于懷。麗生畧去外礙，且增直以售，亦可謂能鑒眞者矣。據印記跋尾，知經藏曹氏倦圃、馬氏小玲瓏山館、趙氏亦有生齋，餘不悉錄。身之注此書，原坿《釋文辨誤》十二卷，鄱陽覆本有之，而此未備。然溫公本書，固完然無少闕。五百年來，萬葉鉅編能爾者，復幾見哉？冬十二月既望，麗生將持還蜀，屬獨山莫友芝書其端〔註97〕。

據此，二書目除同載興文署刊本及嘉慶鄱陽仿刻事外，各人所錄經眼資料，則互有詳略。

以上所舉三例，丁丙《善本書室藏書志》之解題，除考訂版本優劣詳實外，於經眼狀況亦有詳細記錄，如挖補、藏書章蓋印處及序跋文獻等；莫友芝《經眼錄》之解題，除抄錄他人跋識之文獻外，尤其對版本優劣、經眼情形及經藏過程、藏書印章，著錄相當詳細。總之，二書目雖皆撰有詳實之解題，但著錄經眼同一版刻古籍，仍各有詳略側重，故能相互參照，以補其缺漏。

綜述以上所言，我國古代書目之版本目錄著錄方式，如尤袤《遂初堂書目》，收錄之書雖特重各種版本，卻僅記各種版本而無解題，之後清汪士鐘《藝芸書舍

〔註96〕同本論文第四章註90，卷七，頁337。
〔註97〕同本論文第四章註4，卷二，頁494。

宋元本書目》，亦是如此。另宋代私人藏書家，晁公武《郡齋讀書志》與陳振孫《直齋書錄解題》，收錄之書除注重各種版本外，並撰有解題，之後清莫友芝《經眼錄》、瞿鏞《鐵琴銅劍樓藏宋元本書目》及丁丙《善本書室藏書志》等，亦是如此。換言之，從以上莫氏本身書目及諸家書目之舉例比較得知其著錄方式略有不同。先論莫友芝所撰，《持靜齋藏書紀要》與《經眼錄》二者，皆擇善本並撰有解題為相同。但前者以經眼單一藏書家為記載對象，後者所經眼藏書家多達數十家。並且在解題內容上，前者主要以著錄版本考訂及與《四庫》現況之比對，後者則詳記兼及藏書家印與經藏情形。再者，與瞿鏞《鐵琴銅劍樓藏宋元本書目》及丁丙《善本書室藏書志》書目最大差異，在於莫友芝記載大部分為他人之藏書，而比較範本書目著錄之書，皆為藏書家本身之藏書。

從以上莫氏本身書目及諸家書目之舉例比較得知其編排方式：

Ⅰ、《鐵琴銅劍樓藏宋元本書目》、《善本書室藏書志》及《經眼錄》在編排方式上大致相同。茲以下表明示之。

書　目　名　稱	編　排　方　式
鐵琴銅劍樓藏宋元本書目	以四部作分目→再按各種板本→再依各類作編排（但無清楚標明）。
善本書室藏書志	以四部作分目→每部下又分類屬。
宋元舊本書經眼錄	以卷作分目→再按各種版本（但無清楚標明）→ 「卷一」宋本→按四部順序（但無清楚標明）→再依各類作編排（但無清楚標明）。 「卷二」金元本介紹後，再介紹明本→按四部順序（但無清楚標明）→再依各類作編排。 「卷三」寫本、鈔本、稿本→按四部順序（但無清楚標明）→再依各類作編排。 「附錄卷一」→按四部順序（但無清楚標明）。 「附錄卷二」→按時代先後為序（但無清楚標明）。

以上，表格列出四本書目編排方式，《鐵琴銅劍樓藏宋元本書目》與《善本書室藏書志》先以四部作分卷，再按各種版本區分。而《經眼錄》先以版本作分卷，再按四部順序區分。故三者在編排上，差異不多。

Ⅱ.著錄方式，三家書目皆撰有解題，但各家亦有所側重，且詳簡不一。前面已言及三者著錄差異，在此不再贅述。

第六節　《宋元舊本書經眼錄》之優缺點

　　一部書目完成，已耗盡作者全部精力，其中具特色之著錄，必定爲莫友芝用心及專門處。《中文工具書使用法》云：「這部目錄收錄莫氏所見宋、金、元、明各代舊刻版本及抄本一百三十餘種。每書下有解題，或考訂其刊刻優劣，或記行款、字數，或錄原書序跋，也有記歷代藏書家的跋語印記等，可做鑑定考查善本的依據。」〔註98〕凡此均能指陳該書之優點。然全書在形式及內容著錄上，亦存有若干體例差異，當是本書目之缺點。唯莫氏在《經眼錄》之用心，仍不能否定。以下且分述此書目之優、缺點，以爲公評。

一、優　點

（一）、經眼所見、詳實抄錄

　　《經眼錄》收錄古籍善本一百三十三部，以解題方式著錄該書經眼情形，除介紹其行款、版式、流傳等情形外，又將書中重要序跋、內容、其他藏書家識記或親筆作按等，亦詳實抄錄。換言之，《經眼錄》對收錄古籍文獻均能著錄詳實。此爲其優點之一。

（二）、善本鑑定、力求有據

　　《經眼錄》除載錄詳實之序跋、內容及其他藏書家識記或親筆作按等外，於版本眞僞、版刻良窳，亦能引證考據，且言而有理。此爲其優點之二。

（三）、記錄經藏，追溯物主

　　莫友芝與東南藏書家郁松年、丁日昌等友善，經眼古籍善本甚夥，見多識廣。故於《經眼錄》中，除詳實記錄藏書家遞藏情況外，亦將藏書印章一一著錄，足供後人追蹤善本珍籍流傳經過及追溯古籍原主。此爲其優點之三。

（四）、江南珍本，有跡可尋

　　《經眼錄》所錄，莫氏經眼之古籍均爲江南藏書家中善刻珍本。其中豐順丁日昌收藏者，莫友芝另撰有《持靜齋藏書紀要》，可以覆案。常熟瞿鏞收藏者，瞿氏撰有《鐵琴銅劍樓藏宋元本書目》；錢塘丁丙收藏者，丁氏撰有《善本書室藏書志》，亦可索驥。汪士鐘收藏者，汪氏撰有《藝芸書舍宋元本書目》，亦能比對。唯上海郁松年之收藏，郁氏《宜稼堂書目》亡佚，遂無法查核。幸有莫氏《經眼錄》之記載，得以窺見郁氏宜稼堂寶藏一二。而其他江淮私人零星之收藏，如嘉

〔註98〕武漢大學編：《中文工具書使用法》（北京：商務印書館，1982 年 3 月），頁 73。

興唐氏、湖州徐氏、上海瞿氏、湘鄉曾氏等，其中珍藏罕見善本，亦因莫氏此書目所記，得存若干訊息於世。此爲其優點之四。

（五）、版刻分卷，綱舉目張

《經眼錄》之分卷依據，先雕版後寫本；版刻中宋槧爲先，金元明依次。準此粗分，第一卷者宋槧四十六部，第二卷者金元明槧合計四十八部，第三卷者舊鈔本三十九部。各卷之內，分別再以四部細分。故能綱舉目張，井然有序。此爲其優點之五。

二、缺　點

（一）、若干古籍著錄方式太簡略

《經眼錄》莫繩孫識語云：「或僅記每葉行字數目。」是自謂著錄方式原有此一例。然若干收錄之書所撰解題，竟如此簡略著錄，其在目錄版本上貢獻有限。以下略舉所見數例：

例一，卷一《新刊名臣碑傳琬琰集》一百七卷_{宋本}僅記載云：

半葉十五行。行二十五字〔註99〕。

例二，卷二《事文類聚》_{元本}僅記載云：

每半葉十四行。行二十八字〔註100〕。

例三，卷三《鉅鹿東觀集》十卷_{寫本}僅記載云：

宋魏埜仲先撰〔註101〕。

例四，卷三《滋溪文稿》三十卷_{寫本}記載云：

元蘇天爵伯修撰〔註102〕。

以上四例，皆僅粗記其撰者或行款。除以上四例外，卷一《百川學海》、《源流至論四集》、《三國志》、《三國志注》等；卷二《東萊呂大史文集》、《劉靜修先生文集》、《樂府詩集》、《中州集》、《管子無注本》等；卷三《爾雅新義》、《南宋館閣錄》、《識遺》、《河南先生文集》、《梧溪集》、《極玄集》等，所記亦是如此。

雖說此書目是莫氏訪書隨手載錄經眼所見，然寫定成解題敍錄時，全書體例應力求一致，過份簡略，終是不足處。此應爲其缺失之一。

〔註99〕同本論文第四章註4，卷一，頁481。
〔註100〕同本論文第四章註4，卷二，頁498。
〔註101〕同本論文第四章註4，卷三，頁515。
〔註102〕同本論文第四章註4，卷三，頁515。

（二）、書前目錄與內文載錄方式有若干出入

《宋元舊本書經眼錄》莫繩孫識語云：「宋金元明槧本。暨舊鈔本、稿本，書凡百三十種。」莫繩孫自謂「書凡百三十種。」余細數書目前之目錄，亦是收錄一百三十部書。然再仔細將目錄著錄之書名與內文記載一一比對，得知書前目錄與內文載錄書名、次序及總數，仍有若干差異。茲分項指陳如下：

1、書前目錄與內文載錄書名不同

例一，書前目錄書名《玉篇》，卷一內記載該書之名《大廣益會玉篇》〔註103〕。

例二，書前目錄書名《春秋括例始末左傳直解》，卷二內記載該書之名《音注全文春秋括例始末左傳句讀直解》〔註104〕。

例三，書前目錄書名《新定元和九域志》，卷三內記載該書之名《新定元豐九域志》〔註105〕。

以上所舉「書前目錄與內文載錄書名不同」之情形，在《經眼錄》中多達十九例。

2、書前目錄與內文載錄次序不同

例一，書前目錄《靜齋至正直記》著錄在《建康實錄》之後，而卷三內文則著錄《靜齋至正直記》在《醉翁談錄》之後〔註106〕，在次序上相差甚遠。

例二，書前目錄《朝野僉載》著錄在《醉翁談錄》之後，而卷三內文則著錄《朝野僉載》在《醉翁談錄》之前〔註107〕，在次序上顛倒相次。

以上所舉「書前目錄與內文載錄次序不同」之情況，在《經眼錄》中僅有此二例。

3、書前目錄與內文收書載錄總數不同

例一，書前目錄無《管子注》，而卷二內文則明載有此一書〔註108〕。

例二，書前目錄無《中州集》，而卷二內文則明載有此一書〔註109〕。

例三，書前目錄無《禮經本義》，而卷三內文則明載有此一書〔註110〕。

〔註103〕同本論文第四章註4，卷一，頁477。
〔註104〕同本論文第四章註4，卷一，頁477。
〔註105〕同本論文第四章註4，卷二，頁491。
〔註106〕同本論文第四章註4，卷三，頁513。
〔註107〕同本論文第四章註4，卷三，頁513。
〔註108〕同本論文第四章註4，卷二，頁494。
〔註109〕同本論文第四章註4，卷二，頁500。
〔註110〕同本論文第四章註4，卷三，頁503。

以上所舉「書前目錄與內文收書載錄總數不同」之情況，在《經眼錄》中僅有此三例。〔註 111〕凡此，應爲其缺失之二。

按，以上（1）、（2）、（3）項，或莫繩孫編輯之疏失或刊刻時之缺失！

（三）、版本判斷仍有粗疏訛誤

翁仲康〈簡介《邵亭知見傳本書目》評莫友芝作做學問是否「粗疏與欺罔」〉一文云：

> 莫友芝的版本目錄學，近代學者大多給予肯定的評價。當然，他在版本鑒定的實踐中，錯誤也是存在的。著名的例子如《宋元舊本書經眼錄》定《萬寶詩山》爲宋刻，後有人考證是明宣德四年葉氏廣勤堂刻本，因其校刻甚精，書估挖去年號，錢謙益、陸心源等藏書家先後受騙。莫友芝也犯了以誤傳誤。〔註 112〕

從此份資料得知，莫友芝在版本鑒訂亦有疏漏。此種疏漏，若後來研究者不察而沿用，必定影響文獻資料之正確。此應爲其缺失之三。

（四）、書名下標注版刻及收藏處體例不一

《經眼錄》內每收錄一書則先標注版刻及收藏何處，唯其中仍有若干部未標注或標注不全，如卷二《管子無注本》、《韓文考異音釋》、《迂齋先生崇古文訣》三種名下均不載版刻；卷三《易學》、《極玄集》、《金石三例》三種名下，皆不載寫本。至如各卷收書名下，版刻及收藏處，或並列或無，體例不一；詳見第三節「內容敘述」一、收書總數及書名及二、編卷內容安排之表格。此應爲其缺失之四。

〔註 111〕參本論文第四章註 1。
〔註 112〕翁仲康撰：〈簡介《邵亭知見傳本書目》評莫友芝作做學問是否「粗疏與欺罔」〉，（《貴州文史叢刊》（季刊），1991 年第 1 期，總第 40 期），頁 122～125。

第五章 《邵亭知見傳本書目》探究

第一節 《邵亭知見傳本書目》編撰及成書緣起

　　明清代以來，宋元善本日益稀少，故清代藏書家以宋元舊刻爲主之書目，每多注重版本著錄，如瞿鏞《鐵琴銅劍樓藏書目錄》、丁丙《善本書室藏書志》、莫友芝《持靜齋書目》及《邵亭知見傳本書目》、楊紹和《楹書偶錄》、陸心源《皕宋樓藏書志》及《儀顧堂題跋》、潘祖蔭《滂喜齋藏書記》、楊守敬《日本訪書志》等，相繼問世，均側重版刻行款優劣。劉師兆祐《中國目錄學》「善本目錄」云：

　　　書目之著錄版本，始於宋代晁公武之《郡齋讀書志》及尤袤之《遂初堂書目》，明代李鵬翀《得月樓書目》、陳第《世善堂書目》等，雖亦著錄版本，然其體制，尚屬草創，所記粗疏不詳備。迄至清代，由於宋元刊本日稀，藏書家佞宋之風日盛，藏書家爲炫其藏書之富，多注明版本，並詳言其版本、行款及遞藏經過，善本書目錄於焉興盛。今列舉清代以來中外著錄版本之書目及著作，以爲檢索考訂版本之取資。……《鐵琴銅劍樓藏書目錄》二四卷 清瞿鏞撰、《善本書室藏書志》四十卷 清丁丙撰、《持靜齋書目》四卷 清莫友芝撰、《邵亭知見傳本書目》四卷 清莫友芝撰、《楹書偶錄》五卷《續編》四卷 清楊紹和撰、《皕宋樓藏書志》一二〇《續編》四卷 清陸心源撰、《儀顧堂題跋》十六卷《續跋》一卷 清陸心源撰、《滂喜齋藏書記》三卷 清潘祖蔭撰、《日本訪書志》十六卷 清楊守敬撰〔註1〕。

　　莫友芝所撰《邵亭知見傳本書目》（以下簡稱《邵亭書目》）即其中之一。此

〔註1〕劉兆祐著：《中國目錄學》（臺北：五南出版社，1998年7月），頁345。

外,《郘亭書目》所載,於目錄、文獻方面,亦頗有可觀者,故近代學者多予肯定評價。

一、編撰緣起

《郘亭書目》原係莫友芝往來江淮訪書時之隨身箚記,據該書前董康序及莫繩孫於目錄後之識語可知。董康〔註2〕序云:

> 我朝校讎簿錄之學,絕勝於前代。近賢治之尤勤,故書雅記賴以不墜。其版刻之同異,鈔校之源流靴見於諸家錄目,戢未有攡摭薈雜都爲一編者。道咸間,仁和邵戶都懿辰官京師,案頭常寘《四庫目》,遇善本輒延記其上,是爲《半巖廬書目》。同治初,軍事甫平,曾文正督兩江,獨山莫徵君友芝領書局,承檄搜訪文宗、文匯、文瀾三閣遺籍,往來江浙間,收藏家恆出舊本相質證,又盡見上海郁氏、豐順丁氏之書,攷論詳覈。公子繩孫既寫槧《宋元本書經眼錄》、《書衣筆識》,又綴輯笈記諸條,凡十六卷,是爲《郘亭知見傳本書目》〔註3〕。

據此得知是書乃同治初,友芝受曾國藩之託,搜訪文宗、文匯、文瀾三閣散佚之書,因見江南著名藏書家之藏書,既知見各書,遂將所見所聞隨爲注記於《四庫全書簡明目錄》當條下。日後由次子莫繩孫整理撰成《郘亭書目》十六卷。

二、成書經過

據前引該書目董康序,已能略知成書緣起,茲再引《郘亭書目》目錄後莫繩孫識語,以助瞭解成書之經過。繩孫語云:

> 先君子于經籍刊板、善劣、時代,每笈志《四庫簡目》當條之下,間及存目,其《四庫》未收者,亦記諸上下方。又采錄邵位西年丈懿辰所見經籍筆記益之,邵本有注(汪)鐵樵先生家驥朱筆記并取焉。同治辛未,先君子棄養,繩孫謹依錄爲十六卷,凡經部《四庫》存目者三,《四庫》未收者百十八;史部存目者二十八,未收者二百有十;子部存目者

十四，未收者百九十八；集部存目者一，未收者百二十一。其《四庫》
已著錄未箋傳本者竝闕之。蓋是書當與《簡明目錄》合觀也。癸酉長夏
第二男繩孫志〔註4〕。

由莫繩孫之誌語得知，《郘亭書目》將每書不同版本一一作著錄，可稱爲版本
目錄之書目。此書目之完成共分三階段。第一階段，莫友芝將訪書時所見、所聞
之古籍不同版本標注在《四庫全書簡明目錄》上，記錄間及存目，並記錄《四庫》
未收者。第二階段，又將邵懿辰《四庫簡明目錄標注》中所著錄之版本及汪家驤
之朱筆記注，亦增錄補充之。第三階段，莫友芝去世後，次子繩孫將其整理成十
六卷，以四部作分類。而《郘亭書目》成書刊刻，據繩孫誌語，已在同治癸酉（1873）
夏天之後。

第二節 台灣目前所見版本

臺灣今見莫友芝《郘亭書目》版本有五：其一、清光緒二年（1876）王春紫
格抄本。其二、藍格鈔本（余用此版本作爲論文之底本或舉例之主本）。其三、宣
統元年（1909）日人田中氏北京德興堂聚珍版校印本；又中央研究院傅斯年圖書
館亦藏有田中氏北京鉛印本一套共有六冊，同爲十六卷，但與台北國家圖書館善
本書室所藏冊數有別。其四、民國初年上海西泠印社排印本。以上四版本之間，
收錄之書互有增、減，而書名、次序、卷數等，亦略有差異。以上四種版本，現
均藏於台北國家圖書館善本書室。其五、清同治癸酉年上海掃葉山房石印本、民
國二十年上海掃葉山房石印本，然後部書籍今傅斯年圖書館仍在尋找中。故今見
存於台灣之版本有五種。

茲據台北國家圖書館善本書室及中研院傅斯年圖書館所藏《郘亭書目》此五
種版本，依照出版先後爲序略作介紹；若該版本經由後來出版社刊行，即以該出
版社出版時間爲準。

一、清光緒二年（1876）王春紫格抄本〔註5〕

線裝書（詳見附錄三「《郘亭知見傳本書目》書影」）。十六卷，四冊。板匡高

〔註4〕藍格鈔本《郘亭知見傳本書目》，今藏台北國家圖書館善本書室。
〔註5〕王氏（王晉卿 1893～1966 年，河北任丘人，撰有《文祿堂訪書記》）抄本，今藏台
北國家圖書館善本書室。

十七‧五公分，寬十二公分。紫格鈔本。紫絲欄，半葉十行，行二十一字。所收書名大字，下面記錄文字則小字雙行。白口，雙欄，雙魚尾。上、下魚尾中記載卷第及葉數，如「邵亭知見書目 卷一　經部」。書卷一前有總目，次莫繩孫志。

　　每冊封面皆有題「其十六卷訂四冊　第一冊　邵亭知見傳本書目 卷一之卷三 經部」，並鈐有「邵亭」白文方印。書中鈐有「獨山莫氏圖書」朱文長方印、「國立中央圖書館收藏」朱文方印、朱文長方印。首行頂格題「邵亭知見傳本書目」，格一行下題「獨山莫友芝子偲」。書中有朱筆眉批校，並夾便簽紙。書末二葉記載「知見書目葉數」，最末一葉邊欄外記錄：「光緒二年二月八日命王春繕寫十月十六日畢功凡十閱月」二十四字。按：此爲今日所見《邵亭書目》最早之鈔本。

二、藍格鈔本〔註6〕

　　線裝書，另製有微卷（詳見附錄三「《邵亭知見傳本書目》書影」）。十六卷，四冊。其行款字數係參考《國家圖書館善本書初稿》〔註7〕得知，板匡高十八‧一公分，寬十二‧九公分。藍絲欄，半葉十行，行二十字。所收書名大字，下面記錄文字則小字雙行，與清光緒二年（1876）王春紫格抄本同。小黑口，雙欄，單魚尾。魚尾下記載卷第及葉數，如「卷一　二」。書內首頁新添夢莊居士之附記云：

> 邵亭知見書目　經部
> 　　宣統元年　田中慶太郎刻行，此是底冊。內朱筆增注，較刊本所無，研究板本學之資助焉。壬午春季，購於申江書肆。八月初一日，夢莊居士識於密盦。

　　其次有總目及莫繩孫志。志後又有夢莊居士之附題，云：

> 　　昔莫氏知見各書，隨爲注記。成之，好學者爭相傳寫，而原稿則不知流落何方。此東邦書友田中氏以此付印，得傳於世。因差訛殊多，經江安傅氏校正又印行。又適園本，皆排印本也；申江石印本，又小巾箱石印本，等等不一。今書林多宗之稽攷，近《訪書記》印就，適成武來訪敘此，即爲附題。　　夢莊

　　再者，此本邊欄外天頭處有朱筆眉批，內文記載亦有朱筆更改之跡。書中「邵

〔註6〕《邵亭知見傳本書目》藍格鈔本，今藏台北國家圖書館善本書室。此版本在鈔錄時，訛誤不少，故下文中微引文字若有顯明錯誤者，即在其後以（　）作改正；並參考傅增湘、傅熹年《藏園訂補邵亭知見傳本書目》，確定其爲訛誤。
〔註7〕國家圖書館特藏組編：《國家圖書館善本書初稿》史部第二冊（臺北：國家圖書館編印，1997年6月），頁353。

亭知見傳本書目」下鈐「吳昌綬讀」白文方印、「田慶印信」白文方印、「國立中央圖書館藏」朱文方印。首行頂格題「邵亭知見傳本書目」，下題「獨山莫友芝子偲」。

三、宣統元年（1909）日人田中氏北京德興堂聚珍版校印本 〔註8〕

線裝書（詳見附錄三「《邵亭知見傳本書目》書影」）。十六卷，十冊。板匡高十五・二公分，寬十一・二公分。烏絲欄，半葉十行，行二十字，所收書名大字，下面記錄文字則小字雙行，均與藍格抄本同。白口，雙欄，單魚尾。上魚尾下記載卷第及葉數，如「卷一　二」。書卷一前刻有「宣統元年　正月校印」，左下角處刻有「每部實價　足銀陸兩」。書前有董康序言，其次爲總目及莫繩孫志。每冊封面皆有題「　一　二經」，書中鈐有「國立中央圖書館藏」朱文長方印、朱文方印。首行頂格題「邵亭知見傳本書目」，下題「獨山莫友芝子偲」。書末葉畫一牌記，記載曰：「明治四十二年二月，即宣統元年正月。東京田中氏刊行于清國北京。」另外，邊欄外記錄曰：「北京德興堂印字局聚珍版。」又今中央研究院傅斯年圖書館亦藏有田中氏北京鉛印本一套共有六冊（詳見附錄三「《邵亭知見傳本書目》書影」），雖同爲十六卷，然與台北國家圖書館善本書室所藏有冊數之別，其版式、內文及書中鈐有印章等，亦略有差異。如在莫繩孫志後多莫棠記〔註9〕；在董康序下、總目下、莫繩孫志序下、每一部冊下及書末邊欄外等皆鈐有不少印章〔註10〕；書中天頭及書末邊欄外增有朱筆文字〔註11〕，內文亦有墨筆批改。故二者雖係同一版本，應爲不同時期刊印及流經不同人之收藏。

四、清同治癸酉年上海掃葉山房石印本 〔註12〕

〔註 8〕清宣統元年《邵亭知見傳本書目》，十六卷，十冊，日人田中氏北京德興堂聚珍版校印本，今藏台北國家圖書館善本書室。

〔註 9〕據中央研究院傅斯年圖書館之宣統元年田中氏北京鉛印本《邵亭知見傳本書目》資料得知，除有清同治十二年莫繩孫題志及清宣統元年董康序外，亦有清宣統二年顧葊手批校，並過錄清光緒十七年莫棠題記。

〔註10〕據中央研究院傅斯年圖書館之宣統元年田中氏北京鉛印本《邵亭知見傳本書目》資料得知，該書目鈐有印記有「天涯海角亭長、甦翁王龕、野知龕、息廬、彊學宦校讀古籍朱記、王雪岑重來領外所收記、塔山老牧、雪眉老人、雙竹坨圖室、行住坐臥不離這箇、雪岑校勘、蜀郡王氏秉恩印、甦翁、一生勤苦書千卷、老見異書猶眼明、王雪澂經眼記、華陽王龕、清對軒、藥洲故書、息盦手校、王氏龕湛手校、雪澂手校」等數枚。

〔註11〕書末邊欄外朱筆增有文字：「宣統二年八月，孔子誕日校畢，野知老人記於息盦。」

〔註12〕清同治癸酉年《邵亭知見傳本書目》，十六卷，一冊，上海掃葉山房石印本，今藏

線裝書（詳見附錄三「《邵亭知見傳本書目》書影」）。按，疑此版本爲上海掃葉山房根據清同治癸酉年《邵亭知見傳本書目》石印本而來，故應是民國以後出版。十六卷，一冊。板匡高十六‧五公分，寬十一‧五公分。烏絲欄，半葉十四行，所收書名刻以大字，下面記錄文字則小字雙行，行五十四字。花口，單欄，單魚尾。上魚尾下記載卷第、部類及葉數，如「卷一　經部易　一　」。下刻有「掃葉山房」。書前有莫繩孫序言，其次爲目錄。莫繩孫序言上，鈐有「傅斯年」朱文方印。目錄下，鈐有「獨嘉草堂」朱文方印及「傅斯年圖書館」朱文方印。又一部線裝書，民國二十年上海掃葉山房石印本，八冊，然今傅斯年圖書館仍在尋找中。

五、民國初年上海西泠印社排印本〔註13〕

線裝書（詳見附錄三「《邵亭知見傳本書目》書影」）。十六卷，六冊。板匡高十七公分，寬十一‧七公分。鉛字排印本。烏絲欄，半葉十二行，行三十四字。小黑口，雙欄，單魚尾。小黑口右邊印有「適園藏本」，左邊印有「國學扶輪社刊」。上魚尾下記載卷第及葉數，如「邵亭知見書目　總目　一　」。書首頁刻有「邵亭知見傳本書目」，下有「遜盦」二字及「吳隱私印」白文方印。次頁有牌記云「總發行所上海老閘橋北東歸仁里五弄西泠印社」。再次有總目，最後一冊有莫繩孫志。全書依次是經部三卷，史部三卷，子部五卷，集部五卷。若干部下有類及屬，此與前面三種版本分類方式相同，亦可從《邵亭書目》「總目」得證。《邵亭書目》「總目」下，鈐有「湘潭袁氏滄州藏書印」朱文長方印、「剛侯邑齋藏書」白文長方印、「國立中央圖書館館藏書」朱文正方印。首行頂格題「邵亭知見傳本書目」，下題「獨山莫友芝子偲」。書中天頭印有文字。

第三節　《邵亭知見傳本書目》之建構背景

《邵亭書目》乃莫友芝訪書時先將所見、所聞古籍之不同版本，標注於《四庫全書簡明目錄》上，記錄間及存目；《四庫》未收者，亦有批注。日後又增錄邵懿辰《四庫簡明目錄標注》收書版本及汪家駿筆記補充之；是《邵亭書目》除記錄江南地區之古籍外，亦增入邵氏等之北方古籍文獻書目。換言之，莫氏以《四

中央研究院傅斯年圖書館。

〔註13〕民國初年《邵亭知見傳本書目》，十六卷六冊，上海西泠印社排印本，今藏台北國家圖書館善本書室。

庫全書簡明目錄》收錄之書爲記錄基礎，此與邵懿辰《四庫簡明目錄標注》作法相同，故余除將此書目作介紹外，並進一步探討在編排及撰述上各書目間是否相同。以下先將《四庫全書簡明目錄》、《四庫簡明目錄標注》及《邵亭書目》三書目分別敘述後，再一一說明三書目間之差異。

一、《四庫全書簡明目錄》概述及其分類編排方式

（一）、《四庫全書簡明目錄》概述

　　《四庫全書簡明目錄》，清紀昀〔註14〕等撰。茲據文淵閣原鈔本略述其成書經過。聖諭內文云：

> 乾隆三十九年七月二十五日大學士于敏中等奉諭旨《四庫全書》處
> 總目於經史子集內，分晰應刻、應鈔及應存書名三項，各條下俱經撰有
> 提要，將一書原委撮舉大凡，并詳著書人世次爵里，可以一覽了然……
> 《四庫全書總目提要》，多至萬餘種，卷帙甚繁，將來抄刻成書，繙閱已
> 頗爲不易。自應於《提要》之外，別刊簡明書目一編，祇載某書若干卷，
> 註某朝、某人撰，則篇目不繁，而檢查較易，俾學者由書目而尋提要，
> 由提要又而得全書，嘉與海內之士，考訂源流，用昭我朝文治之盛〔註15〕。

《纂修四庫全書檔案》「質郡王永瑢等奏《四庫全書簡明目錄》等書告竣呈覽請旨陳設刊行摺」乾隆四十七年七月十九日諭云：

> 臣等前經欽奉諭旨：《全書總目提要》卷帙甚繁，繙閱不易，應別
> 刊《簡明書目》一編，俾學者由書目而尋提要，由提要而得全書，考訂
> 源流，用昭文治之盛。欽此。欽遵。辦理在案。
>
> 茲據總纂官臣紀昀、臣陸錫熊等將抄錄各書，依四庫門類次第標列

〔註14〕《清史稿校註》云：「紀昀，字曉嵐，直隸獻縣人。乾隆十九年進士，改庶吉士。
　　　散館授編修。再遷左春坊左庶子。京察，授貴州都勻府知府。高宗以昀學問優，加
　　　四品銜，留庶子。尋擢翰林院侍讀學士。前兩淮鹽運使盧見曾得罪，昀爲姻家，漏
　　　言奪職，戍烏魯木齊。釋還，上幸熱河，迎鑾密雲。試時，以土爾扈特全部歸順爲
　　　題，稱旨，復授編修。三十八年，開四庫全書館，大學試劉統勳舉昀及郎中陸錫熊
　　　爲總纂。……昀學問淵通。撰四庫全書提要，進退百家，鈎深摘隱，各得其要指。
　　　始終條理，蔚爲巨觀。懲明季講學之習，宋五子書功令所重，不敢顯立異同；而於
　　　南宋以後諸儒，深文詆諆，不無門戶出入之見云。」同本論文第二章註 10，卷三
　　　二七，〈列傳〉一○七，頁 9213。
〔註15〕文淵閣原鈔本《四庫全書簡明目錄》（臺北：臺灣商務印書館，1983 年 10 月）。

卷目，並撰人姓名，撮舉大要，纂成《簡明目錄》二十卷。謹繕寫稿本，

裝作二函，恭呈御覽，伏候欽定〔註16〕。

據以上資料得知，《四庫全書簡明目錄》乃因《四庫全書總目提要》卷帙繁重，故將提要呈現全書內容及四部前之總序、各類前之小序、類屬後之按語等，悉數刪去，而只載書名、卷帙及作者，另編寫此《簡明目錄》一編。其中存目部分不收。至於，該書目寫定幾卷、目的等，從前引《纂修四庫全書檔案》均可得知，不再贅述。

（二）、《四庫全書簡明目錄》編排方式

《四庫全書簡明目錄》共分二十卷，「卷一至卷四」以經部作分目；「卷五至卷八」以史部作分目；「卷九至卷十四」以子部作分目；「卷十五至卷二十」以集部作分目。

茲以文淵閣原鈔本《四庫全書簡明目錄》，作為本文論述收書分類編排方式之依據：

下表先呈現《四庫全書簡明目錄》收書分類編排，以正文內之編目為主，表後再作說明。

內容 卷數	部	類	屬	備　註
卷第一	經部一	易類		易類：共收錄一百五十九部，一千七百二十八卷。附錄八部，十二卷。
卷第二	經部二	書類		書類：共收錄五十六部，六百五十卷。附錄二部，十一卷。
	經部三	詩類		詩類：共收錄六十二部，九百四十一卷。附錄一部，十卷。

	經部四	禮類	周禮之屬、儀禮之屬、禮記之屬、三禮總義、通禮之屬、雜禮書之屬。	禮類：共收錄三十八部。周禮之屬-收錄二十二部，四百五十三卷。儀禮之屬-收錄二十二部，三百四十三卷。附錄二部，一百二十七卷。禮記之屬-收錄二十部，五百五十六卷。附錄二部，十七卷。三禮總義-收錄六部，三十三卷。通禮之屬-收錄四部，五百六十三卷。雜禮之屬-收錄五部，三十五卷。
卷第三	經部五	春秋類		春秋類：共收錄一百十四部，一千八百一卷。附錄一部，十七卷。
	經部六	孝經類		孝經類：共收錄十一部，十七卷。
	經部七	五經總義類		五經總義類：共收錄三十一部，六百八十一卷。
卷第四	經部八	四書類		四書類：共收錄六十二部，七百三十二卷。
	經部九	樂類		樂類：共收錄二十三部，四百八十三卷。
	經部十	小學類	訓詁之屬、字書之屬、韻書之屬。	小學類：共收錄二十八部。訓詁之屬-收錄十三部，一百二十二卷。字書之屬-收錄二十六部，四百七十八卷。韻書之屬-收錄三十三部，三百十三卷。

卷第五	史部一	正史類		正史類：共收錄三十八部，三千七百五卷。
	史部二	編年類		編年類：共收錄三十八部，二千六十卷。
	史部三	紀事本末類		紀事本末類：共收錄十九部。
	史部四	別史類		別史類：共收錄二十一部，一千七百六卷。
	史部五	雜史類		雜史類：共收錄二十二部，二百七十三卷。
卷第六	史部六	詔令奏議類	詔令之屬、奏議之屬。	詔令奏議類：共收錄四十一部。 詔令之屬-收錄十二部，七百卷。 奏議之屬-收錄二十九部。
	史部七	傳記類	聖賢之屬、名人之屬、總錄之屬、雜錄之屬。	傳記類：共收錄六十二部。 聖賢之屬-收錄二部，七卷。 名人之屬-收錄十五部，一百一十四卷。 總錄之屬-收錄三十六部，八百一十八卷。 雜錄之屬-收錄九部，二十一卷。
	史部八	史鈔類		史鈔類：共收錄三部，四十八卷。
	史部九	載記類		載記類：共收錄二十二部，四百八卷。附錄二部，九卷。

卷第七	史部十	時令類		時令類：共收錄二部，二十九卷。
	史部十一	地理類	宮殿簿之屬、總志之屬、都會郡縣之類、河渠之屬、邊防之屬、山水之屬、古蹟之屬、雜記之屬、游記之屬、外紀之屬。	地理類：共收錄一百五十二部。 宮殿簿之屬-收錄二部，十一卷。 總志之屬-收錄七部，九百四十一卷。 都會郡縣之屬-收錄四十九部，二千七百四十六卷。 河渠之屬-收錄二十二部，四百七十卷。 邊防之屬-收錄二部，二十四卷。 山水之屬-收錄七部，一百十三卷。 古蹟之屬-收錄十四部，一百二十七卷。 雜記之屬-收錄三十部，二百二十五卷。 游記之屬-收錄三部，十五卷。 外紀之屬-收錄十六部，八十九卷。
卷第八	史部十二	職官類	官制之屬、官箴之屬。	職官類：共收錄三十一部。 宮制之屬-收錄十五部，三百二卷。 官箴之屬-收錄六部，十七卷。
	史部十三	政書類	通制之屬、儀制之屬、邦計之屬、軍政之屬、法令之屬、考工之屬。	政書類：共收錄五十六部。 通制之屬-收錄十九部，二千二百九十八卷。 儀制之屬-收錄二十三部，九百六十四卷。 邦計之屬-收錄六部，五十二卷。

				軍政之屬-收錄四部,二百七十一卷。
				法令之屬-收錄二部,七十七卷。
				考工之屬-收錄二部,三十五卷。
	史部十四	目錄類	經籍之屬、金石之屬。	目錄類:共收錄四十七部。
				經籍之屬-收錄十一部,四百三十三卷。
				金石之屬-收錄三十六部,二百七十六卷。
	史部十五	史評類		史評類:共收錄二十三部,三百七十九卷。
卷第九	子部一	儒家類		儒家類:共收錄一百二十部,一千六百九十二卷。
	子部二	兵家類		兵家類:共收錄十九部,一百五十二卷。
卷第十	子部三	法家類		法家類:共收錄八部,九十四卷。
	子部四	農家類		農家類:共收錄十部,一百九十四卷。
	子部五	醫家類		醫家類:共收錄九十七部,一千五百三十九卷。
卷第十一	子部六	天文算法類	推步之屬、算書之屬。	天文算法類:共收錄五十六部。
				推步之屬-收錄三十一部,四百三十一卷。
				算書之屬-收錄二十五部,二百八卷。
	子部七	術數類	數學之屬、占候之屬、相宅相墓之屬、占卜之屬、命書相書之屬、陰陽五行之屬。	術數類:共收錄五十部。
				數學之屬-收錄十六部,一百三十五卷。
				占候之屬-收錄二部,一百三十五卷。
				相宅相墓之屬-收錄八部,十七卷。

				占卜之屬-收錄五部，三十七卷。
				命書相書之屬-收錄十四部，五十三卷。
				陰陽五行之屬-收錄五部，五十五卷。
卷第十二	子部八	藝術類	書畫之屬、琴譜之屬、篆刻之屬、雜技之屬。	藝數類：共收錄八十四部。
				書畫之屬-收錄七十三部，一千六十六卷。
				琴譜之屬-收錄四部，二十八卷。
				篆刻之屬-收錄三部，十二卷。
				雜技之屬-收錄四部，四卷。
	子部九	譜錄類	器物之屬、飲饌之屬、草木禽魚之屬。	譜錄類：共收錄五十六部。
				器物之屬-收錄二十五部，二百一卷。
				飲饌之屬-收錄十部，十九卷。
				草木禽魚之屬-收錄二十一部，一百四十五卷。
卷第十三	子部十	雜家類	雜學之屬、雜考之屬、雜說之屬、雜品之屬、雜纂之屬、雜編之屬。	雜家類：共收錄一百九十部。
				雜學之屬-收錄二十二部，一百七十九卷。
				雜考之屬-收錄五十七部，六百九十四卷。
				雜說之屬-收錄八十七部，六百三十九卷。
				雜品之屬-收錄十一部，八十二卷。
				雜纂之屬-收錄九部，三百五十四卷。
				雜編之屬-收錄四部，二百三十四卷。

卷第十四	子部十一	類書類		類書類：共收錄六十七部，七千三十九卷。
	子部十二	小說家類	雜事之屬、異聞之屬、瑣記之屬。	小說家類：共收錄一百二十三部。 雜事之屬-收錄八十六部，五百八十卷。 異聞之屬-收錄三十二部，七百二十五卷。 瑣記之屬-收錄五部，五十四卷。
	子部十三	釋家類		釋家類：共收錄十三部，三百二卷。
	子部十四	道家類		道家類：共收錄四十四部，四百四十二卷。
卷第十五	集部一	楚詞類		楚詞類：共收錄六部，六十四卷。
	集部二	別集類一漢至五代		別集類一：共收錄一百十二部，一千五百十八卷。
	集部三	別集類二北宋建隆至靖康		別集類二：共收錄一百二十二部，三千三百七十卷。
卷第十六	集部四	別集類三南宋建炎至德祐		別集類三：共收錄二百七十七部，四千九百七十八卷。附錄一部，六卷。
卷第十七	集部五	別集類四金至元		別集類四：共收錄一百七十五部，二千一百十二卷。
卷第十八	集部六	別集類五明洪武至崇禎		別集類五：共收錄二百四十部，四千二百五十四卷。
	集部七	別集類六國朝		別集類：共收錄四十三部，一千六百六十一卷。
卷第十九	集部八	總集類		總集類：共收錄一百六十三部，九千六百四十四卷。

卷第二十	集部九	詩文評類		詩文評類：共收錄六十四部，七百三十卷。
	集部十	詞曲類	詞集之屬、詞選之屬、詞話之屬、詞譜詞韻之屬、南北曲之屬。	詞曲類：共收錄七十二部。詞集之屬-收錄四十九部，一百三卷。詞選之屬-收錄十二部，二百六十四卷。詞話之屬-收錄六部，二十六卷。詞譜詞韻之屬-收錄二部，六十卷。南北曲之屬-收錄三部，十七卷。

　　從上表得知，《四庫全書簡明目錄》二十卷中，收錄之書先據四部作分類。每一部中又分若干子目，子目下又分若干小類，若干部類下又分若干屬。於收錄之書條下，祇撥取該書之大旨。

1、經　部

　　「卷一至卷四」以經部之書為主，共分十類。類別依次為：「經部一易類、經部二　書類、經部三　詩類、經部四　禮類、經部五　春秋類、經部六　孝經類、經部七　五經總義類、經部八　四書類、經部九　樂類、經部十　小學類」等十類。若干部類下又分若干屬，茲錄禮類為例，此部類下依次分為：「周禮之屬、儀禮之屬、禮記之屬、三禮總義、通禮之屬、雜禮之屬」等六屬。每部所收之書，扼要著錄其大意。

2、史　部

　　「卷五至卷八」以史部之書為主，共分十五類。類別依次為：「史部一　正史類、史部二　編年類、史部三　紀事本末類、史部四　別史類、史部五　雜史類、史部六　詔令奏議類、史部七　傳記類、史部八　史鈔類、史部九　載記類、史部十　時令類、史部十一　地理類、史部十二　職官類、史部十三　政書類、史部十四　目錄類、史部十五　史評類」等十五類。若干部類下又分若干屬，茲錄地理類為例，此部類下依次分為：「宮殿簿之屬、總志之屬、都會郡縣之類、河渠之屬、邊防之屬、山水之屬、古蹟之屬、雜記之屬、游記之屬、外紀之屬」等十屬。每部所收之書，扼要著錄其大意。

3、子 部

「卷九至卷十四」以子部之書爲主，共分十四類。類別依次爲：「子部一　儒家類、子部二　兵家類、子部三　法家類、子部四　農家類、子部五　醫家類、子部六　天文算法類、子部七　術數類、子部八　藝術類、子部九　譜錄類、子部十　雜家類、子部十一　類書類、子部十二　小說家類、子部十三　釋家類、子部十四　道家類」等十四類。其中若干些部類下又分若干屬，茲錄雜家類爲例，此部類下依次分爲：「雜學之屬、雜考之屬、雜說之屬、雜品之屬、雜纂之屬、雜編之屬」等六屬。每部所收之書，扼要著錄其大意。

4、集 部

「卷十五至卷二十」以集部之書爲主，共分十類。類別依次爲：「集部一　楚詞類、集部二　別集類一漢至五代、集部三　別集類二北宋建隆至靖康、集部四　別集類三南宋建炎至德祐、集部五　別集類四金至元、集部六　別集類五明洪武至崇禎、集部七　別集類六國朝、集部八　總集類、集部九　詩文評類、集部十　詞曲類」等十類。若干部類下又分若干屬，茲錄詞曲類爲例，此部類下依次分爲：「詞集之屬、詞選之屬、詞話之屬、詞譜詞韻之屬、南北曲之屬」等五屬。每部所收之書，扼要著錄其大意。

總之，《四庫全書簡明目錄》係按四部分類法來排列收書之次序，書名條下只載卷數，兼注某朝、某人所撰及內容之扼要記載，讓讀者能在繁夥卷帙中，方便查檢。

二、《四庫簡明目錄標注》概述及其分類編排方式

（一）、《四庫簡明目錄標注》概述

《四庫簡明目錄標注》，邵懿辰撰〔註17〕。其成書經過，據繆荃孫序云：

> 光緒戊申八月，胡幼嘉觀察持鈔書十鉅冊見示，則位西先生之孫伯綱同學思刊行其書，索余弁言。余應之曰，是書也。……當先生在都時，

〔註17〕《清史稿校註》云：「邵懿辰，字位西，仁和人。性峭直，能文章，以名節自屬。……咸豐四年，坐無效鐫職。既罷歸，則大覃思經籍，著《尚書通義》、《禮經通論》、《孝經通論》，頗採漢學考據家言，而要以大義爲歸。……先是，懿辰以協防杭州復原官，死事聞，贈道銜，祀本省昭忠祠。其所著書，遭亂亡佚，長孫章輯錄之，爲半巖廬所著書，共三十餘卷。」同本論文第二章註10，卷四八七，〈列傳〉二六七，〈儒林〉一，頁11017。

若曾滌生、梅伯言、朱脩伯、葉潤臣，往還最密。《橋西雜記》所云，位西居京師，購書甚富，案頭置《簡明目錄》一部，所見宋元舊刻本、鈔本，手記于各書之下，以備校勘之資〔註18〕。

另葉名澧《橋西雜記》云：

> 欽定《天祿琳琅》前後編，所錄多宋元舊本，收藏家印亦附及焉。昭文張氏《愛日精廬藏書志》亦講求板本，是近時書目中之最佳者。名澧嘗見邵蕙西案頭置《簡明目錄》一部，所見宋元舊刻本叢書，及單行刻本、鈔本，手記於各書之下，可以備他日校勘之資〔註19〕。

從以上二則資料得知，邵懿辰凡見宋元舊刻本、抄本、藏書家之私藏書，即批注於《四庫全書簡明目錄》各書條之下；邵氏生前此書目未整理完成，由其孫邵章整理批注並爲續錄，以胡念修鈔清本校正付印，始定名《四庫簡明目錄標注》，計二十卷。邵懿辰位居京師，又與當時藏書家交游甚密，故所見北方古籍版本種類頗爲豐富。

（二）、《四庫簡明目錄標注》編排方式

《四庫簡明目錄標注》共分二十卷，「卷一至卷四」以經部作分目；「卷五至卷八」以史部作分目；「卷九至卷十四」以子部作分目；「卷十五至卷二十」以集部作分目。

茲以上海古籍出版社印行邵懿辰撰、邵章續錄《增訂四庫簡明目錄標注》，作爲本文論述收書分類編排方式之依據：

下表先呈現《四庫簡明目錄標注》收書分類編排，以正文內之編目爲主，表後再作說明。

〔註18〕（清）邵懿辰撰、邵章續錄：《增訂四庫簡明目錄標注》（上海：上海古籍出版社，2000 年 7 月）。

〔註19〕（清）葉名澧：《橋西雜記》一卷（新文豐編輯部：《叢書集成新編》八九。臺北：新文豐出版公司，1985 年元月），頁 48。《橋西雜記》「藏書求善本」條云：「邵君蕙西居京師，購書甚富，拳拳於板本鈔法。名澧與之言曰：『彭文勤公嘗詆《讀書敏求記》，染骨董家氣，我輩讀書，當用力於其大者，未可蹈此蔽也。』後閱錢氏《曝書雜記》，引鄭康成〈戒子書〉，吾家舊貧，不爲父母昆弟所容。康成大儒不應出此語。考元刻《後漢書》康成本傳，無不字，與唐史承節所撰鄭公碑合。今本作不爲父母昆弟所容，乃傳刻之誤，此校書之有功於先賢者。名澧始悔前言之陋，蓋讀書不多，未可輕生訾議耳。朱子嘗著《韓文考異》，校勘之學，宋儒所不廢。」即可見邵懿辰重視善本之態度。

內容 卷數	部	類	屬	備　註〔註20〕
卷第一	經部一	易類		易類：共收錄一百六十二部。
卷第二	經部二	書類		書類：共收錄五十五部。
	經部三	詩類		詩類：共收錄六十三部。
	經部四	禮類	周禮之屬、儀禮之屬、禮記之屬、三禮總義、通禮之屬、雜禮書之屬。	禮類：共收錄八十三部。 周禮之屬-收錄二十二部。 儀禮之屬-收錄二十四部。 禮記之屬-收錄二十二部。 三禮總義-收錄六部。 通禮之屬-收錄四部。 雜禮之屬-收錄五部。
卷第三	經部五	春秋類		春秋類：共收錄一百一十五部。
	經部六	孝經類		孝經類：共收錄十一部。
	經部七	五經總義類		五經總義類：共收錄三十二部。
卷第四	經部八	四書類		四書類：共收錄六十六部。
	經部九	樂類		樂類：共收錄二十一部。
	經部十	小學類	訓詁之屬、字書之屬、韻書之屬。	小學類：共收錄八十二部。 訓詁之屬-收錄十三部。 字書之屬-收錄三十六部。 韻書之屬-收錄三十三部。
卷第五	史部一	正史類		正史類：共收錄三十六部。
	史部二	編年類		編年類：共收錄三十八部。

〔註20〕備註欄內收錄之書總數，僅統計邵懿辰有記載之部分。

	史部三	紀事本末類		紀事本末類：共收錄十九部。
	史部四	別史類		別史類：共收錄二十部。
	史部五	雜史類		雜史類：共收錄二十二部。
卷第六	史部六	詔令奏議類	詔令之屬、奏議之屬。	詔令奏議類：共收錄四十一部。 詔令之屬-收錄十二部。 奏議之屬-收錄二十九部。
	史部七	傳記類	聖賢之屬、名人之屬、總錄之屬、雜錄之屬。	傳記類：共收錄六十二部。 聖賢之屬-收錄二部。 名人之屬-收錄十五部。 總錄之屬-收錄三十六部。 雜錄之屬-收錄九部。
	史部八	史鈔類		史鈔類：共收錄三部。
	史部九	載記類		載記類：共收錄二十四部。
卷第七	史部十	時令類		時令類：共收錄二部。
	史部十一	地理類	宮殿簿之屬、總志之屬、都會郡縣之屬、河渠之屬、邊防之屬、山水之屬、古蹟之屬、中外雜記游記之屬。	地理類：共收錄一百五十二部。 宮殿簿之屬-收錄二部。 總志之屬-收錄七部。 都會郡縣之屬-收錄五十部。 河渠之屬-收錄二十二部。 邊防之屬-收錄二部。 山水之屬-收錄七部。 古蹟之屬-收錄十四部。 中外雜記游記之屬-收錄四十八部。

卷第八	史部十二	職官類	官制之屬、 官箴之屬。	職官類：共收錄二十一部。 宮制之屬-收錄十五部。 官箴之屬-收錄六部。
	史部十三	政書類	通制之屬、 儀制之屬、 邦計之屬、 軍政之屬、 法令之屬、 考工之屬。	政書類：共收錄五十六部。 通制之屬-收錄十九部。 儀制之屬-收錄二十四部。 邦計之屬-收錄五部。 軍政之屬-收錄四部。 法令之屬-收錄二部。 考工之屬-收錄二部。
	史部十四	目錄類	經籍之屬、 金石之屬。	目錄類：共收錄四十七部。 經籍之屬-收錄十一部。 金石之屬-收錄三十六部。
	史部十五	史評類		史評類：共收錄二十二部。
卷第九	子部一	儒家類		儒家類：共收錄一百十二部。
	子部二	兵家類		兵家類：共收錄二十部。
卷第十	子部三	法家類		法家類：共收錄八部。
	子部四	農家類		農家類：共收錄十部。
	子部五	醫家類		醫家類：共收錄九十七部。
卷第十一	子部六	天文算法類	推步之屬、 算書之屬。	天文算法類：共收錄五十六部。 推步之屬-收錄三十一部。 算書之屬-收錄二十五部。
	子部七	術數類	數學之屬、 占候之屬、 相宅相墓之屬、 占卜之屬、	術數類：共收錄五十部。 數學之屬-收錄十六部。 占候之屬-收錄二部。

			命書相書之屬、陰陽五行之屬。	相宅相墓之屬-收錄八部。 占卜之屬-收錄五部。 命書相書之屬-收錄十四部。 陰陽五行之屬-收錄五部。
卷第十二	子部八	藝術類	書畫之屬、琴譜之屬、篆刻之屬、雜技之屬。	藝數類：共收錄八十三部。 書畫之屬-收錄七十三部。 琴譜之屬-收錄三部。 篆刻之屬-收錄三部。 雜技之屬-收錄四部。
	子部九	譜錄類	器物之屬、飲饌之屬、草木禽魚之屬。	譜錄類：共收錄五十六部。 器物之屬-收錄二十五部。 飲饌之屬-收錄十部。 草木禽魚之屬-收錄二十一部。
卷第十三	子部十	雜家類	雜學之屬、雜考之屬、雜說之屬、雜品之屬、雜纂之屬、雜編之屬。	雜家類：共收錄一百九十部。 雜學之屬-收錄二十二部。 雜考之屬-收錄五十七部。 雜說之屬-收錄八十六部。 雜品之屬-收錄十一部。 雜纂之屬-收錄十部。 雜編之屬-收錄四部。
卷第十四	子部十一	類書類		類書類：共收錄六十七部。
	子部十二	小說家類	雜事之屬、異聞之屬、瑣記之屬。	小說家類：共收錄一百二十五部。 雜事之屬-收錄八十八部。 異聞之屬-收錄三十二部。 瑣記之屬-收錄五部。
	子部十三	釋家類		釋家類：共收錄十三部。
	子部十四	道家類		道家類：共收錄四十四部。

卷第十五	集部一	楚詞類		楚詞類：共收錄六部。
	集部二	別集類一_{漢至五代}		別集類一：共收錄一百十二部。
	集部三	別集類二_{北宋建隆至靖康}		別集類二：共收錄一百二十二部。
卷第十六	集部四	別集類三_{南宋建炎至德祐}		別集類三：共收錄二百七十七部。
卷第十七	集部五	別集類四_{金至元}		別集類四：共收錄一百七十五部。
卷第十八	集部六	別集類五_{明洪武至崇禎}		別集類五：共收錄二百四十部。
	集部七	別集類六_{國朝}		別集類：共收錄四十一部。
卷第十九	集部八	總集類		總集類：共收錄一百六十一部。
卷第二十	集部九	詩文評類		詩文評類：共收錄六十四部。
	集部十	詞曲類	詞集之屬、詞選之屬、詞話之屬、詞譜詞韻之屬、南北曲之屬。	詞曲類：共收錄七十二部。詞集之屬-收錄四十九部。詞選之屬-收錄十二部。詞話之屬-收錄六部。詞譜詞韻之屬-收錄二部。南北曲之屬-收錄三部。

  從上表得知，《四庫簡明目錄標注》二十卷中，收錄之書先據四部作分類。再看內文，每部下有一段序言，每一部中又分若干子目，若干子目下又分若干小類，並有小序；若干部類下又分若干屬。收錄之書條下，以著錄其版本種類多寡為主，詳略不等；又簡略著錄該書版刻時代、行款、善劣等項。

1、經　部

  「卷一至卷四」以經部之書為主，共分十類。類別依次為：「經部一易類、經部二　書類、經部三　詩類、經部四　禮類、經部五　春秋類、經部六　孝經類、經部七　五經總義類、經部八　四書類、經部九　樂類、經部十　小學類」等。

經部下有序言云：

　　　　《問字堂目》，有宋二體石經，《周易》一冊，《尚書》二冊，《周禮》
　　　一冊，嘉祐三年刻，章友直篆書。又宋高宗石經，《書》二冊，《詩》二
　　　冊，《禮記中庸篇》一冊，《春秋左傳》十六冊，《論語》二冊……〔註21〕。

　　若干類下亦有序言，茲錄「經部六」孝經類爲例：

　　　　孝經類　《古文孝經孔氏傳》一卷，附《宋本古文孝經》一卷。舊
　　　本題漢孔安國撰，日本信陽太宰純音，出自歙縣鮑氏，云得於市舶，今
　　　以日本所刊七經《孟子考文》證之，彼國亦以是爲僞本，好奇者誤信之
　　　也……〔註22〕。

　　若干部類下又分若干屬。茲錄禮類爲例，此部類下依次分爲：「周禮之屬、儀
禮之屬、禮記之屬、三禮總義、通禮之屬、雜禮之屬」等六屬。每部所收之書，
皆著錄其版本種類多寡，並述其版刻時代、善劣及殘闕情況等。

2、史　部

　　「卷五至卷八」以史部之書爲主，共分十五類。類別依次爲：「史部一　正史
類、史部二　編年類、史部三　紀事本末類、史部四　別史類、史部五　雜史類、
史部六　詔令奏議類、史部七　傳記類、史部八　史鈔類、史部九　載記類、史
部十　時令類、史部十一　地理類、史部十二　職官類、史部十三　政書類、史
部十四　目錄類、史部十五　史評類」等。史部下有序言云：

　　　　《遂初堂書目》有川本《史記》，《前後漢》，《三國志》，《晉書》，
　　　小字《舊唐書》，大字《舊唐書》，小字《通鑑》，大字《通鑑》，越本《前
　　　後漢書》，嚴州本《史記》，吉州本《漢書》，湖北本《漢書》，舊杭本《三
　　　國志》，《晉書》，《隋書》，《舊唐書》，《戰國策》……〔註23〕。

　　若干部類下又分若干屬。茲錄地理類爲例，此部類下依次分爲：「宮殿簿之屬、
總志之屬、都會郡縣之類、河渠之屬、邊防之屬、山水之屬、古蹟之屬、中外雜
記游記之屬」等十屬。每部所收之書，皆著錄其版本種類多寡，並述其版刻時代、
行款、善劣情況等。

3、子　部

　　「卷九至卷十四」以子部之書爲主，共分十四類。類別依次爲：「子部一　儒

〔註21〕同本論文第五章註18，卷一，頁1。
〔註22〕同本論文第五章註18，卷三，頁124。
〔註23〕同本論文第五章註18，卷五，頁185。

家類、子部二　兵家類、子部三　法家類、子部四　農家類、子部五　醫家類、子部六　天文算法類、子部七　術數類、子部八　藝術類、子部九　譜錄類、子部十　雜家類、子部十一　類書類、子部十二　小說家類、子部十三　釋家類、子部十四　道家類」等。若干小類下有序言，茲錄「子部十一」類書類爲例：

   類書類　類書如明之《永樂大典》二萬二千八百七十七卷，今闕二千四百二十二卷，入存目。至清之《圖書集成》，此目未收，詳見《天一閣書目》〔註24〕。

若干類下又分若干屬。茲錄雜家類爲例，此部類下依次分爲：「雜學之屬、雜考之屬、雜說之屬、雜品之屬、雜纂之屬、雜編之屬」等六屬。每部所收之書，皆著錄其版本種類多寡，並述其版刻時代、行款及殘闕情況等。

4.集　部

「卷十五至卷二十」以集部之書爲主，共分十類。類別依次爲「集部一　楚詞類、集部二　別集類一_{漢至五代}、集部三　別集類二_{北宋建隆至靖康}、集部四　別集類三_{南宋建炎至德祐}、集部五　別集類四_{金至元}、集部六　別集類五_{明洪武至崇禎}、集部七別集類六_{國朝}、集部八　總集類、集部九　詩文評類、集部十　詞曲類」等。

若干部類下又分若干屬，茲錄詞曲類爲例，此部類下依次分爲：「詞集之屬、詞選之屬、詞話之屬、詞譜詞韻之屬、南北曲之屬」等五屬。每部所收之書，皆著錄其版本種類多寡，並述其版刻時代、善劣及殘闕情況等。

總之，《四庫簡明目錄標注》係按四部分類法排列收書之次序，著錄方式除詳記收錄書之各種版本外，並簡述其版刻時代、善劣及殘闕情況等現象，爲後代學者提供研究版本之寶貴資料。

三、《邵亭知見傳本書目》概述與收書分類編排方式

（一）、《邵亭知見傳本書目》概述

莫友芝《邵亭書目》編撰經過，前引董康序言云云，已作說明，不再贅述。此書目共分十六卷，依次爲經部三卷，史部三卷，子部五卷，集部五卷，並在每部下各有一段序言；每一部中又分子目若干，子目下又分若干小類；小類下又分若干屬。著錄方式，則錄知見各書之版本種類多寡、時代、行款、善劣等項。

換言之，《邵亭書目》重在知見各書之版本，故詳錄其版本種類多寡等情況。

〔註24〕同本論文第五章註18，卷十四，頁554。

例如：經部卷二《呂氏家塾讀詩記》，記錄有嘉靖、萬曆、嘉慶、墨海金壺、經苑、昭文張氏等六種版本等；史部卷五《三楚新錄》，記錄有歷代小史、古今說海、學海類編、續百川學海、墨海金壺等五種版書等；子部卷七《近思錄》，記錄有明汪偉、明高攀龍、朱子遺書、蓮花書院、吳郡邵氏、張伯行集註等六種版本；集部卷十六《滄浪詩話》，記錄有淡生堂、寶顏堂、津逮等三種版本。偶而，亦簡略敘述其內容、版式、行款、優劣、流傳及殘闕等情況。這可說是繼承宋代一書多種版本之著錄方式外，且擴展其範疇，例如：經部卷二《春秋左傳正義》和卷三宋本《九經直音》等；史部四《史記》、《史記索隱》、《史記正義》等；子部卷八《黃帝素問》、《素問玄珠密語》等；集部卷十二《詁訓柳先生文集》、《桂苑筆耕集》等皆有較多之載記，茲不贅引。此外，於收錄之書常著錄《四庫全書》存錄情況或依據版本，例如：經部卷二《毛詩集解》、《儀禮逸經傳》、《禮記要義》等；史部五《歷代名臣奏議》、《右編》、《孔子祖庭廣記》等；子部卷九《六藝之一錄》、《古玉圖譜》等；集部卷十三《梁谿集》、《水心先生別集》、《客亭類稿》等。故能從莫氏之著錄中見異本間之優劣。以上敘述，在「第四節《邵亭知見傳本書目》收書著錄現象」會再詳述。

（二）、《邵亭知見傳本書目》編排方式

　　此書目共分十六卷，依四部作分類。「卷一至卷三」以經部作分目；「卷四至卷六」以史部作分目；「卷七至卷十一」以子部作分目；「卷十二至十六」以集部作分目。

　　茲以藍格鈔本《邵亭書目》，作為本文論述收書分類編排方式之依據：

　　下表先呈現《邵亭書目》收書分類編排，以正文內之編目為主，表後再作說明。

內容 卷數	部	類	屬	備　　註
卷第一	經部一	易類		易類：共收錄一百六十七部。
	經部二	書類		書類：共收錄六十八部。
卷第二	經部三	詩類		詩類：共收錄六十九部。

	經部四	禮類	周禮之屬、 儀禮之屬、 禮記之屬、 三禮總義、 通禮之屬、 雜禮書之屬。	禮類：共收錄九十六部。 周禮之屬-收錄二十三部。 儀禮之屬-收錄三十一部。 禮記之屬-收錄二十五部。 三禮總義-收錄七部。 通禮之屬-收錄四部。 雜禮書之屬-收錄六部。
	經部五	春秋類		春秋類：共收錄一百二十二部。
卷第三	經部六	孝經類		孝經類：共收錄十五部。
	經部七	五經總義類		五經總義類：共收錄三十二部。
	經部八	四書類		四書類：共收錄六十三部。
	經部九	樂類		樂類：共收錄二十三部。
	經部十	小學類	訓詁之屬、 字書之屬、 韻書之屬。	小學類：共收錄一百三十八部。 訓詁之屬-收錄二十五部。 字書之屬-收錄六十部。 韻書之屬-收錄五十三部。
卷第四	史部一	正史類		正史類：共收錄五十九部。
	史部二	編年類		編年類：共收錄五十五部。
	史部三	紀事本末類		紀事本末類：共收錄十八部。
	史部四	別史類		別史類：共收錄三十七部。
	史部五	雜史類		雜史類：共收錄三十部。

卷第五	史部六	詔令奏議類	奏議之屬。	詔令奏議類：共收錄三十三部。 奏議之屬-收錄三十三部。
	史部七	傳記類	聖賢之屬、 名人之屬、 總錄之屬、 雜錄之屬。	傳記類：共收錄七十八部。 聖賢之屬-收錄三部。 名人之屬-收錄十九部。 總錄之屬-收錄四十七部。 雜錄之屬-收錄九部。
	史部八	史鈔類		史鈔類：共收錄八部。
	史部九	載記類		載記類：共收錄三十六部。
	史部十	時令類		時令類：共收錄三部。
	史部十一	地理類	宮殿疏之屬、 總志之屬、 都會郡縣之類、 河渠之屬、 邊防之屬、 山川之屬、 古蹟之屬、 雜記之屬、 游記之屬、 外紀之屬。	地理類：共收錄二百０九部。 宮殿疏之屬-收錄四部。 總志之屬-收錄十六部。 都會郡縣之屬-收錄六十七部。 河渠之屬-收錄二十八部。 邊防之屬-收錄八部。 山川之屬-收錄十一部。 古蹟之屬-收錄十四部。 雜記之屬-收錄二十九部。 游記之屬-收錄六部。 外紀之屬-收錄二十六部。
卷第六	史部十二	職官類	官制之屬、 官箴之屬。	職官類：共收錄二十二部。 宮制之屬-收錄十二部。 官箴之屬-收錄十部。
	史部十三	政書類	通制之屬、 儀制之屬、 邦計之屬、 軍政之屬、 法令之屬、 考工之屬。	政書類：共收錄七十五部。 通制之屬-收錄二十五部。 儀制之屬-收錄二十二部。 邦計之屬-收錄七部。 軍政之屬-收錄四部。 法令之屬-收錄十二部。 考工之屬-收錄五部。

	史部十四	目錄類	經籍之屬、金石之屬。	目錄類：共收錄七十七部。經籍之屬-收錄三十六部。金石之屬-收錄四十一部。
	史部十五	史評類		史評類：共收錄二十三部。
卷第七	子部一	儒家類		儒家類：共收錄一百一十九部。
	子部二	兵家類		兵家類：共收錄二十九部。
	子部三	法家類		法家類：共收錄七十七部。
	子部四	農家類		農家類：共收錄一十三部。
卷第八	子部五	醫家類		醫家類：共收錄一百四十二部。
	子部六	天文算法類	推步之屬、算書之屬。	天文算法類：共收錄八十九部。推步之屬-收錄四十八部。算書之屬-收錄四十一部。
卷第九	子部七	術數類	學之屬、占候之屬、相宅相墓之屬、占卜之屬、命書相書之屬、陰陽五行之屬。	術數類：共收錄六十七部。學之屬-收錄十八部。占候之屬-收錄九部。相宅相墓之屬-收錄十二部。占卜之屬-收錄八部。命書相書之屬-收錄十六部。陰陽五行之屬-收錄四部。
	子部八	藝術類	書畫之屬、琴譜之屬、篆刻之屬、雜技之屬。	藝數類：共收錄九十七部。書畫之屬-收錄八十六部。琴譜之屬-收錄四部。篆刻之屬-收錄三部。雜技之屬-收錄四部。
	子部九	譜錄類	器物之屬、食譜之屬、草木禽魚之屬。	譜錄類：共收錄七十六部。器物之屬-收錄四十二部。食譜之屬-收錄十三部。草木禽魚之屬-收錄二十一部。

卷第十	子部十	雜家類	雜學之屬、雜考之屬、雜說之屬、雜品之屬、雜纂之屬、雜編之屬。	雜家類：共收錄二百一十部。 雜學之屬-收錄二十六部。 雜考之屬-收錄六十六部。 雜說之屬-收錄八十八部。 雜品之屬-收錄十一部。 雜纂之屬-收錄十五部。 雜編之屬-收錄四部。
	子部十一	類書類		類書類：共收錄八十七部。
卷第十一	子部十二	小說家類	雜事之屬、異聞之屬、瑣記之屬。	小說家類：共收錄一百四十部。 雜事之屬-收錄九十五部。 異聞之屬-收錄三十七部。 瑣記之屬-收錄七部。
	子部十三	釋家類		釋家類：共收錄二十六部。
	子部十四	道家類		道家類：共收錄六十部。
卷第十二	集部一	楚詞類		楚詞類：共收錄七部。
	集部二	別集類一_{漢至五代}		別集類一：共收錄一百五十一部。
卷第十三	集部三	別集類二_{北宋建隆至靖康}		別集類二：共收錄一百三十八部。
	集部四	別集類三_{南宋建炎至德祐}		別集類三：共收錄二百八十九部。
卷第十四	集部五	別集類四_{金至元}		別集類四：共收錄一百七十七部。
卷第十五	集部六	別集類五_{明洪武至崇禎}		別集類五：共收錄二百五十二部。
	集部七	別集類_{國朝}		別集類：共收錄五十二部。

卷第十六	集部八	總集類		總集類：共收錄一百七十七部。
	集部九	詩文評類		詩文評類：共收錄六十八部。
	集部十	詞曲類	詞集之屬、詞選之屬、詞話之屬、詞譜詞韻之屬、南北曲之屬。	類：共收錄一百〇七部。 詞集之屬-收錄七十六部。 詞選之屬-收錄十八部。 詞話之屬-收錄八部。 詞譜詞韻之屬-收錄二部。 南北曲之屬-收錄三部。

從上表得知，《邵亭書目》十六卷中，收錄之書先據四部作分類。每部下各有一段序言，每一部中又分若干子目，子目下又分若干小類，並有小序；某部類下又分若干屬。所收之書條下，主要著錄其版本、種類多寡，以知見者爲主，故詳略不等。又著錄該書版刻時代、行款、優劣等項，此部分爲該書目之特色，乃本文主要探討範圍，下文有專節深論。此節先說明其編排方式。

1、經　部

「卷一至卷三」以經部之書爲主，有序言云：

　　　五經古注，乾隆中仿宋相臺岳氏本刊，道光中，貴州、廣東皆有翻本，貴州本無卷端璽印……〔註25〕。

經部中計分子目十類，依次爲：「經部一易類、經部二　書類、經部三　詩類、經部四　禮類、經部五　春秋類、經部六　孝經類、經部七　五經總義類、經部八　四書類、經部九　樂類、經部十　小學類」。若干類下亦有序言，茲錄「經部六」孝經類爲例：

　　　孝經類　直齋云：『孝經鄭注，乾道中于京口學官（宮）。』今已無傳，舊在（存）束先生輯本〔註26〕。

若干部類下又分若干屬。茲錄禮類爲例，此部類下依次分爲：「周禮之屬、儀禮之屬、禮記之屬、三禮總義、通禮之屬、雜禮之屬」等六屬。每部所收之書，皆著錄其版本種類多寡，並述其版刻時代、善劣及殘闕情況等。

〔註25〕同本論文第五章註4，卷一，頁3。
〔註26〕同本論文第五章註4，卷三，頁1。

2、史 部

「卷四至卷六」以史部之書爲主，無序言。史部中又分子目十五類，依次爲：「史部一 正史類、史部二 編年類、史部三 紀事本末類、史部四 別史類、史部五 雜史類、史部六 詔令奏議類、史部七 傳記類、史部八 史鈔類、史部九 載記類、史部十 時令類、史部十一 地理類、史部十二 職官類、史部十三 政書類、史部十四 目錄類、史部十五 史評類」。除正史類下有小序外，其餘皆無。茲錄「史部一」正史類爲例：

　　　　明南監本二十一史，或取他省舊刊附官刊《元史》，不足之部，則新刻足之。其式大小行疏密，皆不一律，以嘉靖印者爲最佳。後來所收舊板，遞有修補，不足貴矣。其板至嘉慶間，乃毀于火，然自雍乾以來印者，不可讀矣。……邵亭丙寅秋在滬收一部，桃花紙印者，絕寬大，蓋康熙中印，亦精好醒目，惜其中《三國志》《晉書》《唐書》，乃以書業堂翻本單宣城紙印舂入。翻刻汲古十七史，有書業堂及埽葉山房二本，以書業趙氏本爲勝。並嘉道來蘇城書肆〔註27〕。

若干部類下又分若干屬。茲錄地理類爲例，此部類下依次分爲：「宮殿疏之屬、總志之屬、都會郡縣之類、河渠之屬、邊防之屬、山川之屬、古蹟之屬、雜記之屬、游記之屬、外紀之屬」等十屬。每部所收之書，皆著錄其版本種類多寡，並述其版刻時代、行款、善劣情況等。

3、子 部

「卷七至卷十一」以子部之書爲主，無序言。子部中計分子目十四類，依次爲：「子部一 儒家類、子部二 兵家類、子部三 法家類、子部四 農家類、子部五 醫家類、子部六 天文算法類、子部七 術數類、子部八 藝術類、子部九 譜錄類、子部十 雜家類、子部十一 類書類、子部十二 小說家類、子部十三 釋家類、子部十四 道家類」。類下除類書及釋家有小序外，其餘皆無。茲錄「子部十一」類書類爲例：

　　　　類書類 類書如明之《永樂大典》，二萬二千九百卷。本朝之《圖書集成》，一萬卷。囊括群書，卷帙太大，未見此目〔註28〕。

若干部類下又分若干屬。茲錄雜家類爲例，此部類下依次分爲：「雜學之屬、雜考之屬、雜說之屬、雜品之屬、雜纂之屬、雜編之屬」等六屬。每部所收之書，

〔註27〕同本論文第五章註4，卷四，頁1。
〔註28〕同本論文第五章註4，卷十，頁20。

皆著錄其版本種類多寡，並述其版刻時代、行款及殘闕情況等。

4、集　部

　　「卷十二至卷十六」以集部之書為主，無序言。集部中計分子目十類，依次為「集部一　楚詞類、集部二　別集類一漢至五代、集部三　別集類二北宋建隆至靖康、集部四　別集類三南宋建炎至德祐、集部五　別集類四金至元、集部六　別集類五明洪武至崇禎、集部七　別集類國朝、集部八　總集類、集部九　詩文評類、集部十　詞曲類」。若干部類下又分若干屬。茲錄詞曲類為例，此部類下依次分為：「詞集之屬、詞選之屬、詞話之屬、詞譜詞韻之屬、南北曲之屬」等五屬。每部所收之書，皆著錄其版本種類多寡，並述其版刻時代、善劣及殘闕情況等。

　　總之，《邵亭書目》係按四部分類法來排列收書之次序，每書條目下則詳記知見古籍之各種版本外，並簡述版刻時代、善劣及殘闕情況等現象，為後代學者提供研究版本之寶貴資料。若論該書目著錄特色，待下文再詳述。

四、《邵亭知見傳本書目》與《四庫全書簡明目錄》、《四庫簡明目錄標注》之差異

（一）、《邵亭知見傳本書目》與《四庫全書簡明目錄》之差異

　　上文已將二書目分別介紹，以下僅對二書目在收書分類編排上、著錄方式與收書總數等項作說明：

1、收書分類編排方式之差異

書　名 編排及 著錄狀況	《邵亭知見傳本書目》	《四庫全書簡明目錄》
卷　　數	共分十六卷，「卷一至卷三」為經部、「卷四至卷六」為史部、「卷七至卷十一」為子部、「卷十二至十六」為集部。	共分二十卷，「卷一至卷四」為經部、「卷五至卷八」為史部、「卷九至卷十四」為子部、「卷十五至卷二十」為集部。
分類編排方式	全書以四部作分目，經部有三卷、史部有三卷、子部有五卷、集部有五卷，每部中又分子目若干小類，某部類下又分若干屬。某些部類下，有序言。	全書以四部作分目，經部有四卷、史部有四卷、子部有六卷、集部有六卷，每部中又分子目若干小類，某部類下又分若干屬。

以上《邵亭書目》與《四庫全書簡明目錄》表格比對之結果如下：

（1）、二書目之卷數因收書多寡，《邵亭書目》共分十六卷，《四庫全書簡明目錄》共分二十卷。而每部卷數亦有差異，《四庫全書簡明目錄》各部均較《邵亭書目》多出一卷，例如「經部」《邵亭書目》有三卷，《四庫全書簡明目錄》則有四卷。但從上表之比較，可知每部類之收書次序，二書目皆相同。至於收書總數，已見上文第三節第一點《四庫全書簡明目錄》概述及其分類編排方式中「（二）、《四庫全書簡明目錄》編排方式」表格備註中，得知《邵亭書目》確較《四庫全書簡明目錄》為多。

（2）、《邵亭書目》編排上，確實依《四庫全書簡明目錄》作分類，然亦有稍許差異。下表中二書目差異處，則加一橫線條以便清楚對照出。

書　名 卷　次 部、類、屬	《邵亭知見傳本書目》		《四庫全書簡明目錄》	
部、類、屬	史部六	詔令奏議類 奏議之屬	史部六	詔令奏議類 <u>詔令之屬</u>、奏議之屬
	史部十一	地理類 <u>宮殿疏之屬</u>、總志之屬、都會郡縣之類、河渠之屬、邊防之屬、<u>山川之屬</u>、古蹟之屬、雜記之屬、游記之屬、外紀之屬	史部十一	地理類 <u>宮殿簿之屬</u>、總志之屬、都會郡縣之類、河渠之屬、邊防之屬、<u>山水之屬</u>、古蹟之屬、雜記之屬、游記之屬、外紀之屬
	子部七	術數類 <u>學之屬</u>、占候之屬、相宅相墓之屬、占卜之屬、命書相書之屬、陰陽五行之屬	子部七	術數類 <u>數學之屬</u>、占候之屬、相宅相墓之屬、占卜之屬、命書相書之屬、陰陽五行之屬
	子部九	譜錄類 器物之屬、<u>食譜之屬</u>、草木禽魚之屬	子部九	譜錄類 器物之屬、<u>飲饌之屬</u>、草木禽魚之屬
	集部七	<u>別集類</u>國朝	集部七	<u>別集類六</u>國朝

上表，呈現出「屬」部分名稱之差異，《邵亭書目》「地理類山川之屬」，《四庫全書簡明目錄》則名為「地理類山水之屬」；《邵亭書目》「譜錄類食譜之屬」，《四庫全書簡明目錄》則名為「譜錄類雜飲饌之屬」。另可從上表得知，藍格鈔本《邵亭書目》在刊刻時之疏漏，例如史部詔令奏議類漏刻「詔令之屬」，地理類「宮殿簿之屬」誤刻成「宮殿疏之屬」；子部術數類「數學之屬」漏刻成「學之屬」；集部「別集類六國朝」漏刻成「別集類國朝」。

總之，從每部類收書次序得知，二書目皆相同，部類名稱雖偶有差異，但《邵亭書目》確實是在《四庫全書簡明目錄》基礎上加以建構。

2、著錄收書方式之差異

《邵亭書目》與《四庫全書簡明目錄》著錄收書方式，有相當大差異，前者之作者著重於各版本著錄，且若干部類下撰有序言，將所見聞之書一一詳載。至於後者之編纂目的，因《四庫全書總目提要》卷帙浩繁，故將提要刪節以簡目記錄方式呈現大意。茲偶舉數例以見一斑：

例一，「經部」書類《書集傳》六卷，在《邵亭書目》卷一記載云：

> 《書集傳》六卷　宋蔡沈撰。明正統十二年刊《五經四書》本，內附鄒季友《音釋》，最善。宋元明刊本，均載小序，唯近世坊本不載耳，《彙纂》亦載也。咸豐丙辰，祝桐君刊，依正統本精校。同治五年，望三益齋刊，亦依正統本附《音釋》精校。明有嘉靖丙辰刊本。明又有熊振宇、楊一鶚兩刊。道光戊子，旌德朱琳杰（立）本齋刊本，陽湖孫氏有元坊刻本，改「集傳」為「集註」，六卷作十卷，附鄒氏《音釋》，每句皆作小圈，讀法或作連圈，黑口巾箱本，每半頁九行，行二十七字〔註29〕。

而《四庫全書簡明目錄》卷二，記載云：

> 《書集傳》六卷　宋蔡沈撰。其說原出朱子，而與朱子頗有異同。據其子杭進表，尚有《小序》一卷、《朱熹問答》一卷，今《問答》久佚，《小序》雖尚存，而宋以來刊本悉不載。今亦惟以六卷著錄焉〔註30〕。

例二，「史部」正史類《梁書》五十六卷，在《邵亭書目》卷四記載云：

> 《梁書》五十六卷　唐姚思廉撰。北南監本。汲古閣本。殿本。南監又有余有丁等校刊本。汪閬源藏宋本，鮑以文定為北宋刊，不避南宋

〔註29〕同本論文第五章註4，卷一，頁19。
〔註30〕同本論文第五章註15，卷二，頁6～25。

帝諱，每冊有禮部官印，舊藏張氏石鼓亭，面頁有元時閱借觀書云云五行木印，隸書。殿式極寬大，半頁九行，行十八字〔註31〕。

而《四庫全書簡明目錄》卷五記載言云：

　　《梁書》五十六卷　唐姚思廉撰。篇末題陳吏部尚書姚察者，凡二十有六，蓋思廉此書因其父之遺稿也。《舊唐書》思廉本傳及《經籍志》，並作五十卷。《史通》及《新唐書》則作五十六卷，與此本合，知《舊唐書》爲誤矣〔註32〕。

例三，「子部」儒家類《中說》十卷，在《邵亭書目》卷七記載云：

　　《中說》十卷　舊本題隋王通撰。世德堂六子本。道光乙未重刊世德堂本。吳勉學二十子本。明崔銑《中說考》七卷刊本。宋有巾箱本。蘇城汪氏有宋本，每半頁十一行，行二十字，目錄後有「隱士王氏取瑟堂」大字，書中朗字俱闕筆作朗（朗）。查恂叔宋本《中說》，半頁十一行，行大字二十一，小字二十五，前有文中子纂事二頁，年表一頁，蓋元刊六子刊〔註33〕。

而《四庫全書簡明目錄》卷九，記載云：

　　《中說》十卷　舊本題隋王通撰。核以事實，多相牴牾，蓋其子福郊、福時等所依託也。書凡十篇，字字句句皆刻畫《論語》師弟，亦互相標榜自比孔顏。蓋自漢以來，僭擬聖人自通始，聚徒講學之風亦自通始，錄之以著儒風變古，其所由來者漸也〔註34〕。

例四，「集部」別集類一《蔡中郎集》六卷，在《邵亭書目》卷十二記載云：

　　《蔡中郎集》六卷　漢蔡邕撰。明正德乙亥錫山華氏活字本，十卷，每頁十四行，行二十三字。順治甲午劉嗣美刻。明陳留令徐子器編輯本，六卷，以萬歷王乾章刻本校。張溥本只二卷。汪士賢刻本，八卷。明善雪堂活字本十卷，外傳一。明萬歷王乾章刻本，十卷，每頁十八行，行二十一字。萬歷又刻十卷本，不及華、王二印。雍正中刻本。咸豐中漕督楊以增刻。顧廣圻校輯本，原編十卷，外紀一卷〔註35〕。

而《四庫全書簡明目錄》卷十五記載云：

〔註31〕同本論文第五章註4，卷四，頁7。
〔註32〕同本論文第五章註15，卷五，頁6-83。
〔註33〕同本論文第五章註4，卷七，頁4。
〔註34〕同本論文第五章註15，卷九，頁6～152。
〔註35〕同本論文第五章註4，卷十二，頁2。

　　　　《蔡中郎集》六卷　漢蔡邕撰。邕集久佚，今因衰輯而成者，凡有
　　二本，一爲張溥《百三家集》本，一爲陳留新刻本。此即陳留本也。凡
　　詩文九十四首，與張本互有增損，張本〈薦董卓表〉一篇，此本刪去。
　　考劉克莊《後村詩話》已論邕此表，則宋本已有之。此本蓋爲鄉曲諱也
　　〔註36〕。

　　由以上四則舉例得知，二書目收錄之書皆撰有解題，然在內容上卻互有詳簡
之差異。《邵亭書目》注重版本種類，並述其版刻時代、行款、善劣情況等，《四
庫全書簡明目錄》則以扼要方式敘述該書大旨。換言之，二者雖皆爲書目，然在
著錄方式上因成書目的不同，而著錄內容亦各有側重。

（二）、《邵亭知見傳本書目》與《四庫簡明目錄標注》之差異

　　上文已將二書目分別介紹，以下僅對二書目在收書分類編排上、著錄方式與
收書總數等項作比較說明：

1、收書分類編排方式之差異

書　　名 編排及 著錄狀況	《邵亭知見傳本書目》	《四庫簡明目錄標注》
卷　　數	共分十六卷，「卷一至卷三」爲經部、「卷四至卷六」爲史部、「卷七至卷十一」爲子部、「卷十二至十六」爲集部。	共分二十卷，「卷一至卷四」爲經部、「卷五至卷八」爲史部、「卷九至卷十四」爲子部、「卷十五至卷二十」爲集部。
分類編排方式	全書以四部作分目，經部有三卷、史部有三卷、子部有五卷、集部有五卷，每部中又分子目若干小類，某部類下又分若干屬。某些部類下，有序言。	全書以四部作分目，經部有四卷、史部有四卷、子部有六卷、集部有六卷，每部中又分子目若干小類，某部類下又分若干屬。某些部類下，有序言。

　　以上《邵亭書目》與《四庫簡明目錄標注》表格比對之結果如下：
　　（1）、二書目在卷數上，《邵亭書目》共分十六卷，而《四庫簡明目錄標注》
共分二十卷。又每部卷數亦有差異，《四庫簡明目錄標注》各部均較《邵亭書目》
多出一卷，例如「經部」《邵亭書目》有三卷，而《四庫簡明目錄標注》則有四卷。
但從上表，可知每部類收書次序上得知，二書目皆相同。收書總數上，見第三節

〔註36〕同本論文第五章註15，卷十五，頁 6～254。

第二點《四庫簡明目錄標注》概述及其分類編排方式中「(二)、《四庫簡明目錄標注》編排方式」表格備註中，得知《邵亭書目》確較《四庫簡明目錄標注》為多。

　　(2)、二書目在編排上，確實皆以《四庫全書簡明目錄》作基礎，並依照四部作分類，然亦有稍許差異。下表中二書目差異處，則加以一橫線條以便清楚對照出。

書　名 部、類、屬	《邵亭知見傳本書目》		《四庫簡明目錄標注》	
部、類、屬	史部六	詔令奏議類 奏議之屬	史部六	詔令奏議類 詔令之屬、奏議之屬
	史部十一	地理類 宮殿疏之屬、總志之屬、都會郡縣之類、河渠之屬、邊防之屬、山川之屬、古蹟之屬、雜記之屬、游記之屬、外紀之屬	史部十一	地理類 宮殿簿之屬、總志之屬、都會郡縣之屬、河渠之屬、邊防之屬、山水之屬、古蹟之屬、中外雜記游記之屬
	子部七	術數類 學之屬、占候之屬、相宅相墓之屬、占卜之屬、命書相書之屬、陰陽五行之屬	子部七	術數類 數學之屬、占候之屬、相宅相墓之屬、占卜之屬、命書相書之屬、陰陽五行之屬
	子部九	譜錄類 器物之屬、食譜之屬、草木禽魚之屬	子部九	譜錄類 器物之屬、飲饌之屬、草木禽魚之屬
	集部七	別集類國朝	集部七	別集類六國朝

　　上表，呈現出「屬」部分名稱之差異，《邵亭書目》史部「地理類山川之屬」，《四庫簡明目錄標注》則名為「地理類山水之屬」，《邵亭書目》史部多「雜記之屬、游記之屬、外紀之屬」等，而《四庫簡明目錄標注》則無此三屬；《四庫簡明目錄標注》史部多「中外雜記游記之屬」，而《邵亭書目》則無此屬。《邵亭書目》子部「譜錄類食譜之屬」，《四庫簡明目錄標注》則名為「譜錄類雜飲饌之屬」。

　　另可從上表得知，藍格鈔本《邵亭書目》在刊刻時之疏漏，例如史部詔令奏議類漏刻「詔令之屬」，地理類「宮殿簿之屬」誤刻成「宮殿疏之屬」、「都會郡縣之屬」誤刻成「都會郡縣之類」；子部術數類「數學之屬」漏刻成「學之屬」；集部「別集類六國朝」漏刻成「別集類國朝」。

　　總之，《邵亭書目》與《四庫簡明目錄標注》皆以《四庫全書簡明目錄》為基礎，加以建構；且二書目皆由後代子孫整理完成。二書目雖以《四庫全書簡明目錄》為基礎，究竟何者編排較接近於《四庫全書簡明目錄》？從以上敘述得知，編排名稱上《四庫簡明目錄標注》除史部地理類屬與《四庫全書簡明目錄》稍有差異外，其餘皆相同。換言之，在編排類別名稱上《四庫簡明目錄標注》與《四庫全書簡明目錄》差異較少。

2、著錄收書方式之差異

　　《邵亭書目》與《四庫簡明目錄標注》著錄收書方式皆著重於各版本，且若干部類下撰有序言。上文已有舉例，不再贅言。而其載錄詳略之差異，茲偶舉數例，以見一斑：

　　例一，「經部」書類《書集傳》六卷，在《邵亭書目》卷一記載云：

　　　《書集傳》六卷　宋蔡沈撰。明正統十二年刊《五經四書》本，內附鄒季友《音釋》，最善。宋元明刊本，均載小序，唯近世坊本不載耳，《彙纂》亦載也。咸豐丙辰，祝桐君刊，依正統本精校。同治五年，望三益齋刊，亦依正統本附《音釋》精校。明有嘉靖丙辰刊本。明又有熊振宇、楊一鶚兩刊。道光戊子，旌德朱琳杰（立）本齋刊本，陽湖孫氏有元坊刻本，改「集傳」為「集註」，六卷作十卷，附鄒氏《音釋》，每句皆作小圈，讀法或作連圈，黑口巾箱本，每半頁九行，行二十七字〔註37〕。

　　而《四庫簡明目錄標注》卷一，記載云：

　　　《書集傳》六卷　宋蔡沈撰。宋元明刊本，均載小序，惟今世坊本不載耳，《彙纂》亦載也。至蔡傳所列序說綱領，則嘉靖十一年刊本已去之矣。

　　　　正統十二年刻《五經四書》本，內附鄒季友《音釋》，最善。明嘉靖丙辰刊本。明建寧太守楊一鶚刊本。明熊振宇刊本。明萬曆陳奇泉刊本。陽湖孫氏有元坊刻本，改「集傳」作「集註」，六卷作十卷，附

〔註37〕同本論文第五章註4，卷一，頁19。

郰氏《音釋》，每句皆作小圈，讀法或作連圈，黑口巾箱本，每葉十八行，行二十七字。硤石蔣氏生沐亦有此書，錢警石借校，尚不如正統本之佳，所謂至正辛卯雙桂書堂刊本也。蔣寅昉新得元刊本，與舊藏本不同，每半葉十三行，每行二十三字。陳仲魚有宋刊本，缺夏商二卷，八行，行十七字，序後有眞西山跋語，不附《音釋》；首卷題晦菴先生訂定，門人蔡沈集傳，餘卷止題蔡沈集傳四字。坊刻蔡傳，誤字甚多，余有校本〔註38〕。

例二，「史部」正史類《梁書》五十六卷爲例，在《邵亭書目》卷四記載云：

  《梁書》五十六卷　唐姚思廉撰。北南監本。汲古閣本。殿本。南監又有余有丁等校刊本。汪閬源藏宋本，鮑以文定爲北宋刊，不避南宋帝諱，每冊有禮部官印，舊藏張氏石鼓亭，面頁有元時閱借觀書云云五行木印，隸書。殿式極寬大，半頁九行，行十八字〔註39〕。

而《四庫簡明目錄標注》卷五，記載云：

  《梁書》五十六卷　唐姚思廉撰。許氏有九行邋遢本。南監板乃萬曆三年余有丁刊本。余有丁又刊《史記》、《五代史》；《五代史》佳，而《史記》刪注太多，內間注有丁及各家說。有大字、小字二本。《梁書》、《五代》列於廿一史內，而《史記》用馮夢禎本，不用有丁所刊之本〔註40〕。

例三，「子部」儒家類《中說》十卷，在《邵亭書目》卷七記載云：

  《中說》十卷　舊本題隋王通撰。世德堂六子本。道光乙未重刊世德堂本。吳勉學二十子本。明崔銑《中說考》七卷刊本。宋有巾箱本。蘇城汪氏有宋本，每半頁十一行，行二十字，目錄後有「隱士王氏取瑟堂」大字，書中朗字俱闕筆作朗（朗）。查恂叔宋本《中說》，半頁十一行，行大字二十一，小字二十五，前有文中子纂事二頁，年表一頁，蓋元刊六子刊〔註41〕。

而《四庫簡明目錄標注》卷九，儒家類「《中說》十卷」記載言：

  《中說》十卷　舊本題隋王通撰。核以事實，多相牴牾，蓋其子福郊、福畤等所依託也。

〔註38〕同本論文第五章註18，卷二，頁44。
〔註39〕同本論文第五章註4，卷四，頁7。
〔註40〕同本論文第五章註18，卷五，頁199。
〔註41〕同本論文第五章註4，卷七，頁4。

明初刊本。世德堂六子本。道光乙未重刊世德堂本。《漢魏叢書》二卷。明重刊小字六子本。吳勉學二十子本。黃丕烈有宋刊本。張目有元刊本,前有文中子纂事。拜經樓吳氏有《宋氏纂圖互注文中子》十卷〔註42〕。

例四,「集部」別集類一《蔡中郎集》六卷,在《邵亭書目》卷十二記載云:

> 《蔡中郎集》六卷　漢蔡邕撰。明正德乙亥錫山華氏活字本,十卷,每頁十四行,行二十三字。順治甲午劉嗣美刻。明陳留令徐子器編輯本,六卷,以萬歷王乾章刻本校。張溥本只二卷。汪士賢刻本,八卷。明善雪堂活字本十卷,外傳一。明萬歷王乾章刻本,十卷,每頁十八行,行二十一字。萬歷又刻十卷本,不及華、王二印。雍正中刻本。咸豐中漕督楊以增刻。顧廣圻校輯本,原編十卷,外紀一卷〔註43〕。

而《四庫簡明目錄標注》卷十五,記載云:

> 《蔡中郎集》六卷　漢蔡邕撰。邕集久佚,今因裒輯而成者。凡有二本,一為張溥《百三家集》本,一為陳留新刻本。此即陳留本也。
>
> 明正德乙亥錫山華氏活字本,明王乾章刊本,均十卷,佳。明萬歷中刊本,十卷,不及華、王二本。華本每葉十四行,行十三字,王本每葉十八行,行二十一字。汪士賢刊本,八卷。張溥本,止二卷。順治時劉嗣美刊明陳留令徐子器編輯本,六卷。又雍正中刊本。咸豐四年楊河帥以增刊本十卷,附外集四卷〔註44〕。

由以上四則舉例得知,二書目著錄方式相似,《四庫簡明目錄標注》早於《邵亭書目》,莫氏收錄之書雖皆以知見書目為限,然偶有摘錄參考邵氏之標注。葉德輝《郎園讀書志》云:

> 莫友芝隨手批注《四庫全書簡明目錄》者,較邵批不同,以南北刻目詳略互殊,見聞亦异也。莫批為蘇州書估侯駝子借抄流傳至京師,遂為廣甸祕笈。坊估妄自增補借閱者,又展轉加批,以至襲謬沿訛,失其真面目。日本書估田中慶於宣統初得其本,以活字版印行,頗獲大利。今滬上已三次復印矣〔註45〕。

從此資料得知,莫邵二人所見南北藏書情況有异,所記遂各有所長。然莫友

〔註42〕同本論文第五章註18,卷九,頁383。
〔註43〕同本論文第五章註4,卷十二,頁2。
〔註44〕同本論文第五章註18,卷十五,頁634。
〔註45〕葉德輝《郎園讀書志》卷四《書目答問》五跋。

芝《邵亭書目》除記錄江南古籍外，並率先增錄邵懿辰北方文獻，故在採錄版本種類《邵亭書目》略勝於《四庫簡明目錄標注》。換言之，二書目雖皆以版本多寡爲主，《邵亭書目》資料則較爲完備。

第四節　《邵亭知見傳本書目》著錄之現象

　　《邵亭書目》十六卷編撰方式，以四部分類作分目。收錄之書以《四庫全書簡明目錄》爲基礎，再增補《四庫簡明目錄標注》之書，但卻無作任何標註，故抄錄多少很難論定。若從該書目所著錄諸版本中見收錄其他書目之異本，知所見聞古籍版本眾多。每部書條下偶撰寫各種異本，記錄相當精詳。又簡述該書行款、版式、眞僞、優劣、依據版本、版本時代及《四庫》存錄情形等，除延續版本書目古法外，亦增入介紹該版本之文獻資料，其方式實已擴大傳統版本之著錄方式。故莫友芝《邵亭書目》展現出另一種版本書目之著錄方式，此爲該書目價值所在。茲據《邵亭書目》著錄之現象，歸納其特色有下列十項：

一、收錄之書每說明該書版本多寡之情形

　　《邵亭書目》載錄經、史、子、集等書籍，此書目主要特色於一書多種版本之著錄。從收錄版本著錄發現，莫氏除本身藏書外，亦訪錄不少江南藏書家之私藏，並增錄劭懿辰《四庫簡明目錄標注》，或從《永樂大典》中輯出之版本。雖每部書所記錄版本多寡不一，但對今之研究目錄版本學者，仍能提供不少珍貴資料。以下四部各舉一例說明之。

　　例一，經部卷一《乾坤鑿度》二卷：

　　　　是書爲《永樂大典》所載易緯八種之一，下七種並同。内刊十行本。
　　聚珍板本。閩覆本。杭縮本。又重刊稍大之本。嘉慶十四年侯官趙氏刊
　　《七緯》本。又天一閣刊本。錢曾有宋刊本，云以校天一閣本，多譌脫。
　　秀水章全攷定句讀刊本。《經學彙函》本〔註46〕。

　　例二，史部卷四《史記》一百三十卷：

　　　　漢司馬遷。正文無註者，明葛氏刊本。近日馮應榴刊本。坊刊本。
　　陳明卿本最善，陳臥子本次之，鍾伯敬本不載十表，最下矣。又有鍾人
　　傑本。嘉會（惠）本。《天祿琳琅後目》有宋板《史記》，目錄後刊校書

官張來（按：來當作耒，文潛名耒。）職名，因文潛所校定，以爲北宋元祐間本。又一部，紹興三年官刊本。又三部，俱嘉靖六年萬卷樓刊本。以上俱有《正義》。又一部，即元中統二年段刊《索隱》本。又二部，昭文張氏有宋乾道刊《集解》《索隱》足本。又有九行大字北宋刊殘本十四卷。梅伯言嘗見有汪文盛刊本《史記註》。何子貞有明武進吳中珩刊本。明李元易、高士魁校本，各（名）《史記題詳》。程容伯有安成郡彭寅翁崇道精舍刊本《史記集解索隱》。宋乾道蔡夢弼刊本，目錄後有「三峰樵隱蔡夢弼傅卿校正」一行。……元本《史記集解索隱》。又元本《史記集解索隱正義》殘本，〈十二諸侯年表〉後有木印，云「安成郡彭寅翁鼎新刊行」，不著年月，驗板式蓋元刊也。上五種，昭文張氏愛日精廬藏。錢氏百衲本有抄補十餘卷，所集宋板只四種，一種小字十二行，一種大字十行，一種中字十二行，一種小字十三字，其十字、十三行本單《集解》，十二行兼有《索隱》，王鳴盛《十七史商榷》中痛訾之劉燕庭所藏百衲本。一本但《集解》，半頁十四行，行二十四字或二十五、六、七不等，註每行三十一、二字，愼字缺筆，是南北本。〈殷周本紀〉炮烙皆作炮格；一本亦止《集解》，半頁十行，行正文十九字，註二十五、六字，桓字不避嫌名，當是北宋刻；一本兼《集解》《索隱》，半頁十二行，行大二十二字，小二十八字，年表、月表卷尾有「建安蔡夢弼傅卿謹案京蜀諸本校理置梓于東塾」二十字二行，與張金吾《藏書志》所記合，避缺至愼字，凡四本。劉方伯藏尚有三家註合刊本，與柯本行款同……〔註47〕。

例三，子部卷七《鹽鐵論》十二卷：

漢桓寬撰。《漢魏叢書》本，十二卷。明華氏活字板本。弘治十四年涂禎本。嘉靖三十年倪邦彥重刻涂本。明沈廷餘刊本四卷。張之象注本十二卷。嘉靖癸丑刊。嘉慶丁卯張氏刊本，附考證一卷，佳。胡心耘有元刊。丁禹生有宋刊《鹽鐵論》十卷，半頁九行，行十八字，第十卷末頁有「淳熙改元錦谿張監稅宅善本」二行楷書木記，前有國初人馮武題識，刊印頗精雅〔註48〕。

例四，集部卷十四《月屋漫稿》一卷：

元黃庚撰。明成化十三年刊本。采集遺書日（目）《月屋漫稿》四卷，

〔註47〕同本論文第五章註4，《史部》卷四，〈正史類〉，頁2。
〔註48〕同本論文第五章註4，《子部》卷七，〈儒家類〉，頁3。

《千頃堂書目》作《月屋樵吟》。知不足齋寫本，有泰定丁卯自序。張金
吾又舊抄本四卷，與《敏求記》合，《敏求記》亦題《月屋樵吟》〔註49〕。

以上所舉，皆一書收錄多種版本，如史部之《史記》一書，著錄知見版本多
達二十八種。莫氏除著錄經眼親見版本外，亦鈔錄不少藏書家書目中或《永樂大
典》輯出之版本，從以上四例即可得知，如子部《鹽鐵論》中，《邵亭書目》著錄
「胡心耘有元刊。丁禹生有宋刊。」又莫氏增錄劭懿辰《四庫簡明目錄標注》語，
雖無明顯標明，但兩相比較即可得知。

二、收錄之書時有說明該版本間異同情形

《邵亭書目》載錄經、史、子、集等書籍，此書目主要特色於一書多種版本
之著錄外，版本間異同情形如何，莫氏於所根據版本或版本優劣等情形，偶亦作
扼要說明，故對今之研究目錄版本學者，亦能提供不少珍貴文獻資料。以下四部
各舉一例說明之。

例一，經部卷二《春秋名號歸一圖》二卷：

嘉靖翻刊宋種德堂本，坿集解後，與通志堂本多異〔註50〕。

例二，史部卷四《戰國策註》三十三卷：

雅雨堂刊據宋梁溪安氏本，實多以鮑注本竄改。黃氏仿宋剡川姚氏
本，附札記三卷，半頁十一行，行二十字，善。昭文張氏有陸敕先精校
梁溪安氏姚宏本，與黃刻姚宏本小異〔註51〕。

例三，子部卷十《玉堂嘉話》八卷：

元玉惲撰。《秋潤大全集》本。《墨海金壺》本。守山閣本。張金吾
有淡生堂抄本，云閣本卷八頗有闕文，是本較為完善〔註52〕。

例四，集部卷十六《中州集》十卷、附《中州樂府》一卷：

邵亭丙寅秋，在滬肆見《中州集》，元至大刊本，半頁十五行，行
二十八字，最精善。張氏目又有《中州樂府》一卷，影元刊本，謂末有
至大庚戌良月平水進德齋刊木印，又謂有小傳三篇，是中州詩中未載之
人，毛氏誤刪之，詳錄在詞曲總集《中州樂府》下。又載《中州集》行

〔註49〕同本論文第五章註4，《集部》卷十四，〈別集類〉四，頁2。
〔註50〕同本論文第五章註4，《經部》卷二，〈春秋類〉，頁19。
〔註51〕同本論文第五章註4，《史部》卷四，〈雜史類〉，頁23。
〔註52〕同本論文第五章註4，《子部》卷十，〈雜家類〉，頁14。

款，同前云與影元抄本《中州樂府》款式相同，知亦至大刊也〔註53〕。

以上所舉，經部《春秋名號歸一圖》、史部《戰國策註》、子部《玉堂嘉話》及集部《中州集》附《中州樂府》等，對同一部書於多種版本間係根據何家版本翻刻，又其異本間之優劣及差異等，均作有簡述，故能提供研究者若干線索。

三、收錄之書時有著錄行款、版式、版刻精善

《邵亭書目》于一書載錄多種版本外，該書之行款、版式、紙質及版刻精善，亦有扼要記錄，故能提供後學者各式版本之參考資料。以下四部各舉一例說明之。

例一，經部卷二《呂氏家塾讀詩記》三十二卷：

> 宋呂祖謙撰。嘉靖四年陸鉞刊本。萬曆癸丑陳氏刊本。嘉慶中聽彝堂刊本。《墨海金壺》本。《經苑》本。昭文張氏陸鉞本，有嚴虞惇思菴校，朱傳與小序異香，一一標明，間附識語，亦精當。《天祿後目》，《呂氏讀詩記》有宋刊巾箱本二部，一本十二行，行二十字，一本十四行，行十九字。宋殘本，每頁二十四行，行二十二字。明嘉靖刊本，古體字精又方，宋字次之。了翁後序為眉山賀春卿重刊是書而作，時去祖謙歿未遠，而板已再新，知宋人絕重是書也。邵亭有宋刊殘本，每半頁十四行，行十九字，即《天祿後目》云第二本，同存第二十一至三十二，凡十二卷。昭文張氏有宋刊，卷一至十九，安得萃而合之〔註54〕。

例二，史部卷四《國語》六十一卷：

> 吳韋昭注。段玉裁校訂本。衍聖公刊本。《四庫》著錄疑即段本。昭文張氏有元刊本，附《補音》三卷。明樊川許宗魯宜靜書堂刊本，半頁十行，行二十字，中多古體。又張一鯤本。萬曆乙酉新都吳汝紀重刊張本，云張、李、郭、周四先生，南都校本《國語》，張歸蜀，其本入蜀，此又重刊。嘉靖戊子，金李刊本、閔齊伋刊本、關中葉邦榮刊本。盧之頤刊本。葛端調刊本。朱墨套本。《國語》註有紹興十九年刊本，半頁十行，行二十字。黃丕烈仿宋明道二年刊本，附丕烈札記一卷，校刊並精善。《國語》明刊無註，註本分八卷，半頁十行，行十七字〔註55〕。

例三，子部卷八《黃帝素問》二十四卷：

〔註53〕同本論文第五章註4，《集部》卷十六，〈總集類〉，頁11。
〔註54〕同本論文第五章註4，《經部》卷二，〈詩類〉，頁3。
〔註55〕同本論文第五章註4，《史部》卷四，〈雜史類〉，頁23。

　　唐王冰註。明潘氏黃海木。吳勉學《古今醫統》本，近日鎮江新刊
仿宋本，並二十四卷。明周日校刊本，明趙簡王居敬堂刊本，並十二卷。
明吳梯校刊本，十卷。《天祿後目》有《黃帝內經合素問靈樞》，四十八
卷。元至元己卯，葛節古林書堂刊本，併爲十二卷，末附《素問入式奧
論》三卷，《遺篇》一卷。黑口。每頁二十三行，行二十三字。平津館有
藏本。明嘉靖庚戌，武陵顧從德翻雕宋本王註二十四卷，最善。十行，
行二十三字，（雙）行行三十字〔註56〕。

　　例四，集部卷十二《曹子建集》十卷：

　　　　魏曹植撰。宋本大字，旁有陳思王三字。明嘉靖中，郭萬里仿宋刻
　　本有徐伯蚪序，每頁十八行，行二十一字。明活字本十卷，別本四卷，
　　詩賦，無雜文。汪士賢刻，亦十卷。《百三名家》本二卷。此書以無〈七
　　步詩〉者爲善。《天祿琳瑯書目》十載《曹子建集》十卷，目錄後有元豐
　　五年萬玉堂刻本記，前後無序跋。其書無印，甚精，印紙有金粟山房記，
　　古色可愛。惟目錄末頁卷首一葉紙色不同，字體亦異。當是先有宋本，
　　闕此二葉，因爲翻刻，并以原書所闕重寫補刻。或舊有序跋，俱經私汰
　　未可知。故編入明本〔註57〕。

　　以上所舉《邵亭書目》之載錄情形。經部《呂氏家塾讀詩記》除著錄多種版
本外，于多種版本中又簡述其版刻精善、版式及行款等，如謂「《天祿後目》，《呂
氏讀詩記》有宋刊巾箱本二部，一本十二行，行二十字，一本十四行，行十九字。
宋殘本，每頁二十四行，行二十二字。明嘉靖刊本，古體字精又方，宋字次之。
了翁後序爲眉山賀春卿重刊是書而作，時去祖謙歿未遠，而板已再新，知宋人絕
重是書也。邵亭有宋刊殘本，每半頁十四行，行十九字，即《天祿後目》云第二
本，同存第二十一至三十二，凡十二卷。」史部記《國語》謂：「《國語》註有紹
興十九年刊本，半頁十行，行二十字。黃丕烈仿宋明道二年刊本，附丕烈札記一
卷，校刊並精善。」子部卷八《黃帝素問》，「元至元己卯，葛節古林書堂刊本，
併爲十二卷，末附《素問入式奧論》三卷，《遺篇》一卷。黑口。每頁二十三行，
行二十三字，平津館有藏本。明嘉靖庚戌，武陵顧從德翻雕宋本王註二十四卷，
最善，十行，行二十三字，（雙）行行三十字。」如集部卷十二記《曹子建集》云：
「此書以無〈七步詩〉者爲善。《天祿琳瑯書目》十載《曹子建集》十卷，目錄後

〔註56〕同本論文第五章註4，《子部》卷八，〈醫家類〉，頁1。
〔註57〕同本論文第五章註4，《集部》卷十二，〈別集類〉一，頁3。

有元豐五年萬玉堂刻本記，前後無序跋。其書無印，甚精，印紙有金粟山房記，古色可愛。惟目錄末頁卷首一葉紙色不同，字體亦異。當是先有宋本，闕此二葉，因爲翻刻，并以原書所闕重寫補刻。或舊有序跋，俱經私汰未可知。故編入明本。」敘述版本優劣、紙質及刊刻年代等十分詳細。

四、收錄之書時有說明依據版本之來源

《郘亭書目》著錄一書之版本時，莫友芝偶將收錄書所依據版本作交待。以下四部各舉一例說明之。

例一，經部卷二《春秋穀梁傳疏》二十卷云：

> 周穀梁赤所述，晉范甯註，唐楊士勛疏。閩、監、毛、殿、江西五本。阮氏《校勘記》《公羊》、《穀梁註疏》，皆據何義門之第（弟）煌依宋元諸刻精校本。又有不全影宋單疏，爲明李中麓家抄本。《天祿後目》，有宋刊監本《附音春秋穀梁傳注疏》二十卷二部〔註58〕。

例二，史部卷四《建康實錄》二十卷：

> 唐許嵩撰。張海鵬重刊宋本。宋本在汪氏。上海郁氏有舊影宋抄本。昭文張氏有舊抄本，顧澗濱據宋本校，後劉嘉祐三年開造校正官張盧民等銜名七行，紹興十八年重雕校勘官韓軫等銜名九行〔註59〕。

例三，子部卷八《千金寶要》六卷：

> 宋郭思伋從孫氏《千金方》擇要刻石者，有明景泰中秦王重刻石于耀州孫眞人舊拓本。又同治木刻本。平津館刊本。又阮氏所藏十七卷，依石本錄副以進呈〔註60〕。

例四，集部卷十三《唐子西集》二十四卷：

> 宋唐庚撰。此本乃明崇禎庚辰，福徐燉從何楷家抄傳明嘉靖三年金獻民刊本。雍正乙己，歸安汪亮采刻本，題《眉山集》。昭文張氏有舊抄本三十卷，題曰《眉山唐先生文集》〔註61〕。

以上所舉，經部《春秋穀梁傳疏》、史部《建康實錄》、子部《千金寶要》及集部《唐子西集》，皆將著錄多種版本中，某版本所依據之版本，或其他刻本根據之版本，如經部卷二載《春秋穀梁傳疏》謂「阮氏《校勘記》《公羊》《穀梁》註

〔註58〕同本論文第五章註4，《經部》卷二，〈春秋類〉，頁18。
〔註59〕同本論文第五章註4，《史部》卷四，〈別史類〉，頁20。
〔註60〕同本論文第五章註4，《子部》卷八，〈醫家類〉，頁3。
〔註61〕同本論文第五章註4，《集部》卷十三，〈別集類〉二，頁17。

疏，皆據何義門之第（弟）煌依宋元諸刻精校本。」又如集部卷十三《唐子西集》謂「此本乃明崇禎庚辰，福徐燉從何楷家抄傳明嘉靖三年金獻民刊本。」皆能詳細考訂版本來源。

五、收錄之書時有查核四庫之存入情況

《郘亭書目》董康序云：「同治初，軍事甫平，曾文正督兩江，獨山莫徵君友芝領書局，承檄搜訪文宗、文匯、文瀾三閣遺籍，往來江浙間，收藏家恆出舊本相質證，又盡見上海郁氏、豐順丁氏之書，攷論詳覈。」從此序言知莫友芝受曾國藩之託，收訪《四庫》遺書之重責，故在編撰書目上常會標注《四庫》存入情形，前文介紹《持靜齋藏書紀要》與《宋元舊本書經眼錄》二書目如此，《郘亭書目》亦是如此，足以顯見莫氏對此事關心之程度。以下四部各舉一例說明之。

例一，經部卷一《周易演旨》六十五卷：

　　　明程玉潤撰。……《四庫》存目有《程氏易窺》，作十冊，無卷數，云未見此書，疑即《經義攷》所載《演旨》之初稿也〔註62〕。

例二，史部卷四《資治通鑑後編》一百八十四卷：

　　　國朝徐乾學撰。《四庫》著錄即徐氏稿，中本缺第十一卷。此書未刊行，及畢氏書出，遂廢〔註63〕。

例三，子部卷八《脈經》十卷：

　　　晉王叔和撰。……此書《四庫》未錄，而存目《圖註脈訣》提要云，今《脈經》十卷，尚有明趙邸居敬堂所刊。林億校本云，則當又趙府居敬堂刊本〔註64〕。

例四，集部卷十三《北磵集》十卷：

　　　宋釋居簡撰。《四庫》依知不足齋抄本，有宋刊本〔註65〕。

以上所舉四部中之例子，莫氏除說明《四庫》有無存入情形外，偶會加以考訂真偽、采錄版本等，如史部《資治通鑑後編》謂：「《四庫》著錄即徐氏稿。」集部《北磵集》謂：「《四庫》依知不足齋抄本」是也。

六、收錄之書時有說明考訂版本時代

〔註62〕同本論文第五章註4，《經部》卷一，〈易類〉，頁14。
〔註63〕同本論文第五章註4，《史部》卷四，〈編年類〉，頁17。
〔註64〕同本論文第五章註4，《子部》卷八，〈醫家類〉，頁3。
〔註65〕同本論文第五章註4，《集部》卷十三，〈別集類〉三，頁37。

　　《邵亭書目》收錄一書之版本，對版本年代有問題者，亦能從多方面作考訂。
以下四部各舉一例說明之。

　　例一，經部卷三《論語義疏》十卷：

　　　　魏何晏等注，梁皇侃疏。……述古堂藏日本舊抄《論語集解》十卷，
　　中遇「吾」字缺首筆，「語」字亦然，豈避日本諱耶。每卷終注經若干字，
　　注若干字，末有「道祐居士重新命工鏤梓，正平甲辰五月吉日謹誌」兩
　　行。又有「學古神德楷法日下逸門書一行」，正平乃割據年號，十九年當
　　其國天皇貞治三年，中國元順帝二十四年也，見張金吾《藏書志》〔註66〕。

　　例二，史部卷四《史記》一百三十卷：

　　　　北宋殘本《集解》，「禎」字不缺，蓋仁宗以前刊，頁二十八行，行
　　二十七字，註三十一字至三十五字不等。宋蜀大字《史記》殘本，「慎」
　　字不缺，是孝忠（按：忠當作宗。）前刊，頁十八行，行十六字，註二
　　十字。元本《史記集解索隱》。又元本《史記集（解）、（索）隱、正義》
　　殘本，〈十二諸侯年表〉後有本（木）印，云「安成郡彭寅翁鼎新刊行」，
　　不著年月，驗板式，蓋元刊也。上五種，昭文張氏愛日精廬藏。錢氏百
　　衲本……劉燕庭所藏百衲本，一本但《集解》，半頁十四行，行二十四字
　　或二十五六七不等，註每行三十一二字，「慎」字缺筆，是南北本，〈殷
　　周本紀〉炮烙皆作炮格；一本亦止《集解》，半頁十行，行正文十九字，
　　註二十五六字，桓字不避嫌名，當是北宋刻；一本兼《集解》《索隱》，
　　半頁十二行，行大二十二字，小二十八字，年表、月表卷尾有「建安蔡
　　夢弼傅卿謹案京蜀諸本校理置梓于東塾」二十字二行，與張金吾《藏書
　　志》所記合，避缺至「慎」字。凡四本〔註67〕。

　　例三，子部卷八《本州綱目拾遺》十卷：

　　　　錢塘趙學敏恕軒撰。拾李時珍之遺，首載《正誤》一卷，自序題庚
　　寅仲春。時珍子建元進《綱目》在萬曆二十四年丙申，此後庚寅即順治
　　七年也。述所著利（刊）濟十二種，唯此僅存〔註68〕。

　　例四，集部卷十三《嘉祐集》六卷：

　　　　《天祿目》，有明板《老泉先生文集》十四卷，云標題既不仍嘉祐
　　之名，而分卷止十四，不合宋諸人詩目十五卷之數，其板雖仿宋巾箱式，

〔註66〕同本論文第五章註4，《經部》卷三，〈四書類〉，頁6。
〔註67〕同本論文第五章註4，《史部》卷四，〈正史類〉，頁2。
〔註68〕同本論文第五章註4，《子部》卷八，〈醫家類〉，頁11。

　　然字畫結體較（大），筆法亦不能工，決非宋槧〔註69〕。

　　以上所舉，得知莫氏考訂版本時代從各個不同角度論證，如經部《論語義疏》、史部《史記》，皆據避諱特徵來考訂版本。《史記》中所著錄宋蜀大字《史記》殘本，即以南宋孝宗名趙愼，宋本殘不避「愼」字，應為孝宗前所刻；北宋欽宗皇帝趙桓，劉燕庭所藏百衲本《史記集解》不避「桓」字，應為北宋刊本。而子部所記《本草綱目拾遺》，則因此書繼李時珍而作，時珍子進呈《綱目》在萬曆二十四年丙申，據干支紀年推算，審定恕軒自序題庚寅年應是順治七年也。又集部記《嘉祐集》，謂《天祿琳瑯書目》有明板《老泉先生文集》，「其板雖仿宋巾箱式，然字畫結體較（大），筆法亦不能工，決非宋槧。」莫氏考訂版本確實年代，大膽而有據也。

七、收錄之書時有提示其該書相關文獻

　　《邵亭書目》收錄經、史、子、集四部古籍，莫氏偶將收錄書之某一版本提示相關文獻，此對目錄版本學家提供不少珍貴文獻資料。以下四部各舉一例說明之。

　　例一，經部卷三《集篆古文韻海》五卷：

　　　　宋杜從古撰。字唐稽，里居未詳。自序稱朝請郎、尚書職方員外郎。
　　是編依舊抄影寫。從古以《汗簡古文四聲韵》缺佚未備，因而廣之。序
　　云：『比《集韵》則不足，較《韵略》則有餘；視竦所集，則增數十倍矣。』
　　《書史會要》云：「宣和中，從古與米友仁、徐兢同為書學博士，高宗稱
　　『先皇帝喜書，設學養古，獨得杜唐稽一人。』」觀其書，所譽良不虛。
　　阮氏曾進呈〔註70〕。

　　例二，史部卷五《皇朝輿地韻編》二卷、《圖》一卷：

　　　　國朝李兆洛撰。以《皇輿表》、《一統志表》，表歷代沿革，不便檢
　　尋，乃取歷代史表郡縣名依韻編次，而以今地名釋之，頗足為讀史之助。
　　道光二十年，葦學齋活字板印。咸豐末，節傳密又刻本于湖南〔註71〕。

　　例三，子部卷七《孔叢子注》七卷：

　　　　宋宋咸注。字貫之，建陽人，天聖二年進士，仕至都郎中，詳何喬

〔註69〕同本論文第五章註4，《集部》卷十三，〈別集類〉二，頁8。
〔註70〕同本論文第五章註4，《經部》卷三，〈小學類〉，頁20。
〔註71〕同本論文第五章註4，《史部》卷五，〈地理類〉，頁16。

遠《閩書》。是編依宋巾箱本影抄，卷帙與晁、陳志錄合。世傳三卷本。
《小爾雅・廣言》，俗刻作俘罰也，此作浮罰也，與記投壺若是者浮《正
義》所引合。咸注亦典核、簡潔。《玉海》稱咸上所注《楊子》（按：楊
當作揚。）、《孔叢子》，賜三品服。今楊子（揚。按，楊當作揚。）更不
可得矣〔註72〕。

例四，集部卷十四《丁鶴年集》一卷：

> 元丁鶴年撰。……昭文張氏有元刊本四卷，分爲四集。顧千里舊
> 物，曾以歸黃蕘圃。卷一曰《海巢集》，二曰《哀思集》，卷三曰《方
> 外集》，卷四曰《續集》。後附其兄吉雅謨丁、愛理沙及其表兄吳惟善
> 三人詩一十三首。蕘圃跋謂正統本分體、分卷，俱非其舊，得此可證
> 廬山眞面目〔註73〕。

以上所舉，經部《集纂古文韻海》，除簡述作者生平，又引序及《書史會要》
簡評內容。史部《皇朝輿地韻編》，謂：「乃取歷代史表郡縣名，依韻編次，而以
今地名釋之，頗足爲讀史之助。」對該書內容如何編排略作說明。子部《孔叢子
注》，盛讚咸注典核簡潔。集部《丁鶴年集》，將該書各卷題名及收書卷數、附錄，
一一詳錄，故能使後學者方便查考。

八、收錄之書時有判斷版本之優劣、眞僞

《郘亭書目》著錄之書若有多種版本時，對版本優劣或眞僞之別，莫友芝每
能詳加考證並作判斷。以下四部各舉一例說明之。

例一，經部卷一《書傳集解》十二卷：

> 明黃諫撰。《經義攷》作《書傳集義》，云未見。張氏《愛日精廬藏
> 書志》有此書，稍有跋佚。錢唐丁丙有此書殘本，是汲古閣舊藏，刊印
> 極精，蓋即張氏本也〔註74〕。

例二，史部卷四《史記》一百三十卷：

> 漢司馬遷撰。正文無註者，明葛氏刊本。近日馮應榴刊本。坊刊本。
> 陳明卿本最善，陳臥子本次之。鍾伯敬本不載十表，最下矣〔註75〕。

〔註72〕同本論文第五章註4，《子部》卷七，〈儒家類〉，頁2。
〔註73〕同本論文第五章註4，《集部》卷十四，〈別集類〉四，頁12。
〔註74〕同本論文第五章註4，《經部》卷一，〈書類〉，頁21。
〔註75〕同本論文第五章註4，《史部》卷四，〈正史類〉，頁2。

例三，子部卷九《膳夫經》一卷：

> 唐楊煜撰。煜官巢縣令，是書成于大中十年，詳西樓跋。唐宋志并
> 作《膳夫經手錄》四卷，《通志》略同。《崇文總目》卷亦同。「手錄」作
> 「手論」，或轉寫之譌。此從舊抄過錄，僅六頁，似後人捃拾成編，唯所
> 載茶品甚詳，分產地，別優劣，頗資考證〔註76〕。

例四，集部卷十二《明蔣之翹輯註韓柳集》各五十二卷：

> 又《昌黎先生集》，卷數與各全本同，其凡例、集傳及各卷中，皆
> 有原刻姓氏木記，而盡爲割去，補以別紙。蓋此書撫印極精，而書賈逞
> 其僞計，而校刻苦心之人多轉不傳矣。又《柳文》四十三卷、《別集》二
> 卷、《外集》二卷、附錄一卷。此書與劉禹錫編之四十五卷，卷數不合，
> 而卷一標題下漫署禹錫之名，且係以別紙補入，字畫與全書迥殊〔註77〕。

以上所舉，莫友芝先敘述各種版本，又從其他版本及修補痕跡等詳加考訂，判斷其優劣或眞僞。如經部《書傳集解》，謂「錢唐丁丙有此書殘本，是汲古閣舊藏，刊印極精，蓋即張氏本也。」集部《明蔣之翹輯註韓柳集》，謂「《柳文》四十三卷、《別集》二卷、《外集》二卷、附錄一卷，此書與劉禹錫編之四十五卷，卷數不合，而卷一標題下漫署禹錫之名，且係以別紙補入，字畫與全書迥殊。」再者，對各版本之間優劣亦有說明。如史部《史記》：謂「陳明卿本最善，陳臥子本次之，鍾伯敬本不載十表，最下矣。」而子部《膳夫經》謂「唐宋志并作《膳夫經手錄》四卷，《通志》略同。《崇文總目》卷亦同。「手錄」作「手論」，或轉寫之譌。此從舊抄過錄，僅六頁，似後人捃拾成編，唯所載茶品甚詳，分產地，別優劣，頗資考證。」

九、收錄之書時有說明該書殘存、修補情形

《邵亭書目》載錄經、史、子、集等古籍，若干版本因時代久遠而殘闕不全或後人有修補，莫氏於經眼所見時，則將殘佚及修補情形略作說明，故對今之研究目錄版本學者，亦能提供不少珍貴文獻資料。以下四部各舉一例說明之。

例一，經部卷三《孝經正義》三卷云：

> 南宋閩中刊本，即世所謂十行本也。間有正德、嘉靖補刻頁，惟《孝

〔註76〕同本論文第五章註4，《子部》卷九，〈譜錄類〉，頁17。
〔註77〕同本論文第五章註4，《集部》卷十二，〈別集類〉一，頁15。

經》殘缺最多，原頁幾無一二存矣！〔註78〕

例二，史部卷四《明史紀事本末》八十卷：

明張岱《石匱書》計二百二十一卷，海昌朱氏藏有抄本，附《續後記》六十三卷。《石匱書正集》二百二十一卷，第百六十五卷全闕，百六十六闕〈熊梓傳〉，百八十闕〈孫丕揚傳〉，百八十二全闕，百八十五闕〈曹學佺傳〉，百八十六闕〈王佐傳〉。《後集》六十三卷，十二卷、二十六、二十七卷、三十卷、三十一卷、四十三卷、四十五卷、五十四卷全闕，二十八卷闕〈徐懌傳〉，三十二卷闕〈杜士全、陳標傳〉，三十四卷闕〈黃濤、徐爾穀、錢秉、董志寧、屠獻策傳〉，五十卷闕十八傳，五十五闕末別傳四人，皆原闕，有目無書〔註79〕。

例三，子部卷十《玉海》二百卷、附《詞學指南》四卷：

宋王應麟撰。元刊本，後坿十三種。明在南京國子監，自正德，嘉靖而下，遞有補換之頁。萬曆戊子趙用賢重修。今康熙丁卯，李振裕重修。乾隆戊午，熊本補刊，後燬于火。……正德乙卯，戴鏞修補四百三十五版，猶不甚劣。至嘉靖乙卯，更修補，則與原本殊矣〔註80〕。

例四，集部卷十二《五百家註音辨柳先生文集》二十一卷、《外集》二卷、《新編外集》一卷、《龍城錄》二卷、《附錄》八卷：

宋魏仲舉編。《四庫》依內府宋殘本。其正集二十二至四十五尚缺，所謂《附錄》八卷者，蓋原止二卷，並及綱目、名氏、年譜、傳碑等數之也。《天祿書目》，《新鈔五百家註唐柳先生文集》，魏仲舉集註……此書自十二卷以下皆缺，書賈將目錄終三字移補二十一卷後，故無魏仲舉木記，然板式字體與韓集同，實爲宋本，且正集尚存其半，而外集諸種卷帙完好，亦足珍也〔註81〕。

以上所舉，經部《孝經正義》、史部《明史紀事本末》、子部《玉海》附《詞學指南》及集部《五百家註音辨柳先生文集》、《外集》、《新編外集》、《龍城錄》、《附錄》等，於各書殘闕處、修補優劣情形及殘本存在價值均有作簡述，故能提供研究者若干線索。

〔註78〕同本論文第五章註4，《經部》卷三，〈孝經類〉，頁1。
〔註79〕同本論文第五章註4，《史部》卷四，〈紀事本末類〉，頁19。
〔註80〕同本論文第五章註4，《子部》卷十，〈類書類〉，頁24。
〔註81〕同本論文第五章註4，《集部》卷十二，〈別集類〉一，頁16。

十、收錄之書時有著錄該書經藏情形

《邵亭書目》于一書載錄多種版本外，該書之經藏情形，亦有扼要說明，故能提供後學者版本經傳之參考資料。以下四部各舉一例說明之。

例一，經部卷一《書傳集解》十二卷：

> 錢唐丁丙有此書殘本，是汲古閣舊藏，刊印極精，蓋即張氏本也。張目云，以唐、宋、金、元諸儒說坿傳下，間下己意，訂正不少。所張書說今已失傳者四十餘家，大抵引先儒之說十之七，下己說十之三。每卷首末俱有項氏萬卷堂圖籍印，又汲古閣、毛氏家藏，三印〔註82〕。

史部卷四《史記集解》一百三十卷：

> 黃丕烈有蜀大字本。郁泰峰亦有蜀大字殘本，爲姚氏婉眞芙初女史舊藏。初印，絕精，半頁九行，行十六字，註（雙）行二十一、二十二字不等〔註83〕。

例三，子部卷十《北堂書鈔》一百六十卷：

> 尊王所儲名《古唐類苑》，最精。抄後歸季蒼葦，今歸黃蕘圃家。又曹亭棟藏本，後歸張月霄。然諸本皆錯訛難讀，歸安嚴鐵橋合校諸本以付刊，僅末三十八卷而止。聞往歲有蘇人爲開雕，未知果否？〔註84〕

例四，集部卷十三《北山小集》四十卷：

> 宋刊本四十卷，半頁十行，行二十字，皆用乾道六年官司簿帳紙背摹印。其印記文可辨者，印又歸安、烏程（誠）兩縣，記有湖州司理院新朱記、湖州戶部贍軍酒庫記、監（嚴）湖州都商稅務朱記等五六事。意此板刊于吳興官廨也。藏吳門黃氏，又歸藝芸書舍〔註85〕。

以上所舉，經部《書傳集解》、史部《史記集解》、子部《北堂書鈔》及集部《北山小集》等，著錄該書誰經藏或印有藏書章等，如子部類書類《北堂書鈔》詳載：「尊王所儲名《古唐類苑》，最精。抄後歸季蒼葦，今歸黃蕘圃家。又曹亭棟藏本，後歸張月霄。」流傳經過亦作簡述，故能提供研究者該書若干線索。

〔註82〕同本論文第五章註4，《經部》卷一，〈書類〉，頁21。
〔註83〕同本論文第五章註4，《史部》卷四，〈雜史類〉，頁3。
〔註84〕同本論文第五章註4，《子部》卷十，〈類書類〉，頁20。
〔註85〕同本論文第五章註4，《集部》卷十三，〈別集類〉三，頁19。

第五節　《邵亭知見傳本書目》與《持靜齋藏書紀要》、《宋元舊本書經眼錄》之比較

　　莫友芝書目雖皆以目錄版本爲主，然無論在分類編排及著錄內容方式，則各有側重。下文將莫氏本身編撰之《邵亭書目》與《經眼錄》、《持靜齋藏書紀要》作比較，以收錄相同古籍爲例作探討，期能見出二書目在內容著錄上之特色；復綜合歸納三書目編排方式，以瞭解莫氏編排書目之架構。

一、收書分類編排方式之比較

書名 編排方式	《邵亭知見傳本書目》	《持靜齋藏書紀要》	《宋元舊本書經眼錄》
收書類型	訪書時將所見、所聞之古籍不同版本標注在《四庫全書簡明目錄》上，記錄間及存目，並記錄《四庫》未收者。又將邵懿辰《四庫簡明目錄標注》中所著錄之版本及汪家驥之朱筆記注，亦增錄補充之。	丁日昌「持靜齋」藏書中之罕見善刻本、鈔本、海內孤珍稀傳本等。	經眼之宋、金、元、明各種刊本、鈔本、稿本、寫本等善本古籍。
收書來源	訪書時所見、所聞之古籍及邵懿辰《四庫簡明目錄標注》中所著錄之版本及汪家驥之朱筆記注而編成。	同治年間爲丁日昌檢理「持靜齋」藏書三百多匣、十萬卷藏書，擇其近七百七十九部善刻與珍稀傳本而編成。	同治四年至八年，往返於蘇州、杭州、上海、南京、武漢等地訪書、購買、向藏書家借閱或在書局校勘等，隨手寫成筆記，共一百三十三部。
編排次序	全書共分十六卷，以四部作分目，經部有三卷、史部有三卷、子部有五卷、集部有五卷。每部中又分子目若干小類，某部類下又分若干屬。若干部類下，撰有序言。	書目分上、下兩卷，按版本作分目。其中明刊本 近刊佚書附 因收錄之書較宋、元刊本爲多，又分經、史、子、集四部；史部和子部又分若干類，類下又分若干屬。	書目分三卷，按版本作分目，雖無標示按經、史、子、集四部爲序，但收書次序仍依四部作分類。卷一至卷三終末，刻有何人校字。後又附錄有二，則爲《書衣筆識》及《金石筆識》。

收書記載	收錄之書名下多數撰有解題。	收錄之書名下多數撰有解題。	收錄之書名下多數撰有解題。
刊行方式	莫友芝去世後，乃由繩孫將其整理成十六卷。	此書目乃莫氏生前唯一親自刊行之目錄學專著。	此書目乃莫氏去世後，經黎庶昌鑑定，由莫繩孫整理輯冊而刊行。

以上《邵亭書目》與《持靜齋藏書紀要》、《經眼錄》表格比較結果如下：

1、三書目所載，並非莫友芝本身藏書，皆經眼他人藏書而來。《持靜齋藏書紀要》乃從藏書家丁日昌「持靜齋」藏書中，擇其善刻與珍稀傳本撰述而成。《經眼錄》則往返於江淮各地訪書、購買或向藏書家借閱或在書局校勘時，將親眼目見隨手寫成筆記，乃經眼多位藏書家而來。《邵亭書目》除經眼所見外，又增錄邵懿辰《四庫簡明目錄標注》中所著錄之版本及汪家驤之朱筆記注；即未親眼所見收錄書之原貌，此亦是與《持靜齋藏書紀要》、《經眼錄》二書最大差異之處。

2、《持靜齋藏書紀要》與《經眼錄》二書目編排方式，皆先以版本作分目依準，再依四部作分類。而《邵亭書目》則以四部作編排，再於收錄之書名下著錄各式版本。

3、三書目收錄之書名下，多數撰有解題。著錄方式是否相同？待下文舉例再詳作說明。

二、著錄收書方式之比較

《邵亭書目》與《經眼錄》、《持靜齋藏書紀要》皆莫友芝重要目錄版本學著作，收錄之書亦有相同者。其著錄方式稍有異同，茲以「史部」《漢書》為例作說明：

《持靜齋藏書紀要》記載云：

> 《漢書》一百二十卷。漢班固撰，唐顏師古注。宋景祐刊本。不足七十卷，據景祐本影鈔者七卷，餘以元人覆刊補之。歷藏陳繼儒、曹溶、黃丕烈、張蓉鏡、郁松年諸家。其原刊鈔補之卷及大德、元統修補之頁，丕烈悉記其目，裝卷端。影補數卷，猶出自倦圃前，頗為精善。黃丕烈有此書完本，為倪瓚凝香閣舊藏者。後歸汪士鐘，此其次也〔註86〕。

《經眼錄》記載云：

> 《漢書》一百卷宋景祐本。影鈔補者，目錄、帝紀一上下、表七上下、

〔註86〕同本論文第四章註63，卷上，頁2。

傳三十二至三十四上數卷。其實爲景祐原刊，合得七十餘卷，餘者以元人覆刊補之。其中元統、大德修補之葉，黃堯圃悉記其目于卷端。鈔補數卷，則本自曹倦圃。堯圃有此書，爲倪雲林凝香閣舊藏者，見〈百宋一廛賦〉注。後歸汪閬源，此其次也。卷中有眉公繼儒、曹溶鑒藏、虞山張蓉鏡鑒定宋刻善本、姚氏婉貞芙初女史諸印。首有李申者識云：「《漢書》。宋景祐刊本。炟赫於絳雲樓，六丁取之矣。西清古鑑所收，亦景祐本。天府之儲，無由見也。向時張月霄藏有元統、大德補修本，欲借未果。而已星散，深以歎惋。此本亦有補刊，未知與月霄本何似？然原刻存者尚十七八，以校別本，甚有差殊。擬仿盧抱經先生《群書拾補》之例，爲校勘記，以永其傳。僅盡首函，思借全書足成之。芙川諾我否？道光十七年徂暑之月，揮汗識此。武進李兆洛。」後歸張氏、郁氏，今歸豐順丁氏〔註87〕。

《邵亭書目》記載云：

> 《漢書》一百二十卷。漢班固撰，其妹昭續成之，唐顏師古注。南監嘉靖九年，張邦奇、江汝璧校刊。北監本。殿本，汲古閣本，無三劉說與明汪文盛刊本並善。歐陽鐸本。田汝成重刊歐陽本。明德藩最樂軒本。嘉靖己酉，福建按察周采提學副使周珫、柯喬等同校刊本。郎修汪本耳。鷺洲書院大字本，始刊于南宋末，畢工于元至正間，半頁八行，行大字十六字，小字二十一，校景祐本尤爽目。內府有宋景德刊本。昭文張氏有宋元板二部。宋湖提舉鹽茶司小字本，每半頁十四行，行二十七至廿九字不等，注行三十三至三十五字不等，避諱至愼字，蓋孝宗時刊本。黃丕烈有宋景祐二年刊本，云以校汪、毛二本多異〔註88〕。

據此得知，《經眼錄》與《持靜齋藏書紀要》僅就同一版本作說明，說明時二書目互有詳略，除同載殘卷影補及經藏家外，《經眼錄》又詳記影補卷冊、經藏印章及兼記武進李兆洛識語云云。《邵亭書目》，與二書目最大不同者，則爲側重收錄書之各式版本，並將某一版本情形作扼要敘述或考證。總之，莫氏三書目雖皆以目錄版本爲重，然著錄內容重點亦有差異，故能相互參考稽核。至於，三書目之分類編排方式，皆以四分法爲主，亦能見出莫氏受《四庫》分類法之影響甚深，前已云及，不再贅述。

〔註87〕同本論文第四章註4，卷一，頁479。
〔註88〕同本論文第五章註4，《史部》卷四，〈雜史類〉，頁23。

第六節　《邵亭知見傳本書目》之訂補及仿造

　　莫友芝《邵亭書目》編定後，因便於研究者對古籍不同版本之稽考，故受到不少藏書家及研究者喜愛，而有訂補或仿造該書目。其中針對《邵亭書目》缺失加以補充者，則以傅增湘訂補、傅熹年整理之《藏園訂補邵亭知見傳本書目》為最著名。另在收書範圍深受《邵亭書目》影響者，進而對己身書目加以擴展則以邵章《增訂四庫簡明目錄標注》為最著名。選擇《藏園訂補邵亭知見傳本書目》及《增訂四庫簡明目錄標注》，除因在訂補或仿造《邵亭書目》以此二書最著名外，二書目在「收書分類編排方式」亦皆以四分法為標準，此與《邵亭書目》相同；「收書著錄方式」皆以目錄版本為重，此與《邵亭書目》亦相同。是故，乃選擇此二書作為比較之範本。

　　以下先略述二書目在收書分類編排及著錄方式，再與《邵亭書目》作比較。

一、與傅增湘《藏園訂補邵亭知見傳本書目》比較

（一）、收書分類編排方式之比較

　　傅熹年《藏園訂補邵亭知見傳本書目》整理說明云：

> 　　這個訂補本收納了先祖四十餘間所見、所藏、所校、所跋的全部書籍，既包括本世紀以來國內及日本公私所藏善本精粹，也收入了大量目前尚未劃入善本範圍的明清重要學術著作和詩文集。前人關於改進擴編《邵亭書目》，使之更全面而切於實用的願望可以基本上得到滿足。此書雖以補《邵亭書目》所未備為主，但也兼有對其校勘、訂正之處，故定名為《藏園訂補邵亭知見傳本書目》〔註89〕。

　　從上引傅熹年之整理說明得知，該書目係針對《邵亭書目》未盡完善而做改進擴編。《藏園訂補邵亭知見傳本書目》成於傅增湘之孫傅熹年，其〈整理說明〉又云：

> 　　一九一二年，先祖在蘇州購得清末鈔本《邵亭書目》，攜之南北訪書，有見即錄，數年間在眉上行間加了大量批注，逐漸形成自為一書的規模。友人陳師曾先生衝恪用篆書寫了「雙鑑樓主人補記莫氏知見傳本書目」的籤題。……整理工作主要是據先祖當年擬定的方案和體例，把他

〔註89〕同本論文第二章註31，卷首，頁1。《藏園訂補邵亭知見傳本書目》對《邵亭知見傳本書目》整理，據傅熹年〈整理說明〉乃用北京圖書館所藏原稿本通校藏園印本。

　　的批注和著錄綜合成新條補入，並對《邵亭書目》的正文和前人的批注
　　加以校正〔註90〕。

　　可知傅熹年整理此書目乃依據其祖父規畫體例完成。傅氏在訂補擴編《邵亭書目》過程中，收書分類編排為何？二書目有無差異？為清眉目，且先列表作一對照，差異處則加一橫線條以便能清楚對照出。

內容 卷數	《邵亭知見傳本書目》			內容 卷數	《藏園訂補邵亭知見傳本書目》		
卷第一	經部一	類	易類	卷　一	經部一	類	易類
		屬				屬	
	經部二	類	書類		經部二	類	書類
		屬				屬	
卷第二	經部三	類	詩類	卷　二	經部三	類	詩類
		屬				屬	
	經部四	類	禮類		經部四	類	禮類
		屬	周禮之屬、儀禮之屬、禮記之屬、三禮總義、通禮之屬、雜禮書之屬。			屬	周禮之屬、儀禮之屬、禮記之屬、三禮總義、通禮之屬、雜禮書之屬。
	經部五	類	春秋類		經部五	類	春秋類
		屬				屬	
卷第三	經部六	類	孝經類	卷　三	經部六	類	孝經類
		屬				屬	
	經部七	類	五經總義類		經部七	類	五經總義類
		屬				屬	

〔註90〕同前註，頁4-6。

	經部八	類	四書類		經部八	類	四書類
		屬				屬	
	經部九	類	樂類		經部九	類	樂類
		屬				屬	
	經部十	類	小學類		經部十	類	小學類
		屬	訓詁之屬、字書之屬、韻書之屬。			屬	訓詁之屬、字書之屬、韻書之屬。
卷第四	史部一	類	正史類	卷 四	史部一	類	正史類
		屬				屬	
	史部二	類	編年類		史部二	類	編年類
		屬				屬	
	史部三	類	紀事本末類		史部三	類	紀事本末類
		屬				屬	
	史部四	類	別史類		史部四	類	別史類
		屬				屬	
	史部五	類	雜史類		史部五	類	雜史類
		屬				屬	
卷第五	史部六	類	詔令奏議類	卷五上	史部六	類	詔令奏議類
		屬	奏議之屬。			屬	詔令之屬、奏議之屬。
	史部七	類	傳記類		史部七	類	傳記類
		屬	聖賢之屬、名人之屬、總錄之屬、雜錄之屬。			屬	聖賢之屬、名人之屬、總錄之屬、雜錄之屬、別錄之屬。

	史部八	類	史鈔類		史部八	類	史鈔類
		屬				屬	
	史部九	類	載記類		史部九	類	載記類
		屬				屬	
	史部十	類	時令類		史部十	類	時令類
		屬				屬	
	史部十一	類	地理類	卷五下	史部十一	類	地理類
		屬	宮殿疏之屬、總志之屬、<u>都會郡縣之類</u>、河渠之屬、邊防之屬、山川之屬、古蹟之屬、雜記之屬、游記之屬、外紀之屬。			屬	宮殿疏之屬、總志之屬、<u>都會郡縣之屬</u>、河渠之屬、邊防之屬、山川之屬、古蹟之屬、雜記之屬、游記之屬、外紀之屬。
卷第六	史部十二	類	職官類	卷　六	史部十二	類	職官類
		屬	官制之屬、官箴之屬。			屬	官制之屬、官箴之屬。
	史部十三	類	政書類		史部十三	類	政書類
		屬	通制之屬、儀制之屬、邦計之屬、軍政之屬、法令之屬、考工之屬。			屬	通制之屬、儀制之屬、邦計之屬、軍政之屬、法令之屬、考工之屬。
	史部十四	類	目錄類		史部十四	類	目錄類
		屬	經籍之屬、金石之屬。			屬	經籍之屬、金石之屬。
	史部十五	類	史評類		史部十五	類	史評類
		屬				屬	

卷第七	子部一	類	儒家類	卷　七	子部一	類	儒家類
		屬				屬	
	子部二	類	兵家類		子部二	類	兵家類
		屬				屬	
	子部三	類	法家類		子部三	類	法家類
		屬				屬	
	子部四	類	農家類		子部四	類	農家類
		屬				屬	
卷第八	子部五	類	醫家類	卷　八	子部五	類	醫家類
		屬				屬	
	子部六	類	天文算法類		子部六	類	天文算法類
		屬	推步之屬、算書之屬。			屬	推步之屬、算書之屬。
卷第九	子部七	類	術數類	卷　九	子部七	類	術數類
		屬	<u>學之屬</u>、占候之屬、相宅相墓之屬、占卜之屬、命書相書之屬、陰陽五行之屬。			屬	<u>數學之屬</u>、占候之屬、相宅相墓之屬、占卜之屬、命書相書之屬、陰陽五行之屬。
	子部八	類	藝術類		子部八	類	藝術類
		屬	書畫之屬、琴譜之屬、篆刻之屬、雜技之屬。			屬	書畫之屬、琴譜之屬、篆刻之屬、雜技之屬。
	子部九	類	譜錄類		子部九	類	譜錄類
		屬	器物之屬、食譜之屬、草木禽魚之屬。			屬	器物之屬、食譜之屬、草木禽魚之屬。

卷第十	子部十	類	雜家類	卷十上	子部十上	類	雜家類上
		屬	雜學之屬、雜考之屬、雜說之屬、雜品之屬、雜纂之屬、雜編之屬。			屬	雜學之屬、雜考之屬、雜說之屬。
		類		卷十下	子部十下	類	雜家類下
		屬				屬	雜品之屬、雜纂之屬、雜編之屬。
	子部十一	類	類書類		子部十一	類	類書類
		屬				屬	
卷第十一	子部十二	類	小說家類	卷十一上	子部十二	類	小說家類
		屬	雜事之屬、異聞之屬、瑣記之屬。			屬	雜事之屬、異聞之屬、瑣記之屬。
	子部十三	類	釋家類	卷十一下	子部十三	類	釋家類
		屬				屬	
	子部十四	類	道家類		子部十四	類	道家類
		屬				屬	
卷第十二	集部一	類	楚詞類	卷十二上	集部一	類	楚詞類
		屬				屬	
	集部二	類	別集類一漢至五代		集部二上	類	別集類一上漢至盛唐
		屬				屬	
		類		卷十二下	集部二下	類	別集類一下中唐至五代
		屬				屬	

卷第三	集部三	類	別集類二 北宋建隆至靖康	卷十三上	集部三	類	別集類二 北宋建隆至靖康
		屬				屬	
	集部四	類	別集類三 南宋建炎至德祐	卷十三下	集部四	類	別集類三 南宋建炎至德祐
		屬				屬	
卷第十四	集部五	類	別集類四 金至元	卷十四	集部五	類	別集類四 金元
		屬				屬	
卷第十五	集部六	類	別集類五 明洪武至崇禎	卷十五上	集部六	類	別集類五 明洪武至崇禎
		屬				屬	
	集部七	類	別集類 國朝	卷十五下	集部七	類	別集類六 國朝
		屬				屬	
卷第十六	集部八	類	總集類	卷十六上	集部八	類	總集類
		屬				屬	
	集部九	類	詩文評類	卷十六下	集部九	類	詩文評類
		屬				屬	
	集部十	類	詞曲類		集部十	類	詞曲類
		屬	詞集之屬、詞選之屬、詞話之屬、詞譜詞韻之屬、南北曲之屬。			屬	詞集之屬、詞選之屬 叢編附、詞話之屬、詞譜詞韻之屬、南北曲之屬。

　　以上《邵亭書目》與《藏園訂補邵亭知見傳本書目》表格比較結果如下：

　　1、二書目在卷數上，皆共分十六卷。然因《藏園訂補邵亭知見傳本書目》收書範圍及內容增補較多且詳瞻〔註91〕，故在卷數上稍有異動；卷數內容較多者又

────────────

〔註91〕據傅熹年之〈整理說明〉云：「在收書範圍上不受《四庫全書》的限制，酌補四庫存目和四庫未收書中的有用之書，增入《四庫全書》成書以後新出的重要撰述。所

分上下，如卷十子部雜家類分上、下二部分；卷十二集部類一_{漢至五代}亦分上、下二部分等是。

2、在分類編排上，自《四庫全書總目》成書後，其四部分類法成爲清代書目依尋標準，故《邵亭書目》與《藏園訂補邵亭知見傳本書目》，大部分確實依《四庫全書總目》分類編排，然亦有稍許差異。從上表中加一橫線條清楚可見兩書分類同異；除《邵亭書目》誤刻及漏刻外，在《藏園訂補邵亭知見傳本書目》史部傳記類多「別錄之屬」，則與《四庫全書總目》分法相同。但《藏園訂補邵亭知見傳本書目》亦有依照《邵亭書目》分類之名，例如《四庫全書總目》史部政書類「典禮之屬」，而《邵亭書目》與《藏園訂補邵亭知見傳本書目》皆名「儀制之屬」；《四庫全書總目》子部譜錄類「器用之屬」，而《邵亭書目》與《藏園訂補邵亭知見傳本書目》皆名「器物之屬」。

總之，從每部類收書次序及名稱上比較，得知《藏園訂補邵亭知見傳本書目》大部分與《邵亭書目》相同。

（二）、著錄收書方式之比較

二書目收書著錄特色，皆以記錄各種版本爲主，但《藏園訂補邵亭知見傳本書目》係有心在《邵亭書目》基礎上加以訂補，故較爲完善。《邵亭書目》著錄收錄之書方式，書名刻以大字，書名條下小字記錄各種版本，對宋元明等善本亦有扼要敘述。《藏園訂補邵亭知見傳本書目》著錄各種版本除蒐羅更加豐富外，並對列入各式版本詳作敘述，再者對《邵亭書目》增補《四庫全書》部分或附錄增補之版本皆清楚一一標示，確能訂補《邵亭書目》之缺失。以下茲舉上節《邵亭書目》收書所載之一例與《藏園訂補邵亭知見傳本書目》作比較，進一步觀察其差異。如「子部」儒家類《鹽鐵論》十二卷，在《邵亭書目》卷七記載云：

> 漢桓寬撰。《漢魏叢書》本，十二卷。明華氏活字板本。弘治十四年涂槙本。嘉靖三十年倪邦彥重刻涂本。明沈廷餘刊本，四卷。張之象注本，十二卷，嘉靖癸丑刊。嘉慶丁卯張氏刊本，附考證一卷，佳。胡

增補者以目見爲限，不采著錄、傳聞，務使所增補者是尚有流傳、學者可以輾轉訪得之本。在所增補內容則力求著錄行款、序跋等版本特徵，使閱者能據以驗證實物。三十年代末曾擬一簡單草案，計劃在自批本的基礎上，據數十年觀書記錄和自藏善本以補善本部分，據自藏及坊肆間習見之普通明清刊本_{當時明嘉靖以前看本始列爲善本。}以補明清以來，特別是《四庫全書》成書以後的重要著作，使目中善本及通行本兼備。」同本論文第二章註31，卷首，頁4～5。

心耘有元刊。丁禹生有宋刊《鹽鐵論》十卷，半頁九行，行十八字，第十卷末頁有「淳熙改元錦谿張監稅宅善本」二行，楷書木記，前有國初人馮武題識，刊印頗精雅〔註92〕。

而《藏園訂補邵亭知見傳本書目》卷七，記載云：

　　漢桓寬撰。○《漢魏叢書》本，十二卷。○明華氏活字板本。○弘治十四年涂楨本。○嘉靖三十年倪邦彥重刊涂本。明沈廷餘刊本，四卷。○張之象注本，十二卷，嘉靖癸丑刊。○嘉慶丁卯張氏刊本，附考證一卷，佳。○胡心耘有元刊。○丁禹生有宋刊《鹽鐵論》十卷，半頁九行，行十八字，第十卷末頁有「淳熙改元錦谿張監稅宅善本」二行，楷書木記，前有國初人馮武題識，刊印頗精雅。㊙○胡維新本。○項見宋元本，題《新刊鹽鐵論》，每半葉十三行，行二十五字。（眉）

　㊜《鹽鐵論》十卷。漢桓寬撰。○明弘治十四年涂楨刊本，十行，二十字，白口，左右雙闌。前涂楨、都穆序，云以宋嘉泰壬戌本付梓。此為傳世桓書最佳之本，故宮藏一帙，有季振宜印，海虞瞿氏有一帙，余有一帙。此書張敦仁已翻刻行世。○明正德、嘉靖間刊本，九行十八字，白口，四周單闌。有都穆序，從涂楨本出。此書諸家多有之，余亦藏一帙。《四部叢刊初編》印本即是此書，而誤信葉君德輝之言，標為涂楨本。余嘗為長跋已糾之。莫目所載丁禹生藏宋本亦是此本，卷末黏附「淳熙改元錦谿張監稅宅善本」偽牌子，卷首馮武跋亦偽。余嘗見之。○明嘉靖三十年倪邦彥刊本。十行二十字，陰陽葉不連，各為四周雙闌。前有涂楨序及嘉靖三十年倪氏重校序，卷首第三行題「明倪邦彥校」。余藏。○明萬曆十年原一魁刊兩京遺編本，九行十七字，白口，四周雙闌。余藏。兩京遺編胡維新輯，故眉批謂之胡維新本。○明萬曆十四年張襄星聚堂刊太玄書室本，九行二十字，白口，四周單闌，版心上方有「太玄書室」四字。前萬曆十四年張襄序，封面題「張氏星聚堂梓」，書籤題「新刊校正官板鹽鐵論」。卷末有涂楨序，知仍由涂楨本出。序後有「萬曆十四年歲在丙戌十月望日星聚堂張氏重梓」一行。本書卷首題「張襄校」，「黃金色訂正」。余藏。○清影寫明錫山華氏活字印本，半葉九行，每行分雙行，行十七字，清顧廣圻校。即張敦仁刊考證之底本。海虞瞿氏藏。

⑭《鹽鐵論》十卷。漢桓寬撰。考證一卷。題清張敦仁撰。○清嘉慶十二年張敦仁重刊明治十四年涂植槇刊本，行款與涂本全同，考證顧廣圻代撰。

⑭《新刊鹽鐵論》十卷。漢桓寬撰。○影寫元麻沙本，十三行二十五字，黑口，四周雙闌。葉德輝藏，從江標藏本影出。江本余未得見，葉君謂是元本，盛譽其佳。

⑭《鹽鐵論》十卷。漢桓寬撰。○明沈延銓刊本，九行二十字，卷首撰人下題「明東吳沈延銓校」。失去前後序跋，似萬曆以後刊本。余藏。余曾據明萬曆十四年張襄太玄書室本校過。

⑭《鹽鐵論註》十二卷。明張之象註。○明嘉靖三十二年張氏猗蘭堂刊本，九行十七字，註雙行同，白口，左右雙闌。前有嘉靖癸丑張之象序。余藏。○清王謨刊漢魏叢書本，王昶校。李木齋先生藏。

⑭《鹽鐵論校補》一卷。清盧文弨撰。○清乾隆盧氏刊抱經堂叢書《群書拾補》初編本。

⑭劉氏二書三十卷。漢劉向撰，爲劉向《說苑》二十卷，劉向《新序》十卷。○明嘉靖三十八年楊美益刊本，十一行十八字，黑口，四周雙闌。有嘉靖乙未楊美益、彭範、孔天胤序。刊於山西汾陽。

⑭《重刻說苑新序》二十卷。漢劉向撰，爲劉向《說苑》二十卷，劉向《新序》十卷。○明嘉靖二十六年何良俊刊本，十行二十字，白口，左右雙闌，刊工極工整雅潔。〔註93〕

　　以上所舉《鹽鐵論》之例，《藏園訂補郘亭知見傳本書目》著錄方式主要特色，可歸納幾項：

（1）、有條不紊之體例。無論在載錄《郘亭書目》原文、訂補⑭⑭⑭或鈔錄眉批各條下，皆分開記錄，並在不同版本間以○作區分有條不紊。此與《郘亭書目》在記錄每一版本間或鈔錄來源時常交待不清等情況相較，能讓人一目瞭然。

（2）、著錄力求詳贍。無論在版本、行款或重要序跋等，皆儘量記錄，故《藏園訂補郘亭知見傳本書目》整理完稿，爲《郘亭書目》原文三倍半；據傅熹年統計，共補入八千九百五十餘條。換言之，《郘亭書目》載錄某書某一版本若無清楚敘述，則可參考《藏園訂補郘亭知見傳本書目》，如上

〔註93〕同本論文第五章註89，卷七，頁17～20。

與《鹽鐵論》涂楨本即是如此。

（3）、版本考證確實。《邵亭書目》收錄之書雖記錄不少版本，然在辨別版本較忽略，反觀《藏園訂補邵亭知見傳本書目》，考證較確實，如前例《鹽鐵論》書條考證，《邵亭書目》所載丁禹生藏宋本外，並對卷末黏附「淳熙改元錦谿張監稅宅善本」及卷首馮武跋，皆鑑定偽造。

總之，《藏園訂補邵亭知見傳本書目》除增補《邵亭書目》未收錄之書外，對《邵亭書目》體例不一、內容簡略及版本考證等項，亦作訂補，誠能補《邵亭書目》之缺失。然必須補充說明者，《邵亭書目》非莫友芝親自編撰，乃經由次子繩孫整理完成，故其中若干缺失可能因後人整理時疏忽或刊刻時所造成之結果；《藏園訂補邵亭知見傳本書目》增補《邵亭書目》未收錄之書，的確有不少功勞，但《藏園訂補邵亭知見傳本書目》較《邵亭書目》晚出，所見之書必然比莫友芝知見為多，語云：「前修未密，後出轉精。」吾人當以此視之也。

二、與邵章《增訂四庫簡明目錄標注》比較

（一）、收書分類編排方式之比較

《邵亭書目》為求著錄完備詳瞻，又增入以著錄北方古籍為主之《四庫簡明目錄標注》。日後邵章仿其方式，于增訂《四庫簡明目錄標注》時，除增補其先祖未記之書或版本外〔註94〕，又增補以著錄江南書籍為主之《邵亭書目》。邵章整理其先祖書目乃依據先祖原有體例再作增補，究竟在訂補擴編過程中，收書分類編排與《邵亭書目》有無差異？為清眉目且先列表比較，其差異處則加一橫線條以便能清楚對照出。

〔註94〕《增訂四庫簡明目錄標注》繆荃孫序云：「光緒戊申八月，胡幼嘉觀察持鈔書十鉅冊見示，則位西先生之孫伯綱同學思刊行其書，索余弁言。余應之曰：是書也。荃孫寢饋其中，四十年矣。是書之命意，在別本之存佚，與刻之善否。《四庫》所儲，有不應收而收者，有應收而不收者，有所收之本，不及未收之本者。有所收據《大典》，而原書尚有舊刻舊鈔者。有無宋元舊刻，止有明刻為祖本者。明與本朝，先後幾刻，有足有不足，有佳與不佳。而《四庫》未收之本，後出之書，以類相從，夾注于後。近來外間頗有鈔本流傳，而舛訛亦益甚，伯綱詳校發刊，有一定本，豈不甚快。使學者家置一編，隨時就所見加注於上，前人為之甚難，後人據之甚便。不即與南皮師相嘉惠學人之願，同一轍乎。」同本論文第五章註18，頁1。

內容\卷數	《郘亭知見傳本書目》			內容\卷數	《增訂四庫簡明目錄標注》		
卷第一	經部一	類	易類	卷第一	經部一	類	易類
		屬				屬	
	經部二	類	書類	卷第二	經部二	類	書類
		屬				屬	
卷第二	經部三	類	詩類		經部三	類	詩類
		屬				屬	
	經部四	類	禮類		經部四	類	禮類
		屬	周禮之屬、儀禮之屬、禮記之屬、三禮總義、通禮之屬、雜禮書之屬。			屬	周禮之屬、儀禮之屬、禮記之屬、三禮總義、通禮之屬、雜禮書之屬。
	經部五	類	春秋類	卷第三	經部五	類	春秋類
		屬				屬	
卷第三	經部六	類	孝經類		經部六	類	孝經類
		屬				屬	
	經部七	類	五經總義類		經部七	類	五經總義類
		屬				屬	
	經部八	類	四書類	卷第四	經部八	類	四書類
		屬				屬	
	經部九	類	樂類		經部九	類	樂類

		類	屬			類	屬
	經部十	類	小學類		經部十	類	小學類
		屬	訓詁之屬、 字書之屬、 韻書之屬。			屬	訓詁之屬、 字書之屬、 韻書之屬。
卷第四	史部一	類	正史類	卷第五	史部一	類	正史類
		屬				屬	
	史部二	類	編年類		史部二	類	編年類
		屬				屬	
	史部三	類	紀事本末類		史部三	類	紀事本末類
		屬				屬	
	史部四	類	別史類		史部四	類	別史類
		屬				屬	
	史部五	類	雜史類		史部五	類	雜史類
		屬				屬	
卷第五	史部六	類	詔令奏議類	卷第六	史部六	類	詔令奏議類
		屬	奏議之屬。			屬	詔令之屬、 奏議之屬。
	史部七	類	傳記類		史部七	類	傳記類
		屬	聖賢之屬、 名人之屬、 總錄之屬、 雜錄之屬。			屬	聖賢之屬、 名人之屬、 總錄之屬、 雜錄之屬。
	史部八	類	史鈔類		史部八	類	史鈔類
		屬				屬	

	史部九	類	載記類		史部九	類	載記類
		屬				屬	
	史部十	類	時令類	卷第七	史部十	類	時令類
		屬				屬	
	史部十一	類	地理類		史部十一	類	地理類
		屬	宮殿疏之屬、 總志之屬、 <u>都會郡縣之類</u>、 河渠之屬、 邊防之屬、 山川之屬、 古蹟之屬、 <u>雜記之屬</u>、 <u>游記之屬</u>、 <u>外紀之屬</u>。			屬	宮殿簿之屬、 總志之屬、 <u>都會郡縣之屬</u>、 河渠之屬、 邊防之屬、 <u>山水之屬</u>、 古蹟之屬、 <u>中外雜記游記之屬</u>。
卷第六	史部十二	類	職官類	卷第八	史部十二	類	職官類
		屬	官制之屬、 官箴之屬。			屬	官制之屬、 官箴之屬。
	史部十三	類	政書類		史部十三	類	政書類
		屬	通制之屬、 儀制之屬、 邦計之屬、 軍政之屬、 法令之屬、 考工之屬。			屬	通制之屬、 儀制之屬、 邦計之屬、 軍政之屬、 法令之屬、 考工之屬。
	史部十四	類	目錄類		史部十四	類	目錄類
		屬	經籍之屬、 金石之屬。			屬	經籍之屬、 金石之屬。
	史部十五	類	史評類		史部十五	類	史評類
		屬				屬	

卷第七	子部一	類	儒家類	卷第九	子部一	類	儒家類
		屬				屬	
	子部二	類	兵家類		子部二	類	兵家類
		屬				屬	
	子部三	類	法家類	卷第十	子部三	類	法家類
		屬				屬	
	子部四	類	農家類		子部四	類	農家類
		屬				屬	
卷第八	子部五	類	醫家類		子部五	類	醫家類
		屬				屬	
	子部六	類	天文算法類	卷第十一	子部六	類	天文算法類
		屬	推步之屬、算書之屬。			屬	推步之屬、算書之屬。
卷第九	子部七	類	術數類		子部七	類	術數類
		屬	<u>學之屬</u>、占候之屬、相宅相墓之屬、占卜之屬、命書相書之屬、陰陽五行之屬。			屬	<u>數學之屬</u>、占候之屬、相宅相墓之屬、占卜之屬、命書相書之屬、陰陽五行之屬
	子部八	類	藝術類	卷第十二	子部八	類	藝術類
		屬	書畫之屬、琴譜之屬、篆刻之屬、雜技之屬。			屬	書畫之屬、琴譜之屬、篆刻之屬、雜技之屬。
	子部九	類	譜錄類		子部九	類	譜錄類
		屬	器物之屬、<u>食譜之屬</u>、草木禽魚之屬。			屬	器物之屬、<u>飲饌之屬</u>、草木禽魚之屬。

卷第十	子部十	類	雜家類	卷第十三	子部十	類	雜家類
		屬	雜學之屬、雜考之屬、雜說之屬、雜品之屬、雜纂之屬、雜編之屬。			屬	雜學之屬、雜考之屬、雜說之屬、雜品之屬、雜纂之屬、雜編之屬。
	子部十一	類	類書類	卷第十四	子部十一	類	類書類
		屬				屬	
卷第十一	子部十二	類	小說家類		子部十二	類	小說家類
		屬	雜事之屬、異聞之屬、瑣記之屬。			屬	雜事之屬、異聞之屬、瑣記之屬。
	子部十三	類	釋家類		子部十三	類	釋家類
		屬				屬	
	子部十四	類	道家類		子部十四	類	道家類
		屬				屬	
卷第十二	集部一	類	楚詞類	卷第十五	集部一	類	楚詞類
		屬				屬	
	集部二	類	別集類一_{漢至五代}		集部二	類	別集類一_{漢至五代}
		屬				屬	
卷第十三	集部三	類	別集類二_{北宋建隆至靖康}		集部三	類	別集類二_{北宋建隆至靖康}
		屬				屬	
	集部四	類	別集類三_{南宋建炎至德祐}	卷第十六	集部四	類	別集類三_{南宋建炎至德祐}
		屬				屬	

卷第十四	集部五	類	別集類四_{金至元}	卷第十七	集部五	類	別集類四_{金元}
		屬				屬	
卷第十五	集部六	類	別集類五_{明洪武至崇禎}	卷第十八	集部六	類	別集類五_{明洪武至崇禎}
		屬				屬	
	集部七	類	別集類_{國朝}		集部七	類	別集類六_{國朝}
		屬				屬	
卷第十六	集部八	類	總集類	卷第十九	集部八	類	總集類
		屬				屬	
	集部九	類	詩文評類	卷第二十	集部九	類	詩文評類
		屬				屬	
	集部十	類	詞曲類		集部十	類	詞曲類
		屬	詞集之屬、詞選之屬、詞話之屬、詞譜詞韻之屬、南北曲之屬。			屬	詞集之屬、詞選之屬、詞話之屬、詞譜詞韻之屬、南北曲之屬。

以上《邵亭書目》與《增訂四庫簡明目錄標注》表格比較結果如下：

1、二書目在卷數上，《邵亭書目》共分十六卷，而《增訂四庫簡明目錄標注》共分二十卷。邵章《增訂四庫簡明目錄標注》收書下又列「附錄」，乃撮錄孫詒讓、周星詒、黃紹箕及王頌蔚等之注語。增訂收錄之書則以「續錄」方式標示，故在收書總數上，除邵懿辰原有著錄之書外，補增收錄之書亦不少。

2、二書目在編排上，邵章《增訂四庫簡明目錄標注》以《四庫簡明目錄標注》為體例，故與《邵亭書目》亦有稍許差異。此部分在上節已有說明，此不再贅述。

（二）、著錄收書方式之比較

二書目收書著錄特色，皆以記錄各種版本為主，《邵亭書目》著錄收錄之書方式，書名刻以大字，書名條下記錄各種版本，對宋元明等善本亦有扼要敘述。但《增訂四庫簡明目錄標注》在《四庫簡明目錄標注》基礎上加以訂補，用意力求完善，故又兼收南北地區各種版本，並在每書條下補入「附錄」用以抄錄某學者

之重要注語來增添內容。再者，對乾嘉以來未收錄之書亦儘量搜羅，作為「續錄」。
以下茲舉上節《邵亭書目》與《四庫簡明目錄標注》所引一、二例子，再對照《增
訂四庫簡明目錄標注》所載，以見一斑，進而觀察其差異。

例一，「經部」書類《書集傳》六卷，在《邵亭書目》卷一記載云：

> 《書集傳》六卷　宋蔡沈撰。明正統十二年刊《五經四書》本，
> 內附鄒季友《音釋》，最善。宋元明刊本，均載小序，唯近世坊本不載
> 耳，《彙纂》亦載也。咸豐丙辰，祝桐君刊，依正統本精校。同治五年，
> 望三益齋刊，亦依正統本附《音釋》精校。明有嘉靖丙辰刊本。明又
> 有熊振宇、楊一鶚兩刊。道光戊子，旌德朱琳杰（立）本齋刊本，陽
> 湖孫氏有元坊刻本，改「集傳」為「集註」，六卷作十卷，附鄒氏《音
> 釋》，每句皆作小圈，讀法或作連圈，黑口巾箱本，每半頁九行，行二
> 十七字〔註95〕。

而《增訂四庫簡明目錄標注》卷一，記載云：

> 《書集傳》六卷　宋蔡沈撰。宋元明刊本，均載小序，惟今世坊本
> 不載耳，《彙纂》亦載也。至蔡傳所列序說綱領，則嘉靖十一年刊本已去
> 之矣。
>
> 　　正統十二年刻《五經四書》本，內附鄒季友《音釋》，最善。明嘉
> 靖丙辰刊本。明建寧太守楊一鶚刊本。明熊振宇刊本。明萬曆陳奇泉刊
> 本。陽湖孫氏有元坊刻本，改「集傳」作「集註」，六卷作十卷，附鄒氏
> 《音釋》，每句皆作小圈，讀法或作連圈，黑口巾箱本，每葉十八行，行
> 二十七字。硤石蔣氏生沐亦有此書，錢警石借校，尚不如正統本之佳。
> 所謂至正辛卯雙桂書堂刊本也，蔣寅昉新得元刊本，與舊藏本不同，每
> 半葉十三行，每行二十三字。陳仲魚有宋刊本，缺夏商二卷，八行，行
> 十七字，序後有真西山跋語，不附《音釋》，首卷題「晦菴先生訂定」，
> 門人蔡沈集傳，餘卷止題「蔡沈集傳」四字，坊刻蔡傳，誤字甚多，余
> 有校本。
>
> 　　〔續錄〕宋刊本有朱鑑草書後序，每篇提行另紙，每半葉十行，刻
> 工極精，為此書第一佳本。元至正德星堂刊本。明嘉靖癸未贛州府刊集
> 注十卷巾箱本。山淵堂刊本。公善堂刊本。左氏刊本。袖珍刊本。吳勉
> 學刊本。書業堂刊本。清怡府刊本。清秀水竇文照傳芳書屋刊集注十卷

本。道光戊子旌德朱琳立本齋刊本。咸豐丙辰祝桐君刊本，依正統本精校。同治五年望三益齋刊，亦依正統本校。光緒二十一年湖北官書處刊本。善成堂刊本〔註96〕。

例二，「集部」別集類一《蔡中郎集》六卷，在《邵亭書目》卷十二記載云：

> 《蔡中郎集》六卷　漢蔡邕撰。明正德乙亥錫山華氏活字本，十卷，每頁十四行，行二十三字。順治甲午劉嗣美刻。明陳留令徐子器編輯本，六卷，以萬歷王乾章刻本校。張溥本只二卷。汪士賢刻本，八卷。明善雪堂活字本十卷，外傳一。明萬歷王乾章刻本，十卷，每頁十八行，行二十一字。萬歷又刻十卷本，不及華、王二印。雍正中刻本。咸豐中漕督楊以增刻。顧廣圻校輯本，原編十卷，外紀一卷〔註97〕。

而《增訂四庫簡明目錄標注》卷十五，記載云：

> 《蔡中郎集》六卷　漢蔡邕撰。邕集久佚，今因裒輯而成者。凡有二本，一為張溥《百三家集》本；一為陳留新刻本。此即陳留本也。
>
> 　　明正德乙亥錫山華氏活字本。明王乾章刊本。均十卷，佳。明萬歷中刊本，十卷，不及華、王二本，華本每葉十四行，行十三字，王本每葉十八行，行二十一字。汪士賢刊本，八卷。張溥本，止二卷。順治時劉嗣美刊明陳留令徐子器編輯本，六卷。又雍正中刊本。咸豐四年楊河帥以增刊本十卷，附外集四卷。
>
> 　　〔附錄〕王本即徐子器本。羅以智《蔡中郎舉正》二卷，余家有手稿本，極精伯（詒讓）。明嘉靖戊申役翮喬世寧無錫俞憲校訂任城楊賢刻本六卷，每半葉九行，行二十一字，有明翻本。榮所得漁洋藏本，即明翻楊賢本（懿榮）。
>
> 　　〔續錄〕明蘭雪堂銅活字本十卷，外傳一卷，半葉十四行，行十三字。明萬歷三十九年馬惟驥重刊本徐子器十卷。涵芬樓藏鈔本十卷，蕘夫校，千里跋，又影宋鈔本八卷。十萬卷樓叢書本。四部叢刊本，有外集〔註98〕。

以上所舉，「經部」書類《書集傳》與「集部」別集類一《蔡中郎集》六卷等二例，《增訂四庫簡明目錄標注》著錄方式除鈔錄邵懿辰之著錄外，上例《蔡中郎集》〔附錄〕中則補充說明何謂王本等；在〔續錄〕部分，除增補《邵亭書目》中

〔註96〕同本論文第五章註18，卷二，頁44。
〔註97〕同本論文第五章註4，卷十二，頁2。
〔註98〕同本論文第五章註18，卷十五，頁634。

－203－

明蘭雪堂銅活字本外，亦增錄另五部版本。

總之，邵章《增訂四庫簡明目錄標注》在《四庫簡明目錄標注》基礎上，除增錄未收錄之書外，並仿造莫友芝編撰《邵亭書目》方式，增補《邵亭書目》中屬南方地區之書，故收錄書之數量較《邵亭書目》詳盡。換言之，二書目編撰者無論編撰旨意及學養，皆各有所長，故展現在書目上即有不同特色，此亦能供研究者相互參考稽核。

第七節　《邵亭知見傳本書目》之優缺點

《藏園訂補邵亭知見傳本書目》傅熹年卷首〈整理說明〉云：

> 此目簡要地記錄了諸書傳世的不同版本，有些還注出版本的特徵，既便於學者在研究某書時了解不同版本的情況，也對藏書家和書商辨識版本頗有幫助，故很快就流傳於世〔註99〕。

從此亦能知莫友芝《邵亭書目》在記錄書籍版本之用心，傅氏所言，頗能指陳該書之優點。然全書在體例、刊刻及版本考證上，亦存有若干疏漏，當是本書目之缺點。唯莫氏在《邵亭書目》之用心仍不能否定。以下且分述此書目之優、缺點，以爲公評。

一、優　點

（一）、別開蹊徑、兼收南北

葉德輝《邵亭知見傳本書目》序云：

> 先生與位西先生同時，同爲曾文正講學之友，其平生好書之癖亦正相同。是時文正之女舅袁漱六太守芳瑛以收藏書籍著稱，余得其散出之書，中有錢牧齋《絳雲樓書目》兩巨帙，行間太守手書朱校，或曰「此書今在余所」，或曰「余有此書」，其搜訪又與諸先生同志而異趣。要其流風餘韻之傳聞，遂爲目錄家別開一蹊徑。故在今日道喪文敝之世，讀書者日見其少，好書者猶見其多，則數先生提倡之功爲不小矣。……先生是目（《邵亭知見傳本書目》）雖與邵注同時，而見聞各別。蓋邵官樞曹，居恆在北，先生則往來蘇、揚、滬瀆，值粵匪亂後，

〔註99〕同本論文第五章註89，卷首，傅熹年〈整理說明〉，頁2。

江浙間藏書散出，先生寓目頗多。南北收藏，各以地限，兩目所載，
正可互證參稽〔註100〕。

《邵亭書目》除在編目上自有定見外，又能采錄增入邵懿辰書目，得兼收南
北書籍，實可互證參稽。此爲其優點之一。

（二）、載錄傳本，足供參考

莫棠《邵亭知見傳本書目》跋云：

> 伯父邵亭徵君生平於所見所知四部書籍傳本，輒隨時箋記於《四庫
> 簡明目錄》之欄外上下端，間及《存目》。又采取仁和邵位西先生《經籍
> 筆記》入焉。伯父既沒，先從兄仲武觀察繩孫乃依手跡寫爲四冊，分十六
> 卷，以當日特爲便省覽，非欲勒書行世，故無畫一體例。光緒辛卯，棠
> 向兄迻錄，爲言如此。……十餘年中，訪書者視此目爲津梁，售書者挾
> 此目爲軒輊，而新見之書，溢於此者，正復未已。余嘗爲雪澂先生、沅
> 叔太史言，宜本此編，增廣附益，著明續錄，不相淆雜，校訂刊木以傳。
> 合之葉鞠裳太史《藏書紀事詩》、葉奐彬吏部《書林清話》，頃以印樣
> 　　　　　　　　　　　　　　　　　　　　　　　　　　　見示 。則古
> 今典冊流轉之緒，刊鈔存佚之源，皆可貫穿而得，在目錄一家之言足稱
> 淵藪〔註101〕。

又潘承弼《邵亭知見傳本書目》稿本跋云：

> 弱冠時治目錄版片之學，讀張文襄《書目答問》，苦其疏漏，未能
> 愜意。旋於坊肆得《邵亭知見傳本書目》，讀之，眞如山海珍錯，取之無
> 盡，始壹意致力此書。……十年前考論版片之學者，咸奉先生此書及邵
> 位西先生《四庫簡目標注》爲金科玉律。竊謂兩書悉遵《四庫》體例，
> 庫本以外，屛而不錄。方今海舶珍本日出無已，而深山窮谷奇書屢見，

〔註100〕同本論文第五章註4，卷首，〈葉德輝序〉，頁22～25。
〔註101〕同本論文第五章註4，卷首，〈莫棠跋〉，頁17～20。

禁燬絕滅之餘，不減天水、蒙古之珍，求之前錄，書缺有間。然繼述之書，闃然無人。安得好事者廣爲搜輯，拾遺補闕，蔚爲盛業，庶先生椎輪大輅之功爲不負矣〔註102〕。

　　由以上二則資料得知，莫友芝經眼、見聞之古籍善本頗多，且兼采其他書目，又遵尋《四庫全書》體例編纂書，對文獻整合及保存有莫大貢獻。雖後來奇書珍本日出無己，早倍出此目所錄，然在當時確爲治目錄版本學之玉律，訪書者之津梁，足證《邵亭書目》記錄各種版本，有足供後人追蹤探究古籍之助。此爲其優點之二。

（三）、古籍珍本，載錄豐富

　　莫氏《邵亭書目》雖以《四庫全書簡明目錄》爲基礎來建購，但又有增刪。據莫繩孫編書識語云：「凡經部《四庫》存目者三，《四庫》未收者百十八；史部存目者二十八，未收者二百有十；子部存目者十四，未收者百九十八；集部存目者一，未收者百二十一。其《四庫》已著錄未篋傳本者竝闕之。」余約略統計收錄古籍，包括同書別本在內，爲數有四千零二十九種，較《四庫全書總目》收書三千四百六十一種（不包括存目）爲多。若與《四庫全書簡明目錄》合觀，則在目錄一家之言足稱淵藪。此爲其優點之三。

二、缺　點

　　傅熹年《藏園訂補邵亭知見傳本書目》歸納《邵亭書目》未盡如人意之處，大致有以下四點：

　　　　其一，《邵亭書目》以《四庫全書簡明目錄》爲底本，增入阮元續編的《宛委別藏》和少量傳世著名善本，而大量《四庫》存目之書、《四庫》未收之書和《四庫》成書後迄於清末的重要學術著作都未收入。其二，清末四大藏書家瞿、楊、丁、陸所藏重要善本、清末內閣大庫所出善本、清亡後宮廷貴邸散出的善本以及近年重顯於世的日本所藏重要中國古籍善本大都未及收錄，不能反映傳世古籍善本的全貌。其三，《邵亭書目》所注各書分附《四庫全書簡明目錄》各條之下，但所注之書往往是書名、卷數都不同的別本，易致混淆，難於據以檢索。其四，《邵亭書目》所注各書大多只標其本，除部分重要宋元善本外，很多未記行款序

〔註102〕同本論文第五章註4，卷首，〈潘承弼跋〉，頁26～27。

跋，往往難於據以印證實物、辨別版本。此外，由於三個印本都不是直接出自原稿，也都存在著不同程度的訛誤〔註103〕。

　　按，傅氏指陳，此應爲《邵亭書目》之缺失，然傅熹年所指其一、其二，雖爲存在之缺失，亦可說歷代目錄學書目家共同面臨問題。如缺失一，傅熹年言：「大量《四庫》存目之書、《四庫》未收之書和《四庫》成書後迄於清末的重要學術著作都未收入。」此批評太過嚴苛，因搜訪《四庫》遺書非一時一人能獨自完成；且時代越晚書籍越多，莫友芝未必能知見。缺失二，傅熹年言：「清末四大藏書家瞿、楊、丁、陸所藏重要書籍與清末宮廷流出善本」等，莫氏未及收錄。此說亦不公評。蓋目錄學家畢竟財力、精力有限，且欲借覽他人藏書，若無交情，如何知曉他人藏書情形？況且歷代藏書家不願將私藏借閱者，時有所聞，故傅熹年批評此項缺失，有失公道。

　　故傅熹年所提若干缺點，僅能提供研究者在研究時應注意之方向。此外，余還發現有下列若干項缺點：

（一）、若干古籍著錄方式太簡略

1、若干收錄之書載入版本略簡

　　《邵亭書目》以著錄各種版本爲主要著錄方式，然若干古籍下記錄版本僅列一、二種，如此簡略著錄，其在目錄版本上貢獻有限。例如卷一經部易類《易數鉤隱圖》三卷、附《遺論九事》一卷，莫氏僅記通志堂本、道藏本，而《增訂四庫簡明目錄標注》附錄又補入「陸有明人影鈔宋藏本」，續錄再增入「吳尺鳧有宋刊本，通志堂據以翻刻，南宋劉敏士刊本。」又如卷十三集部四宋許景衡所撰《橫塘集》二十卷，莫氏僅載錄有鈔本一種，而《增訂四庫簡明目錄標注》附錄又補入「余家有鈔本（詒讓）」一種，續錄再增入「永嘉叢書本，宋台州郡齋刊三十卷本，見赤城志。」二種。此書目強調收錄各種版本，雖說著錄者以知見爲限，然他家書目有之亦宜採錄，以求完備；過份簡略，終是缺失。此應爲其缺失之一。

2、若干收錄之書版本著錄簡略

　　《邵亭書目》收書主要著錄方式側重各種版本，然若干版本僅標曰「某本」，難於據此記錄而溯其原本或辨證眞僞，如此簡略著錄，在目錄版本上之貢獻有限。此可從上節「收書著錄之現象」舉例見其一斑，如經部卷一易類《乾坤鑿度》〔註

〔註103〕同本論文第五章註89，卷首，傅熹年〈整理說明〉，頁3～4。
〔註104〕同本論文第五章註4，卷一，頁17。

－207－

104﹚著錄中，其內刊十行本、聚珍板本、閩覆本、杭縮本、又重刊稍大之本、又天一閣刊本及錢曾有宋刊本等版本，僅記其版本卻無任何說明文字，仍難於據此來檢索探究，此缺失亦是《藏園訂補邵亭知見傳本書目》訂補重點之一。亦為該書目主要缺失之一。

（二）、該書目體例不夠謹嚴

1、若干收錄之書刊刻時疏漏

《邵亭書目》收錄之書版本間，常以空一格作為不同版本之區分，然往往因刊刻疏忽而造成版本間之混淆；亦有某版本載錄其重要序跋、記其行款版式等資料，因刊刻時未加區分，造成不知其資料為抄自該版本原本記載，或莫氏之判斷。此可參考上文《邵亭書目》與《藏園訂補邵亭知見傳本書目》所舉子部儒家類《鹽鐵論》之例便可知曉，如《邵亭書目》記載云：「胡心耘有元刊與丁禹生有宋刊」，二版本間則因刊刻時疏忽而未空格，容易讓人誤以同一版本。此應為其缺失之一。

2、若干收錄之書著錄方式不一

《邵亭書目》收書之版本若屬宋、元、明等善本，則記錄其行款、版式、流傳經過或序跋等，其餘版本皆無任何記錄；若干善本版本雖有記錄，然內容詳簡亦不一，其造成版本難於溯源。換言之，記載方式標準與體例不一，故難以反映出古籍全貌。此亦應為其缺失之一。

3、若干收錄之書有誤記者

《邵亭書目》原書為莫友芝逝世後其子繩孫整理編訂，書成並未立即刊行，日後刊本皆據展轉傳抄多次之稿本。其間有書名、卷數、行款之訛誤者，或是莫繩孫整理時所誤判，或係後人傳抄致誤，雖無法一一考訂，唯據傅熹年《藏園訂補邵亭知見傳本書目》其中明言⑲，亦可略見《邵亭書目》之缺失。茲舉二例以見一斑。如卷一經部易類《了翁易說》一卷，實為《了齋易說》一卷，《周易象義》十六卷，莫氏定為宋本實恐是元本。

（三）、載錄版本未進一步判斷其真偽

楊祖愷〈莫友芝影山草堂藏書管窺〉一文云：

> 再者筆者認為評價莫友芝版本目錄學，難以令人信服的是發表在《社會科學戰線》1978 年第四期上的《元大德本〈夢溪筆談〉》一文對莫氏的評價。此文作者因北京圖書館在 1965 年從香港購回《夢溪筆談》

元刻本與《邵目》記載的版本行款不符，於是這樣寫道：

　　《邵亭知見傳本書目》說：「元黑口本《筆談》每頁二十四行，行十八字，友古迂陳氏家藏字。」《增訂四庫簡明目錄標注》亦說「元黑口本《筆談》半頁十二行，行十八字，有古迂陳氏家藏字。」過去由於未見原書，長時間爲莫友芝和邵章兩人著錄所迷惑。北京圖書館入藏了這部元大德九年陳仁子東山書院刻本古迂陳氏家藏《夢溪筆談》後，證明了莫、邵兩家的著錄來自傳聞，未經目睹，可見他們做學問的粗疏和欺罔。

　　　筆者認爲《邵目》對元刻《夢溪筆談》的記載，確實有誤。這條版本資料，「來自傳聞」也可能依據丁丙《善本書室藏書志》。《丁志》四十卷，刻於光緒辛丑（二十七年，1901 年。）此時莫友芝已故，顯係他人摻入。《邵目》也非邵懿辰原文，而是邵伯綱《邵目》作爲續錄加進。因此，僅據《夢溪筆談》元刻版本記載錯誤，即定莫友芝做學問爲「粗疏和欺罔」是否有失公允？』〔註105〕。

又可從上文《邵亭書目》與《藏園訂補邵亭知見傳本書目》所舉子部儒家類《鹽鐵論》之例，傅增湘根據《邵亭書目》著錄加以考證，而考證得知丁禹生所藏宋本爲何本外，並對此本之僞作提出說明；此在《邵亭書目》中莫氏未發現。

　　從以上文論述得知，莫友芝在記錄版本除親眼目見外，亦采錄他錄及傳聞之說，莫繩孫識語曾言該書目又采錄邵位西年丈及汪鈇樵先生朱筆記，故《邵亭書目》雖有意搜羅南北古籍資料，然偶未詳細考證而有疏漏，使後來研究者生疑，而引用時又必須一一再作考證，至喪失權威性。此應爲其缺失之一。

（四）、載錄版本未能標注出處來源

　　《邵亭書目》目錄後莫繩孫識語云：「又采錄邵位西年丈懿辰所見經籍筆記益之，邵本有汪鈇樵先生家驤朱筆記，并取焉。」得知《邵亭書目》成書經過，亦采錄他家書目之著錄，然在《邵亭書目》中卻未見明白標示何處係采用邵懿辰《四庫全書簡明目錄標注》資料。換言之，必須將二本書目仔細核對後，方知何者出自《四庫全書簡明目錄標注》。故載錄版本未能標注其出處來源，此應爲其缺失之一。

〔註105〕楊祖愷：〈莫友芝影山草堂藏書管窺〉，《貴州文史叢刊（季刊）》，1988 年第 3 期（總第 30 期），頁 43～51。

第六章　結　論

　　每一時代書目編輯與當時學術觀念、社會環境息息相關，清代文獻學家莫友芝編撰書目即受到此風氣影響甚深。大抵明清代以來，藏書家受到書籍發展影響及學術觀點轉變等因素雜揉下，特別重視古書收集，尤以宋元明刊之善本書，故以「版本」為名之書目相繼問世，如《百宋一廛書錄》、《皕宋樓藏書志》、《善本書室藏書志》、《藝芸書舍宋元本書目》、《宋元舊本書經眼錄》等。除此因素影響書目外，在乾隆時編修《四庫全書總目》以四分法為編書方式，亦成為當時書目撰寫之準則。莫友芝所編書目，即反映此二大特色。換言之，書目形式及內容必與當代有關；此種現象，亦反映出該時代之學術特色。

第一節　重版本之編目架構

　　莫友芝編撰書目，每每側重於「版本」記錄與考訂。雖以版本為重心，然觀察其所撰三種書目，在分類編排架構上，仍可分成「先版本後四部分類」與「先四部分類後版本」兩種類型。

　　1、先版本後四部分類，係以版本為主體之編排方式。如《持靜齋藏書紀要》兩卷，按版本作分目；書中已清楚標示；如《宋元舊本書經眼錄》三卷，按版本作分目；書中未有清楚標示。不論有無清楚標示，觀察其收書次序，版本外仍是依四部作分類，如《持靜齋藏書紀要》明刊本部分，即明顯以四部分類而編目，故史部和子部下又分若干類，類下又細分若干屬。《宋元舊本書經眼錄》雖未明白標示，但依然按四部為序，故收書次序仍可見經史子集四部分類之脈絡。總之，觀察莫友芝《持靜齋藏書紀要》與《宋元舊本書經眼錄》書籍收集狀況，得知因其特重宋元善本及舊本書籍，而以「先版本後四部分類」為主要編排架構。

2、先四部分類後版本，係以四部分類爲主體之編排方式。如《邵亭知見傳本書目》十六卷，依經史子集四部作分類。唯此書目雖架構在《四庫全書簡明目錄》之基礎上，但莫氏每知見一書多種版本時，輒在書名條下詳記各家版本。可見仍然看重版本。總之，觀察莫友芝《邵亭知見傳本書目》書籍收集狀況，得知因收書較多，且又知見一書多種版本，以莫氏精於目錄版本之學術背景，遂採「先四部分類後版本」爲主要編排架構。

綜合上述，莫友芝三本書目在編排上，整體架構主要仍以四分類爲主題，此雖與每部書目收書多寡有關，亦間接反映書目編排特色，《持靜齋藏書紀要》收錄之書，專以藏書家丁日昌「持靜齋」藏書中善本爲主題，而《宋元舊本書經眼錄》收錄之書，則以經眼當時江南數位著名藏書家之善本古籍爲主。因二書目著錄之珍本善刻書籍有限，莫友芝針對此情況，遂以「先版本後四部分類」爲主要編排架構。而《邵亭知見傳本書目》無論經眼或見聞之書甚多，莫友芝針對此況則以「先四部分類後版本」爲主要編排架構。換言之，莫友芝編撰書目時，依照收書多寡及側重版本特色，而以不同方式編纂其書目，可說是其用心所在，亦是其優點。然三書目之分類編排方式，仍無法擺脫以四分法爲架構之編排方式，即此可見受《四庫》分類法之影響甚深，此仍遵循舊式無法創新編目，亦是三書目共同缺失。

總之，以經史子集四部作書目之分類標準，在書目倍出之清代，已不覺新鮮，莫友芝雜揉版本與四部分類之編目，既能凸顯一書版刻情形，又能依類查閱圖書，雖無多大創舉，至少是一項良好設計。換言之，莫友芝編撰書目以「版本」爲主要探討對象，此爲其目錄學之特色，很值得肯定。

第二節　重版本之內容著錄

莫友芝書目內容著錄，主要仍側重於版本。試觀前述每一章節「收書著錄之現象」，可知論及項目有：版式行款、版刻精善、版本來源、版本眞僞、版刻時代及版本間異同等，但亦兼及該書主要內容、摘錄重要序跋或記錄經眼、購買情形、殘存補佚情形、四庫存入情況、藏書印記及記錄藏書家經藏情形。

以「版本」爲主之書目，始於南宋尤袤《遂初堂書目》，其書目記錄各類型書籍之各種版本。然該書目僅記錄書名、作者及版本，此外則無任何敘述內容之相關資料。莫友芝書目法之而截然不同。換言之，莫氏書目除載錄一書多種版本外，尚詳錄相關文獻或考辨優劣。影響此種著錄方式，因素有二：與當時學術有關及

編纂者個人旨趣、目的及編撰主題有關。

　　1、與當時學術有關，清時因復古學風盛行，以「版本」為主書目相繼而起，此現象從莫友芝《持靜齋藏書紀要》、《宋元舊本書經眼錄》及《郘亭知見傳本書目》書目，即可見到。

　　2、編纂者個人旨趣、目的及編撰主題不同有關，此現象從同為莫友芝所撰書目，即可見到。例如《持靜齋藏書紀要》與《持靜齋書目》書目。《持靜齋藏書紀要》為同治年間莫友芝為丁日昌檢理「持靜齋」藏書擇其罕見善刻本或鈔本編輯而成，同時亦替丁日昌編成《持靜齋書目》，然二書目編纂目的不同，故《持靜齋藏書紀要》以解題方式呈現內容，而《持靜齋書目》則以簡目方式呈現內容。再者，莫友芝書目雖皆以「版本」探討為主，然因收書類型主題不同，在內容著錄上亦有所偏重。例如《宋元舊本書經眼錄》與《郘亭知見傳本書目》書目，同為同治癸酉年編撰完成，即與編撰主題不同有關。《宋元舊本書經眼錄》，收書類型以宋金元明各種善本古籍為主，又強調親眼目見，故特重善刻珍本之刻版年代、版式行款、藏書印記及記錄經眼購買等情形；《郘亭知見傳本書目》收錄之書以該書版本多寡為主題，故偏重各式版本之記錄，同時著錄該書諸版本間異同等情形。

　　綜合上述，莫友芝三本書目在著錄上各有側重，有詳有簡，與其收書類型主題、編書旨趣有密切關係，亦反映出每部書目之特色。《持靜齋藏書紀要》與《宋元舊本書經眼錄》，因收錄之書以善本為主，復強調經眼所見，故二書目共同優點，即能反映出當時著名藏書家之藏書或當時善本古籍流經情況，此對文獻保存，有莫大貢獻。《郘亭知見傳本書目》，將收錄之書儘量著錄各種版知見本，無論經眼或見聞，一律收錄。故該書目優點，即能反映出清代南北書籍發展情況，對當時不易見到北方書籍，亦能提供若干資訊，此點與《持靜齋藏書紀要》、《宋元舊本書經眼錄》強調善本及經眼者乃著錄之方式不同。唯三書目因著錄各有偏重，亦存有若干缺失，如《持靜齋藏書紀要》與《宋元舊本書經眼錄》，收錄同一部書時二書目著錄內容詳解不一，必須將二書目互參，方可得知該書全面情況，再者僅就一版本作說明，亦無法掌握收錄書籍目前存在情況。此一缺失，《郘亭知見傳本書目》適可略作補足。《郘亭知見傳本書目》因側重收錄書之各式版本，無論見聞或經眼一併收錄，因著錄版本多，敘述往往過於簡要。又若干著錄之書未曾經眼，經由他人資料而來，其真實性往往令人質疑。凡此一缺失，《持靜齋藏書紀要》與《宋元舊本書經眼錄》若有著錄，可略補其缺。

　　總之，莫氏三書目雖皆以目錄版本為重，然著錄方式各有優缺，亦能互相參考稽核或互補其缺陋。

第三節　貢獻與省思

　　「貢獻與省思」這一單元，一方面敘述莫友芝在目錄上貢獻外，亦提出若干問題，期能達到借筏問津之功效。另一方面，將說明本論文研究成果，能提供讀者若干幫助，再者本論文待研究之議題及未能詳盡之處有那些。

一、貢獻方面

　　葉德輝《書林清話》卷九云：

　　　　國朝藏書尚宋元板之風，始於虞山錢謙益絳雲樓、毛晉汲古閣。吾

　　家二十五世從祖石君公樹廉樸學齋、林宗公奕寶稼軒，不幸無書目存留。

　　然於錢曾《讀書敏求記》求之，知當日二公好書，其收藏固甚富也。絳

　　雲火後，其書多歸從子曾，述古堂、也是園兩目具存，可以知其淵源授

　　受。……赭寇亂起，大江南北，遍地劫灰，吳中二三百年藏書之精華，

　　掃地盡矣。幸有常熟瞿氏鐵琴銅劍樓保守其子遺，聊城楊氏海源閣收拾

　　餘燼。蘭陵孫祠書籍歸於吾縣袁氏臥雪廬，江浙間所有善本名抄，又陸

　　續會於湖州陸氏皕宋樓、仁和丁氏善本書室。長篇短冊，猶可旗鼓中原。

　　今則袁氏所蓄，久飽蠹魚，<small>袁書於光緒初元售之德化李盛鐸，戊子己丑又散之京師。末年以殘冊叢書及零星宋元抄本贈之縣人袁樹勛、衡州程和祥，託以求事。袁程皆非知書者，書去而事不成，餘則付之市肆字簍，吾收得僅百分之一二耳。</small>陸書售之日本，丁書售之江

　　南圖書館。南北對峙，惟楊瞿二家之藏。外此如天一閣、持靜齋，子孫

　　亦不能世守，二十年來，藍皮書出，估虜橫行。東鄰西鄰，乘我之不虞，

　　圖畫書籍古物，盡徙而入於海外人之手。上海飛鳧客，群翔集於茶坊酒

　　市之中，而吳門玄妙觀前，無一舊書攤，無一書船友。俯仰古今，不勝

　　滄桑之感矣〔註1〕。

〔註1〕同本論文第一章註2，卷九，頁502～508。

　　從葉氏此段文字，吾人得知，明末清初私家藏書豐富，在保存文獻上有莫大功勞。然祝融、兵災或子孫不守，漸漸使古籍散佚，甚至流落他邦，今日想目睹善刻珍本古籍，實在不易。以故藏書家書目之記錄，即成為還原珍貴古籍之線索。上文引語，謂「此如天一閣、持靜齋，子孫亦不能世守，二十年來，藍皮書出，佉盧橫行。東鄰西鄰乘我之不虞，圖畫書籍古物，盡徙而入於海外人之手。」除令人傷感外，更加敬重莫氏之苦心。因從莫友芝《持靜齋藏書紀要》，即能反映出丁日昌「持靜齋」昔日藏書盛況。而《宋元舊本書經眼錄》中載錄經眼丁日昌二十部古籍善刻，亦可考見其原有藏書中之珍寶。故江南第一藏書家丁日昌原有珍藏，透過莫友芝《持靜齋藏書紀要》與《宋元舊本書經眼錄》二書目，猶略可窺見一二。另外，上海藏書家郁松年世傳「宜稼堂書目」，今已泯滅難見，郁氏究竟珍藏多少古籍，亦難知曉。今從莫友芝《宋元舊本書經眼錄》中著錄經眼自郁松年之十三部古籍善本，終能略知郁氏藏書部分情況。凡此，莫氏保存文獻史料之功不唐捐，頗值得肯定。

　　又據《藏園訂補郘亭知見傳本書目》傅熹年卷首〈整理說明〉，莫友芝書目內容，亦能反映版本學術價值。其言曰：

　　　　成書以後（《郘亭知見傳本書目》），莫友芝之姪莫棠曾傳錄一本，蘇州著名老書商侯念椿又據莫棠傳本轉錄一本。不久，侯氏去世，遺書為北京書商收得。因為此目簡要地記錄了諸書傳世的不同版本，有些還注出版本的特徵，既便於學者在研究某書時了解不同版本的情況，也對藏書家和書商辨識版本頗有幫助，故很快就流傳於世，先出現鈔本，隨即陸續出現三種鉛字排印本〔註2〕。

　　從以上資料得知，書目不僅提供書名檢索或記錄藏書家藏書數量而已。如何讓書目有學術價值，則必須讓內容有「辨章學術，考鏡源流」之功用，莫氏詳實著錄古籍文獻資料，復能辨證優劣，故為行家器重，不無原因。總之，莫友芝書目編製形式及內容特色，均能見出其用心及專門處，亦能作為後世書目仿效之典型點。

　　以上敘述，即是莫友芝書目之主要貢獻。至於，本論文研究成果重點，主要於《持靜齋藏書紀要》、《宋元舊本書經眼錄》及《郘亭知見傳本書目》等三部書目。在資料找尋過程中，得知臺灣目前無人專研莫友芝之書目。莫友芝於大陸貴州省享有名重西南「鄭莫」之美名，亦無人專論其在目錄學上之成就；大陸目前

〔註 2〕同本論文第二章註31，卷首，傅熹年〈整理說明〉，頁2。

僅有少數短篇論文而已。此論文闡述莫氏目錄版本學之特點，余冀盼能對讀者有下列之功用：

（一）、分析書目之類型，讓讀者能確實掌握，使用時不致於混淆。

（二）、敘述書目之著錄內容，經歸納整理後，讓讀者有參考作用。

（三）、說明書目之編排方式，讓讀者對該書目整體架構，能快速瞭解。

（四）、借與他書目相互比較，能夠見出書目間之短長，或透過比較分析後，更能見出莫氏書目之價值。

總之，余仿喬衍琯先生《書目叢編》中將每部書目前撰述一篇敘錄方式，讓讀者在使用書目同時，亦能瞭解該書目情況；本論文主要成果，或亦是如此，期能提供讀者關於莫氏書目之目錄版本資訊，以達到借筏問津之功效。

二、省思方面

莫氏本人，因受時代學術潮流影響，無論在書目分類編排及內容著錄方面，仍無法超越當代羈束，而編撰一部有特色書目，是故存有若干疏漏，必須加以改正及增補。

在編排形式上，因受《四庫》四部分類法影響，莫氏在編撰書目時出現同一部書籍分法不一或歸入不同類屬之矛盾情形，如《持靜齋書目》與《持靜齋藏書紀要》二書目中，即有此種現象。因此，如何創立一種屬於該書目性質之編排方式，應可將此缺失減低；又編目者學養必須淵博，方能對收錄書籍考訂及類屬歸入無誤；編撰者編完書目後，亦必須再進行校勘，方能避免讀者誤以為編撰者對書籍歸類有矛盾之處。這是值得深思問題。

在內容著錄上，因受乾嘉學影響下，講求信古及考據之風氣影響當時學術，亦感染目錄學家編撰書目主題，於是以宋元版本為名之目錄，在清代引領風騷。莫氏書目，即是如此。然以版本目錄為名之書目，若著錄重點僅在對該書版本有多寡及版本外在形式上著墨，而不深入探討該版本內在內容情形，此將無法對文獻有任何貢獻，如《郘亭知見傳本書目》中，若干收錄書之著錄，即是如此。

除以上問題外，後世學者在使用前人書目時，亦必須時時糾繆前人疏失，例如《郘亭知見傳本書目》莫氏在考證上出現若干疏漏，加上傳鈔訛誤，造成該書目出現不少問題。後人傅增湘、傅熹年針對此缺失加以訂補整理成《藏園訂補郘亭知見傳本書目》，對還原《郘亭知見傳本書目》真象及補其闕誤，貢獻甚多。

綜合上述，即是使用莫友芝書目時該深思之問題。換言之，每一時代有每一學術風格，清代書目展現屬於該時代之風貌，研究者亦必須有獨特見解，方不會

被當代學術所限。其次，我們必須深思使用此書目時，除據以查閱古籍存佚或類別歸屬等功用外，如何在前人著作基礎上，更積極建構出屬於每一類型最完美之目錄，或進一步補充修正前人研究成果，方是對該書目最佳幫助。故冀盼目錄除能有查閱各書籍之基本功能外，還兼具學術功用，用以提升目錄學之價值。

　　以上敘述，即是對莫友芝書目深思說敘述。至於，本論文在介紹莫氏每部書目時，余第一章「緒論」已言主要研究重點即對目錄及版本方面作說明，唯因受限於學力及時間，目前在校讎、辨偽及考證等方面，僅能作簡單敘述或考證。換言之，本論文名爲《莫友芝之目錄版本學研究》，即表示仍有議題尚待探討研究，余盼日後能在校讎、辨偽及考證等用功，再作進一步鑽研，以增補本論文未能盡意之處。

參考書目

一、專　書

1. 郁松年：《宜稼堂叢書》（上海郁氏刊本，清道光二十年至二十二年）。

2. 莫友芝：《持靜齋藏書紀要》（清同治間豐順丁氏刻本）。

3. 丁日昌：《持靜齋書目》（清同治間豐順丁氏刻本）。

4. 莫友芝：《宋元舊本書經眼錄》（清同治癸酉獨山莫氏刊本）。

5. 莫友芝：《邵亭知見傳本書目》（清同治癸酉年上海掃葉山房石印本）。

6. 莫友芝：《邵亭知見傳本書目》（王春紫格抄本，清光緒二年）。

7. 莫友芝：《邵亭知見傳本書目》，藍格鈔本。（日人田中氏北京德興堂聚珍版校印本，清宣統元年）。

8. 莫友芝：《邵亭知見傳本書目》（日人田中氏鉛印本，清宣統元年）。

9. 莫友芝：民國蘇州文學山房木活字印本《持靜齋藏書紀要》。

10. 莫友芝：《邵亭知見傳本書目》（上海：西冷印社排印本，民國初年）。

11. 蔣伯潛：《校讎目錄學纂要》（臺北：正中書局，1957 年 8 月）。

12. 揚雄：《方言》（臺北：國民出版社，1959 年 10 月）。

13. 鄭珍：《巢經巢詩鈔》（楊家駱主編：《中國學術名著》文學名著第三集，第十八冊。臺北：世界書局，1961 年 2 月）。

14. 曾國藩：《曾文正公手寫日記》（臺北：臺灣學生書局，1965 年 4 月）。

15. 黎庶昌：《拙尊園叢稿》（沈雲龍主編：《近代中國史料叢刊》，第八輯。臺北：文海出版社，1966 年）。

16. 曾國藩：《曾文正詩文集》（臺北：臺灣中華書局，1966 年 3 月）。

17. 莫友芝：《宋元舊本書經眼錄》（臺北：廣文書局，1967 年 8 月）。

18. 陳振孫：《直齋書錄解題》（王雲五主編：《國學基本叢書》。臺北：臺灣商務印書館，1968 年）。

19. 晁公武：《郡齋讀書志》（王雲五主編：《國學基本叢書》。臺北：臺灣商務印書館，1968 年）。

20. 鄭珍・莫友芝：貴州省《遵義府志》（《中國方志叢書》第一五二號，第一冊。臺北：成文出版社，1968 年 12 月）。

21. 莫與儔・莫友芝：《莫氏四種》（沈雲龍主編：《近代中國史料叢刊》，第四十一輯。臺北：文海出版社，1969 年）。

22. 薛福成：《庸盦文編》（沈雲龍主編：《近代中國史料叢刊》，第九十五輯。臺北：文海出版社，1973 年）。

23. 昌彼得：《中國目錄學講義》（臺北：文史哲出版社，1973 年 10 月）。

24. 瞿鏞：《鐵琴銅劍樓藏宋元本書目》（嚴靈峰編輯：《書目類編》三十一。臺北：成文出版社有限公司，1978 年 7 月）。

25. 丁日昌：《豐順丁氏持靜齋藏書紀要》（嚴靈峰編輯：《書目類編》三十一。臺北：成文出版社，1978 年 7 月）。

26. 梁啓超：《中國近三百年學術史》（臺北：華正書局，1979 年 5 月）。

27. 文淵閣原鈔本《四庫全書簡名目錄》（臺北：臺灣商務印書館，1983 年 10 月）。

28. 尤袤：《遂初堂書目》（新文豐編輯部：《叢書集成新編》二。臺北：新文豐出版公司，1985 年元月）。

29. 汪士鐘：《藝芸書舍宋元本書目》（新文豐編輯部：《叢書集成新編》二。臺北：新文豐出版公司，1985 年元月）。

30. 葉名澧：《橋西雜記》一卷，（新文豐編輯部：《叢書集成新編》八九。臺北：新文豐出版公司，1985 年元月）。

31. 王國良・王秋桂：《中國圖書文獻學論集》（臺北：明文書局，1986 年 11 月）。

32. 胡楚生：《中國目錄學研究》（臺北：華正書局，1987 年元月）。

33. 喬衍琯：《書目叢編敘錄》（臺北：廣文書局印行，1987 年 3 月）。

34. 曾國藩：《曾國藩全集》家書（一）（長沙市：岳麓書社出版，1987 年 10 月）。

35. 姚名達：《中國目錄學史》（臺北：臺灣商務印書館，1988 年 2 月）。

36. 國史館編：《清史稿校註》（臺北：國史館，1990 年 2 月）。

37. 錢穆：《中國近三百年學術史》（臺北：臺灣商務印書館，1990 年 10 月）。

38. 昌彼得・潘美月：《中國目錄學》（臺北：文史哲出版社，1991 年 10 月）。

39. 黃萬機：《莫友芝評傳》（貴陽：貴州人民出版社，1992 年 9 月）。

40. 永瑢等：《四庫全書總目》（北京：中華書局出版，1992 年 10 月）。

41. 胡楚生：《清代學術史研究》（臺北：臺灣學生書局，1993 年 3 月）。

42. 傅增湘訂補・傅熹年整理：《藏園訂補郘亭知見傳本書目》（北京：中華書局出版，1993 年 6 月）。

43. 胡楚生：《中國目錄學》（臺北：文史哲出版社，1995 年 9 月）。

44. 周彥文：《中國目錄學理論（臺北：臺灣學生書局，1995 年 9 月）。

45. 黃裳：《清代版刻一隅》（濟南：齊魯書社，1996 年 3 月）。

46. 劉兆祐：《認識古籍版刻與藏書家》（臺北：中華民國中山學術文化基金會中山文庫，1997 年 6 月）。

47. 國家圖書館特藏組編：《國家圖書館善本書初稿》（史部第二冊）（臺北：國家圖書館，1997 年 6 月）。

48. 張書才主編：《纂修四庫全書檔案》（上海：上海古籍出版社，1997 年 7 月）。

49. 劉兆祐：《中國目錄學》（臺北：五南書局出版有限公司，1998 年 7 月）。

50. 程千帆・徐有富：《校讎廣義》（濟南：齊魯書社，1998 年 4 月）。

51. 葉德輝：《書林清話》（臺北：文史哲出版社，1998 年 10 月）。

52. 鄭偉章：《文獻家通考》（北京：中華書局，1999 年 6 月）。

53. 紀昀總纂：《四庫全書總目提要》（石家莊：河北人民出版社，2000 年 3 月）。

54. 李瑞良：《中國古代圖書流通史》（上海：上海人民出版社，2000 年 5 月）。

55. 邵懿辰撰・邵章續錄：《增訂四庫簡明目錄標注》（上海：上海古籍出版社出版，2000 年 7 月）。

56. 莫友芝：《宋元舊本書經眼錄》（《續修四庫全書》）。

57. 洪有豐・袁同禮：《清代藏書家考》（香港：中山圖書公司發行，1973 年）。

二、單篇論文

1. 劉之俠・熊易農：〈晚清文人莫友芝〉，《貴州社會科學》（1981 年第 2 期，總第 5 期）。

2. 楊祖愷：〈莫友芝一家的學術活動〉，《貴州文史叢刊》（季刊），（1981 年第 3 期，總第 4 期）。

3. 楊祖愷：〈莫友芝的藏書及其在學術上的影響〉，《貴州文史叢刊》（季刊），（1985 年第 3 期，總第 18 期）。

4. 鄭偉章：〈莫友芝的藏書和目錄學〉，《貴州師大學報》（社會科學版），（1986 年第 2 期，總第 47 期）。

5. 楊祖愷：〈莫友芝影山草堂藏書管窺〉，《貴州文史叢刊》（季刊），（1988 年第 3 期，總第 30 期）。

6. 楊祖愷：〈莫友芝影山草堂藏書管窺〉續記，《貴州文史叢刊》（季刊），（1988 年第 3 期，總第 31 期）。

7. 徐惠文：〈莫友芝年譜〉，《貴州文史叢刊》（季刊），（1988 年第 4 期，總第 31 期）。

8. 翁仲康：〈簡介《邵亭知見傳本書目》評莫友芝作做學問是否「粗疏與欺罔」〉，《貴州文史叢刊》（季刊），（1991 年第 1 期，總第 40 期）。

9. 梁光華：〈略論莫友芝的功名仕途觀〉，《貴州文史叢刊》（雙月刊）（貴州省文史研究館主辦，1993 年第 4 期，總第 51 期）。

10. 陸光華：〈論貴州清代學者莫友芝晚年學術成就及貢獻〉，《貴圖學刊》（1996 年第 3 期，總第 67 期）。

11. 戴顯群：〈莫友芝及其在版本目錄學上的成就〉，《福建圖書館學刊》（1997 年第 4 期，總第 72 期）。

12. 熊作華：〈莫友芝與影山草堂〉，《貴州文史叢刊》（雙月刊），（2000 年第 1 期，總第 90 期）。

三、工具書

1. 中央研究院歷史語言研究所：中央研究院歷史語言研究所《普通本線裝書目》（臺北：中央研究院歷史語言研究所印行，1970 年 11 月）。

2. 國立中央圖書館特藏組：《國立中央圖書館善本書目》（臺北：國立中央圖書，1986 年 12 月）。

3. 武漢大學編：《中文工具書使用法》（北京：商務印書館，1982 年 3 月）。

4. 王德毅：《清人別名字號索引》（臺北：新文豐總經銷，1985 年 3 月）。

5. 李玉安・陳傳藝：《中國藏書家辭典》（武漢：湖北教育出版社，1989 年 9 月）。

6. 趙國璋・潘樹廣主編：《文獻學辭典》（南昌市：江西教育出版社，1991 年 1 月）。

7. 梁戰・郭群一：《歷代藏書家辭典》（西安：陝西人民出版社，1991 年 10 月）。

8. 陳玉堂：《中國近現代人物名號大辭典》（杭洲市：浙江古籍出版社，1993 年 5 月）。

9. 嚴佐之：《近三百年古籍目錄舉要》（上海：華東師大出版社，1994 年）。

10. 張振鐸：《古籍刻工名錄》（上海：上海書店出版社，1996 年 10 月）。

11. 來新夏：《清代目錄提要》（濟南：齊魯書社，1997 年 1 月）。

12. 瞿冕良：《中國古籍版刻辭典》（濟南：齊魯書社，1999 年 2 月）。

13. 李靈年・楊忠主編：《清人別集總目》（濟南：齊魯書社，2000 年 7 月）。

附錄一：《持靜齋藏書紀要》書影

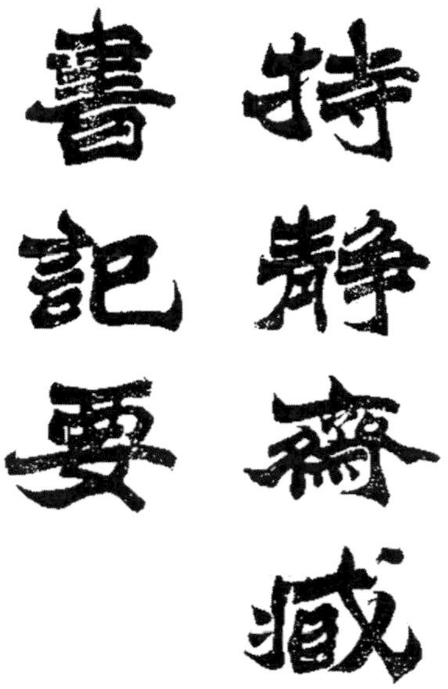

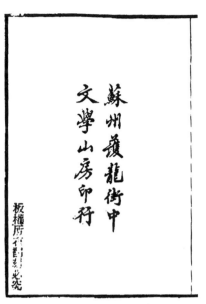

圖一：封面
民國蘇州文學山房木活字印本
（國家圖書館善本書室藏）

圖二：次頁
民國蘇州文學山房木活字印本
（國家圖書館善本書室藏）

持靜齋藏書記要卷之上
同治丁卯秋末友芝游浙還及吳門　禹生中丞命
爲檢理持靜齋藏書三百有若干匣散記其撰述人
代卷帙刊鈔踰兩月粗一周未及次序明年春開書
局董校旁午夏秋閒暫還金陵略以四部別之旋輟
去己巳開歲局事少減乃舉官本簡明目錄悉齋中
所有注當條下庫目未收或成書在後者約略時代
條記于上下端用助朝夕檢覽東南文籍夙稱美備
鎮揚杭三閣又得副
天府儲藏軍興以來散亡殆盡吾　中丞銳意時艱力振

圖三：內文
民國蘇州文學山房木活字印本
（國家圖書館善本書室藏）

持靜齋藏書記要卷之上
同治丁卯秋末友芝游浙還及吳門　禹生中丞命
爲檢理持靜齋藏書三百有若干匣散記其撰述人
代卷帙刊鈔踰兩月粗一周未及次序明年春開書
局董校旁午夏秋閒暫還金陵略以四部別之旋輟
去己巳開歲局事少減乃舉官本簡明目錄悉齋中
所有注當條下庫目未收或成書在後者約略時代
條記于上下端用助朝夕檢覽東南文籍夙稱美備
鎮揚杭三閣又得副
天府儲藏軍興以來散亡殆盡吾　中丞銳意時艱力振

圖四：內文
清同治間豐順丁氏刻本
（蘇州大學圖書館藏）

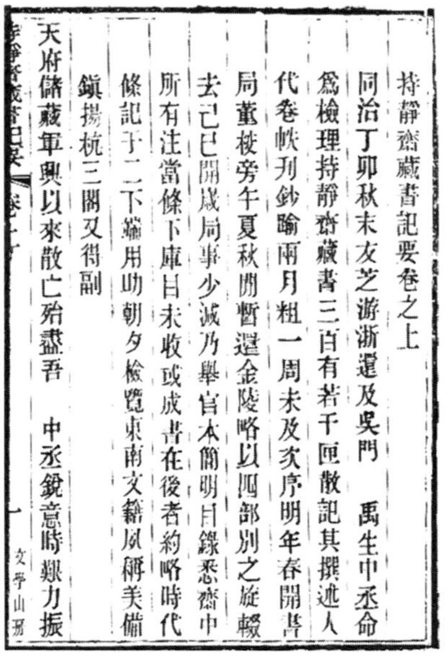

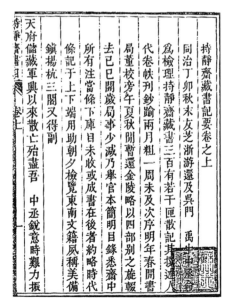

附錄二：《宋元舊本書經眼錄》書影

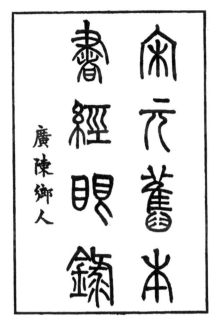

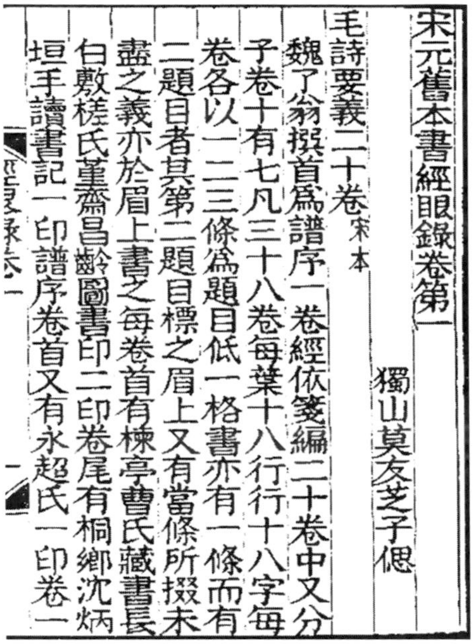

圖一：封面
清同治癸酉獨山莫氏刊本
（國家圖書館善本書室藏）

宋元舊本書經眼錄卷第一
獨山莫友芝子偲
毛詩要義二十卷宋本
魏了翁撰首爲譜序一卷經依箋編二十卷中又分
子卷十有七凡三十八卷每葉十八行行十八字每
卷各以一二三條爲題目低一格書亦有一條而有
二題目者其第二題目標之眉上又有當條所掇未
盡之義亦於眉上書之每卷首有楝亭曹氏藏書長
白敷槎氏堇齋昌齡圖書印二印卷尾有桐鄉沈炳
垣手讀書記一印譜序卷首又有永超氏一印卷一

圖二：內文
清同治癸酉獨山莫氏刊本
（國家圖書館善本書室藏）

附錄三：《邵亭知見傳本書目》書影

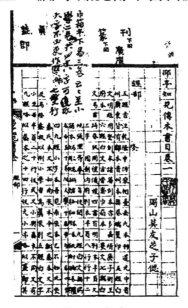

圖一：內文
清光緒二年壬春紫格抄本
（國家圖書館善本書室藏）

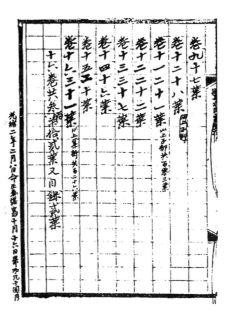

圖二：末頁
清光緒二年壬春紫格抄本
（國家圖書館善本書室藏）

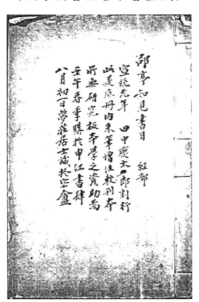

圖三：封面
清藍格鈔本
（國家圖書館善本書室藏）

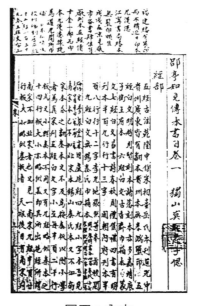

圖四：內文
清藍格鈔本
（國家圖書館善本書室藏）

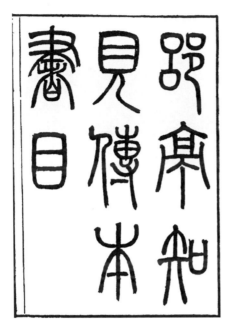

圖五：封面
宣統元年日人田中氏北京德興堂聚珍版校印本
（國家圖書館善本書室藏）

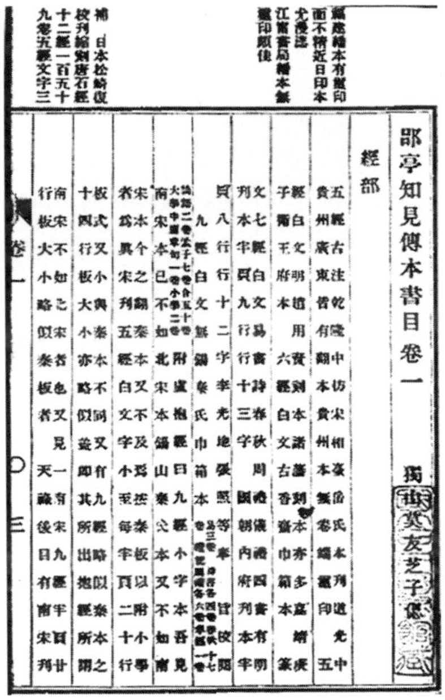

圖六：內文
同左
（國家圖書館善本書室藏）

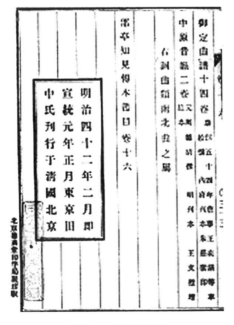

圖七：末頁牌記
同右
（國家圖書館善本書室藏）

圖八：封面
宣統元年日人田中氏鉛印本
（中央研究院傅斯年圖書館藏）

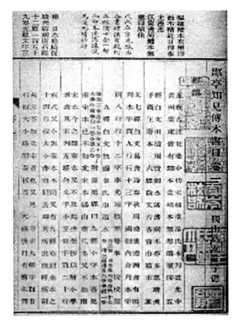

圖九：內文
同上
（中央研究院傅斯年圖書館藏）

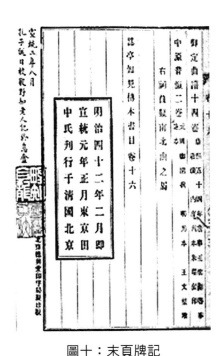

圖十：末頁牌記
同上
（中央研究院傅斯年圖書館藏）

圖十一：序言
清同治癸酉年上海掃葉山房石印本
（中央研究院傅斯年圖書館藏）

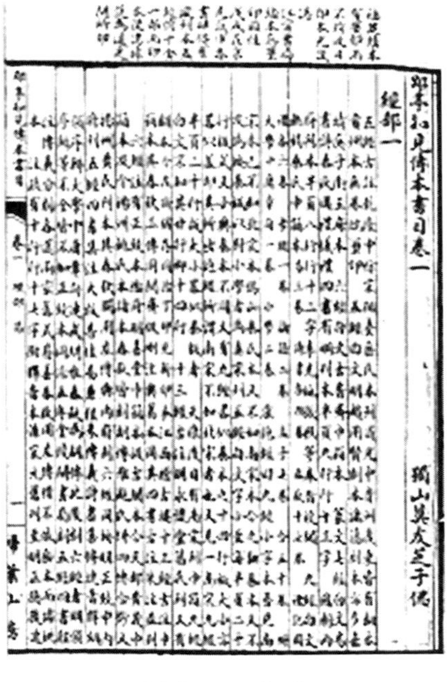

圖十二：內文
同上
（中央研究院傅斯年圖書館藏）

郘亭知見傳本書目

遯盦

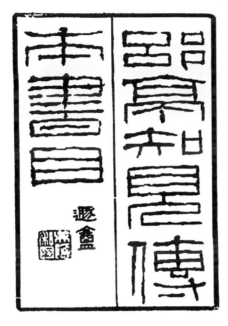

圖十三：首頁
民國初年上海西冷印社排印本
（中央研究院傅斯年圖書館藏）

郘亭知見傳本書目卷一　　獨山莫友芝子偲

經部

五經古注乾隆中仿宋相臺岳氏本刻道光中貴州糧道曾有翻本貴州本翻帶脫誤
印　五經白文明鍾羽賢刻本諸薦刻本亦多爲續唐子齋王府本　六經白文古香
齋巾箱本　篆文七經白文易書詩春秋周禮儀禮四書有明刻本小頁九行行十三
字　國朝內府刊本小頁八行行十二字李光地依刻等本　官校閣　九經白文無
錫秦氏巾箱本（周易三卷詩傳各四卷春秋十七卷禮記周禮各六卷孝經一卷論
語二卷孟子七卷合五十卷附大學中庸章句一卷小學二卷）宋槧經目九經小字
本皆見南宋本已不如北宋本錫山秦氏本又不知南宋本今之翻爲本又不及焉按
爲板以附小學者爲兩宋刊五經白文字小如部小頁二十行板式又小與爲本不同
又有九經略似爲本之十四行板大小亦略似近館甚所由樣經所謂南宋不如北宋
者也又見一南宋九經小頁二十行板大小略似爲板者　天祿後目有南宋刊巾箱

郘亭知見傳本書目卷一　經部　一

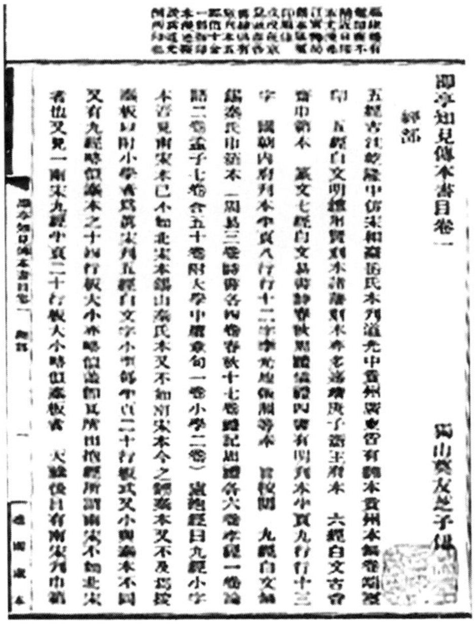

圖十四：內文
同上
（中央研究院傅斯年圖書館藏）